高等院校工程管理专业核心课程精品教材

质量与可靠性

主编 陈兆芳 姜 跃 邱 栋

中国轻工业出版社

图书在版编目（CIP）数据

质量与可靠性 / 陈兆芳，姜跃，邱栋主编. —北京：中国轻工业出版社，2025.4

高等院校工程管理专业核心课程精品教材

ISBN 978-7-5184-4924-8

Ⅰ.①质… Ⅱ.①陈… ②姜… ③邱… Ⅲ.①质量管理—可靠性管理—高等学校—教材 Ⅳ.①F273.2

中国国家版本馆CIP数据核字（2024）第070874号

责任编辑：李金慧　　责任终审：李建华
文字编辑：姜瑞雪　　责任校对：晋　洁　　封面设计：锋尚设计
策划编辑：张文佳　　版式设计：致诚图文　　责任监印：张　可

出版发行：中国轻工业出版社（北京鲁谷东街5号，邮编：100040）
印　　刷：河北鑫兆源印刷有限公司
经　　销：各地新华书店
版　　次：2025年4月第1版第1次印刷
开　　本：787×1092　1/16　印张：11.5
字　　数：280千字
书　　号：ISBN 978-7-5184-4924-8　定价：48.00元
邮购电话：010-85119873
发行电话：010-85119832　010-85119912
网　　址：http://www.chlip.com.cn
Email：club@chlip.com.cn
版权所有　侵权必究
如发现图书残缺请与我社邮购联系调换
230921J1X101ZBW

前　言

在这个竞争激烈的时代，客户对产品的期望越来越高，要求产品不仅功能强大，而且质量稳定。开展产品质量检验一方面能够提升产品的品质，通过对原材料、生产工艺、制造过程等方面的严格检验，可以有效地发现和解决产品存在的问题，从而改进产品的质量和性能，另一方面将有助于企业提高产品的市场竞争力，并赢得消费者的信赖和口碑，从而获得更多的市场份额和用户认可。

质量与可靠性是工业工程、工程管理和物流工程与管理的核心课程，其核心是利用科学方法计划、组织、协调并对生产过程进行严格的检查和控制，以保证产品质量达到规定的要求，预防不合格品的产生。本书从质量管理概述、质量体系与认证、质量管理与改进的基本工具、设计质量管理、正交试验设计、质量检验、质量成本管理、可靠性研究、可靠性设计与可靠性分析等方面全面阐述质量管理与可靠性的基本理论与方法，在阐述基本理论的同时，注重方法和实际应用，为此在部分章节中附有相关例题。因此，本书既可以作为工程管理、物流工程与管理等专业硕士研究生的教材，也可以供工业工程专业及其相关专业本科生使用，还可以作为企业推广和应用工业工程的培训教材。

本书在编写过程中参阅和引用了国内外已出版和发表的书籍、论文，并得到了中国轻工业出版社、福建理工大学研究生教材出版基金项目（YJC 23-1）和福建省本科高校教育教学研究项目（FBJY 20240086）的大力支持，在此一并谢忱。

本书由福建理工大学陈兆芳、姜跃、邱栋担任主编。由于编者水平有限，不足之处在所难免，敬请读者不吝指正。

编　者

目　　录

1 **质量管理概述** 1
   1.1 质量与社会属性的本质问题 1
      1.1.1 质量 1
      1.1.2 质量管理 6
      1.1.3 与质量有关的社会问题 7
   1.2 质量管理的历史 9
      1.2.1 质量检验阶段 9
      1.2.2 统计质量控制阶段 10
      1.2.3 全面质量管理阶段 10
      1.2.4 社会质量管理阶段 11
   1.3 全面质量管理 12
      1.3.1 全面质量 12
      1.3.2 全面质量管理的含义 14
      1.3.3 全面质量管理的特点 14
      1.3.4 全面质量管理的工作原则 16

2 **质量体系与认证** 19
   2.1 ISO 9000 族质量管理体系基础 19
      2.1.1 质量管理体系标准的起源 19
      2.1.2 质量管理体系标准的演变 20
      2.1.3 ISO 9000 族质量管理体系标准的作用 23
      2.1.4 ISO 9000 族标准的构成 25
      2.1.5 ISO 9000 族标准的结构（2015）................................. 25
      2.1.6 ISO 9001 与 ISO 9004 的关系 28
   2.2 ISO 9000 族质量管理体系基本原理 29
      2.2.1 建立质量管理体系的目的 29
      2.2.2 质量管理体系要求与产品要求 30
      2.2.3 质量管理体系七大原则 32
      2.2.4 过程方法 35
   2.3 质量管理体系的建立与运行 37
      2.3.1 质量管理体系的建立 37
      2.3.2 质量管理体系的运行 38
      2.3.3 过程方法在质量管理体系建立和实施中的应用 39
   2.4 质量管理体系的审核与认证 39
      2.4.1 审核的概念 39

            2.4.2 质量管理体系审核的类型 ………………………………… 40
            2.4.3 质量管理体系审核的原则 ………………………………… 41
            2.4.4 质量管理体系审核的步骤 ………………………………… 42
            2.4.5 质量管理体系认证 ………………………………………… 44
3 质量管理与改进的基本工具 …………………………………………… 47
    3.1 质量管理与改进的老七种工具 …………………………………… 47
        3.1.1 调查表法 …………………………………………………… 47
        3.1.2 分层法 ……………………………………………………… 48
        3.1.3 直方图 ……………………………………………………… 49
        3.1.4 散布图 ……………………………………………………… 51
        3.1.5 排列图 ……………………………………………………… 53
        3.1.6 因果图 ……………………………………………………… 55
        3.1.7 控制图 ……………………………………………………… 57
    3.2 质量管理与改进的新七种工具 …………………………………… 58
        3.2.1 关联图 ……………………………………………………… 58
        3.2.2 系统图 ……………………………………………………… 60
        3.2.3 PDPC 法 …………………………………………………… 62
        3.2.4 箭条图法 …………………………………………………… 64
        3.2.5 亲和图 ……………………………………………………… 65
        3.2.6 矩阵图 ……………………………………………………… 67
        3.2.7 矩阵数据分析法 …………………………………………… 69
4 设计质量管理 …………………………………………………………… 72
    4.1 质量功能展开 ……………………………………………………… 72
        4.1.1 QFD 的定义与特点 ………………………………………… 72
        4.1.2 QFD 瀑布式分解模型 ……………………………………… 73
        4.1.3 QFD 的分解步骤 …………………………………………… 74
        4.1.4 QFD 实施 …………………………………………………… 75
    4.2 质量屋 ……………………………………………………………… 76
        4.2.1 质量屋的构成 ……………………………………………… 77
        4.2.2 质量屋中参数的配置及计算 ……………………………… 77
        4.2.3 质量屋的工作程序 ………………………………………… 78
        4.2.4 质量屋的迭代 ……………………………………………… 79
5 正交试验设计 …………………………………………………………… 83
    5.1 试验设计概述 ……………………………………………………… 83
        5.1.1 试验设计的定义 …………………………………………… 83
        5.1.2 试验设计的基本用语 ……………………………………… 83
        5.1.3 试验设计的种类 …………………………………………… 84
    5.2 正交试验的特征 …………………………………………………… 87
    5.3 正交试验设计及原理 ……………………………………………… 87
        5.3.1 正交表 ……………………………………………………… 87

  5.3.2 正交表的选择 …… 88
  5.3.3 正交表表头设计 …… 89
 5.4 正交试验设计及数据分析 …… 90
  5.4.1 无交互作用的正交试验设计及数据分析 …… 90
  5.4.2 有交互作用的正交试验设计及数据分析 …… 94
 5.5 常用正交表 …… 97

6 质量检验 …… 102
 6.1 质量检验概述 …… 102
  6.1.1 质量检验的基础知识 …… 102
  6.1.2 质量检验的方式 …… 104
 6.2 抽样检验 …… 106
  6.2.1 抽样检验的基本术语 …… 106
  6.2.2 检验方案的种类 …… 107
 6.3 计数抽样检验 …… 110
  6.3.1 统计分析 …… 111
  6.3.2 抽样方案的特性曲线——OC 曲线 …… 112
  6.3.3 生产方风险和消费方风险 …… 113
  6.3.4 百分比抽样的不合理性 …… 115
 6.4 计数抽样方案设计 …… 115
  6.4.1 标准型抽样方案 …… 115
  6.4.2 挑选型抽样方案 …… 116
  6.4.3 调整型抽样方案 …… 118

7 质量成本管理 …… 126
 7.1 质量成本 …… 126
  7.1.1 质量成本的基本概念和发展过程 …… 126
  7.1.2 质量成本的分类 …… 127
 7.2 质量成本分析 …… 129
  7.2.1 质量成本分析的内容 …… 129
  7.2.2 质量成本分析方法 …… 130

8 可靠性研究 …… 132
 8.1 可靠性概述 …… 132
  8.1.1 可靠性发展概述 …… 132
  8.1.2 可靠性的定义 …… 133
  8.1.3 可靠性研究的内容 …… 134
  8.1.4 可靠性研究的重要性及意义 …… 135
 8.2 可靠性特征量 …… 136
  8.2.1 可靠性的概率度量 …… 136
  8.2.2 失效率 …… 141
  8.2.3 寿命 …… 145
 8.3 可靠性常用分布 …… 148

        8.3.1 泊松分布 ······ 148
        8.3.2 指数分布 ······ 148
        8.3.3 正态分布 ······ 149
        8.3.4 威布尔分布 ······ 149

9 可靠性设计 ······ 151
9.1 可靠性设计概述 ······ 151
9.2 系统可靠性模型 ······ 152
        9.2.1 串联系统可靠性模型 ······ 152
        9.2.2 并联系统可靠性模型 ······ 154
        9.2.3 串-并联系统可靠性模型 ······ 156
        9.2.4 并-串联系统可靠性模型 ······ 156
9.3 可靠性预测 ······ 157
        9.3.1 可靠性预测的目的 ······ 157
        9.3.2 可靠性预测的程序 ······ 158
        9.3.3 可靠性预测的一般方法 ······ 159
9.4 可靠性分配 ······ 161
        9.4.1 平均分配法 ······ 161
        9.4.2 比例组合分配方法 ······ 162

10 可靠性分析 ······ 164
10.1 故障模式及影响分析 ······ 164
        10.1.1 基本概念 ······ 164
        10.1.2 FMEA 的实施步骤 ······ 165
10.2 故障树分析 ······ 167
        10.2.1 基本概念 ······ 167
        10.2.2 故障树基本符号 ······ 168
        10.2.3 故障树的割集与路集 ······ 170
        10.2.4 建立故障树的方法与步骤 ······ 170
        10.2.5 建立故障树的原则 ······ 171

参考文献 ······ 173

1 质量管理概述

1.1 质量与社会属性的本质问题

著名的质量管理大师约瑟夫·M.朱兰（Joseph M. Juran）说过："21世纪是质量的世纪。"随着全球经济一体化进程的加速，质量一词的内涵越来越广泛而深刻。国际上质量竞争的日益激烈，使企业逐步认识到制胜的法宝就是完美的产品和服务的质量。

在现代社会中，消费者对产品或服务的质量和社会属性都越来越关注。如果企业在生产经营过程中忽视了社会责任，只追求利润最大化，那么就可能导致产品或服务质量不达标、环境污染、员工权益受损等问题，从而影响企业的声誉和形象。质量与社会属性的本质问题是企业在生产经营过程中应该承担的社会责任。质量是指产品或服务是否符合规定的标准和要求，而社会属性则是指产品或服务是否对社会和环境产生积极的影响。质量和社会属性之间存在着内在的联系和互动关系，它们共同构成了企业的社会责任。

企业的社会责任不仅包括产品或服务的质量问题，还包括对环境、消费者、员工、社会等各方面的责任。企业在生产经营过程中，应该充分考虑到各方面的利益和需求，制定出符合社会期望和要求的生产经营策略，确保产品或服务的质量和社会属性都得到保障。因此，企业应该充分认识到质量与社会属性的本质问题，积极承担社会责任，不断提升产品或服务的质量和社会属性，为社会和消费者创造更多的价值和福祉。

1.1.1 质量

什么是质量？质量是一个多维度的概念，涵盖了物质属性、符合要求程度以及卓越水平等方面。质量的概念和内涵也因不同领域和背景而有所差异，但都强调了对于优秀、合格和符合要求的追求。在物理学中，质量是物体所具有的物质的量度，是物体的基本属性之一。质量可以用来描述物体的重量、密度、形状、大小等方面的特征。在工程学和质量管理中，质量表示产品或服务的符合规定要求的程度。这包括产品的性能、可靠性、耐用性、安全性等方面。

1.1.1.1 质量的特性

（1）技术性或理化性的质量特性

产品在物理、化学或技术方面的性能和特征，包括物理、化学、光学、热学、电学、机械和功能等方面。这些特性通常可以通过测试和测量来评估和确定，对于产品的质量和性能具有重要影响。企业需要根据产品的特点和应用领域，合理确定和控制这些质量特性，不断提高产品的质量和竞争力，以满足消费者的需求和期望。

（2）心理方面的质量特性

产品或服务对消费者心理感受的影响，包括外观、品牌、可靠性、响应速度、交互体验和社会责任等方面的特征，对消费者的满意度、信任度和忠诚度产生影响。企业需要注重这些特性的管理和提升，不断满足消费者的需求和期望，提高产品或服务的附加值和市场占有率，以提高产品或服务的市场竞争力。

（3）时间方面的质量特性

时间方面的质量特性是指产品或服务的交付时间、响应时间、使用寿命、维修时间和更新周期等方面的特征，对消费者的满意度和信任度产生影响。

（4）安全方面的质量特性

产品或服务在使用过程中，对消费者人身安全和财产安全产生影响的特性。这些特性包括产品或服务的设计、材料、工艺、使用寿命等方面，对消费者的安全保障具有重要作用。企业管理过程中要注重这些特性的管理和提升，确保产品或服务的安全性符合法律法规和标准要求，保障消费者的权益和安全。

（5）社会方面的质量特性

产品或服务在生产、销售、使用过程中会对社会环境、社会责任和公益事业等方面产生影响。这些特性包括企业的社会责任、环境保护、公益事业等方面，对于企业的社会形象和社会责任具有重要影响。企业需要注重这些特性的管理和提升，积极履行社会责任，推动环保和公益事业的发展，提高企业的社会形象和社会价值。

1.1.1.2 质量的内涵

质量的内涵由一组固有特性组成，这些特性包括产品或服务的各种特点和属性，如性能、可靠性、安全性、耐用性等，同时也包括了企业对环境和社会责任的考虑。这些固有特性是以满足顾客及其他相关方要求的能力加以表征，即产品或服务能够满足客户的需求和期望，包括产品或服务的功能、质量、价格、交付时间等方面。因此，质量具有广义性、时效性、社会性和相对性。

（1）质量的广义性

在不同领域、不同对象中，对于"质量"的定义和要求都有所不同。例如，在制造业中，质量可能指产品的可靠性、耐久性和精度等方面；而在服务业中，质量则可能包括客户满意度、服务效率和专业水平等方面。因此，质量的广义性要求我们根据具体情况来确定质量的定义和评价标准，以确保达到最优的质量水平。

（2）质量的时效性

质量的时效性指的是产品质量的持续性和稳定性。产品质量不仅要符合规定要求和消费者期望，还需要在产品使用寿命内保持稳定和持续。产品质量的时效性对于消费者和企业都非常重要。

对于消费者来说，他们需要购买质量稳定的产品，以确保产品在使用寿命周期内能够正常使用，从而保证消费者的权益和安全。如果产品质量不稳定，可能会出现质量问题，影响消费者的使用体验和安全。

对于企业来说，产品质量的时效性也非常重要。企业需要保证产品质量的稳定和持续，以提高消费者的满意度和忠诚度，增加销售收入和市场份额。同时，产品质量的稳定和持续也可以降低企业的售后服务成本和维修成本，提高生产效率和降低成本，进一步提高企业的经济效益。

(3) 质量的社会性

质量的社会性是指产品或服务对社会的影响和责任要求。这包括环保、安全、健康、社会责任和社会价值等方面。企业在进行产品或服务设计、生产和销售时，应该注重产品或服务的社会责任和社会价值，以提高企业的社会形象和品牌声誉。因此，企业需要遵守相关的法律法规，保护消费者权益，促进社会公正和发展，同时也需要考虑产品或服务对环境、用户健康和安全的影响，以及产品或服务能否为社会创造价值和贡献。

(4) 质量的相对性

在不同的环境、条件和标准下，对产品或服务的质量评价会有所不同。具体来说，同一产品或服务在不同的使用环境、用户需求和标准要求下，其质量评价可能会有所差异。

质量的好坏是对产品或服务满足要求程度的一种体现，需要在同一等级基础上进行比较，不能混淆等级。等级是对功能和用途相同但质量要求不同的产品、过程或体系进行分类或分级的一种方式。因此，在进行质量评价时，需要考虑到产品或服务所处的等级和标准要求，以充分满足用户的需求和期望，并提高产品或服务的质量。

1.1.1.3 质量的分类

(1) 按质量目标分类

按照质量的目标分类，可分为符合性质量、性能质量、安全性质量和可靠性质量。

① 符合性质量。符合性质量是指产品或服务应符合规定的标准、规范和法律法规等方面的要求。符合性质量是质量管理的基本要求，也是组织实现质量目标的基础。为了确保产品或服务的符合性质量，组织需要建立完善的质量管理体系，包括质量计划、质量控制、质量保证等方面。组织需要制定相关的质量标准和规范，对产品或服务的各个方面进行严格控制和监督，确保产品或服务符合标准和法律法规要求。

符合性质量不仅是组织实现质量目标的基础，也是保障客户权益和安全的重要手段。如果产品或服务不符合标准和法律法规要求，可能会对客户造成损失和危害，同时也会对组织造成严重的法律和经济风险。

② 性能质量。性能质量是产品或服务的重要特征之一，对于客户满意度和市场竞争力具有重要影响。性能质量通常包括产品或服务的功能性能、技术性能、可靠性、耐久性、安全性等方面。这些性能要求通常由客户需求和标准要求等方面决定，组织需要通过产品设计、工艺控制、材料选择等方面来确保产品或服务的性能质量。

③ 安全性质量。安全性质量是指产品或服务在使用过程中，对人身安全和财产安全等方面的保障。安全性质量通常包括产品或服务的安全性能、安全标准、安全法规等方面。这些要求通常由客户需求和相关法律法规等方面决定，组织需要通过产品设计、工艺控制、材料选择等方面来确保产品或服务的安全性质量。

④ 可靠性质量。可靠性质量是指产品或服务在使用过程中的稳定性和可靠性等方面的要求。

可靠性质量通常包括产品或服务的故障率、寿命、维修保养等方面。这些要求通常由客户需求和相关标准等方面决定，组织需要通过产品设计、工艺控制、材料选择等方面来确保产品或服务的可靠性质量。

(2) 按质量属性分类

按照质量的属性分类，可分为产品质量、服务质量、过程质量和工作质量。

① 产品质量。根据质量的定义，产品质量可以被理解为产品特征和特性的总和，这些特性需要满足规定和潜在的用户需求。产品的制造是为了满足用户的使用需求。因此，无论产品是简单还是复杂，都需要使用产品质量特性或特征进行描述。不同的产品具有不同的特点，因此其表现参数和指标也各有不同。一般而言，反映用户使用需求的产品质量特性可以归纳为以下六个方面：性能、寿命（即耐用性）、可靠性和维修性、安全性、适应性以及经济性。

② 服务质量。服务质量是指组织在提供服务过程中所表现出的能力，以满足和超越顾客的期望和需求。服务质量特性根据行业而定，主要的共性特征包括功能性、经济性、安全可靠性、时间性、舒适性、文明性六个方面。服务质量是衡量服务业绩效的重要指标，也是提高服务竞争力和客户满意度的关键因素之一。

③ 过程质量。过程质量指的是过程所具备的满足规定和潜在需求的特征和特性的总和，也可以说是过程条件和活动满足要求的程度。产品质量和服务质量的特性需要通过"过程"或"活动"来保证。前面所提到的产品或服务的六个方面的质量特性是在设计研制、生产制造、销售服务的全过程中实现并得到保证的。也就是说，这些质量特性受到"过程"或过程中各项活动的影响，过程中各项活动的质量就决定了特性，从而影响了产品质量和服务质量。因此，从形成过程来看，产品和服务质量还可以分为设计过程质量、制造过程质量、使用过程质量和服务过程质量。

④ 工作质量。工作质量是指员工在工作中所表现出来的各种特性和表现，包括符合规定标准和规范、工作效率高、工作质量稳定可靠、工作态度积极等方面。它是衡量员工绩效和工作价值的重要标准之一，直接影响企业的生产效率和经济效益。

首先，工作质量需要符合规定标准和规范，即员工在工作中需要遵循相关的规章制度和标准，确保工作的合法性和规范性。其次，工作质量需要具备高效率和高质量，即员工需要在规定时间内完成任务，并保证任务的质量和稳定性，确保生产效率和产品质量。此外，工作质量还需要体现积极的工作态度，即员工需要具备良好的职业素养和道德品质，认真负责地对待工作，积极主动地解决问题，为企业的发展做出积极贡献。

（3）按质量控制方式分类

按照质量的控制方式分类，可分为内部质量和外部质量，下面以软件产品为例介绍。

① 内部质量。内部质量是指从软件内部对软件进行评估和控制，以确保软件在开发过程中符合要求，达到预期的质量标准。内部质量通常包括可维护性、可测试性、可理解性、可靠性和可移植性等方面。具有良好的模块化、可读性和可重用性等特点的软件通常易于维护、测试和理解，同时具有良好的稳定性、可靠性和移植性。内部质量对于软件开发过程中的质量控制和保证非常重要，可以帮助开发人员及时发现和修复问题，提高软件开发效率和质量。

② 外部质量。外部质量是指软件产品在运行时表现出的质量特征，包括功能性、可靠性、易用性、效率、可维护性和可移植性等方面。这些特征是用户能够看到和感知到的，对于软件产品的质量评估和用户满意度非常重要。同时，这些特征也是软件开发人员和测试人员进行测试和验证的重要依据。

1.1.1.4 质量概念的演变

随着社会的进步和发展，人们对产品和服务的质量要求越来越高，质量的概念也在不断地演变和拓展，其中国外的质量管理组织和一些著名的质量管理专家提出的代表性质量概念主要有以下几种。

① 沃尔特·A. 休哈特（Walter A. Shewhart）在20世纪20年代和30年代提出了统计质量控制的概念。他认为，通过统计方法来控制产品特定方面的质量，可以有效地降低产品的变异性和缺陷率，从而提高产品的质量水平。休哈特提出了控制图的概念，通过对产品质量数据进行统计和分析，可以及时发现质量问题并进行改进。他还提出了质量控制的两种方法，即过程控制和检验控制，强调了过程控制的重要性。

休哈特的理论和方法强调了统计方法在质量管理中的重要性，为企业实现质量目标和持续改进提供了有力支持。

② 石川馨（Kaoru Ishikawa）是日本著名的质量管理专家和学者，他在20世纪50年代和60年代提出了许多质量工具和方法，其中较著名的是鱼骨图和品质环。鱼骨图是一种通过分析问题产生的原因来改进产品和服务质量的方法，它通过图形化的方式将问题的各种可能原因展现出来，便于问题的分析和解决。品质环则是一种通过对产品和服务进行全面检查来发现问题并进行改进的方法，它强调了全员参与和持续改进的重要性。石川馨还提出了许多其他的质量工具和方法，如直方图、散点图、控制图等，这些工具和方法都是以数据为基础，通过对数据进行分析和处理来发现问题并进行改进。他强调了通过质量工具和方法来改进产品特定方面的质量，从而提高产品的质量水平。同时，他还强调了全员参与和持续改进的重要性，认为只有全员参与和持续改进才能实现企业的质量目标。

③ 爱德华兹·戴明（W. Edwards Deming）是美国著名的质量管理专家，他在20世纪50年代和60年代向日本企业推广了质量管理的理念，为日本企业的质量革命做出了巨大贡献。他提出了许多质量管理理论和方法，其中最著名的是"连续改进"的概念。他认为，企业应该不断改进产品和服务的质量，以满足客户的需求和期望，并提高企业的竞争力。戴明还强调了以客户为中心的质量管理和过程质量的重要性，只有通过对生产和服务过程的管理和改进，才能实现产品和服务的质量提升，并提出了许多质量管理方法，如PDCA（plan、do、check、act）循环、统计过程控制等，这些方法都是以过程为中心的，旨在帮助企业实现持续改进和过程优化。戴明的理论和方法对于现代质量管理的发展产生了深远的影响，被广泛应用于企业的质量管理实践中。

④ 约瑟夫·M. 朱兰在20世纪50年代和60年代提出了质量三要素的概念，即质量规划、质量控制和质量改进。他认为，企业应该制定全面的质量规划，从而实现质量目标的达成。同时，强调了质量控制的重要性，企业应该通过对生产和服务过程的控制，确保产品和服务的质量符合要求。此外，朱兰还提出了质量改进的概念，企业应该不断改进产品和服务的质量，以满足客户的需求和期望，并提高企业的竞争力。

质量管理的系统性和全员参与的重要性。朱兰认为，质量管理应该是一个全员参与的过程，每个员工都应该参与到质量管理中来，并提出了"质量三环"的概念，即顾客满意、员工满意和股东满意，认为企业应该在三个方面都实现满意度的提升。

⑤ 菲利普·克罗斯比（Philip Crosby）在20世纪六七十年代提出了"零缺陷"的概念。只有通过预防性质量管理才能实现产品和服务的零缺陷，从而提高企业的竞争力。"做对的事情，一次就做对"的理念，强调了预防性质量管理的重要性。

克罗斯比还强调了质量文化的重要性，认为只有建立良好的质量文化，才能实现质量目标。"质量是我们的生活方式"的口号,强调了全员参与和持续改进的重要性。他还提出了质量管理的四个步骤:确定需求、评估现状、制订计划、执行计划,强调了过程控制和过程改进的重要性。

⑥ 格雷戈里·H.沃森(Gregory H. Watson)在20世纪八九十年代提出了六西格玛质量管理的概念。六西格玛是一种以数据为基础、以过程改进为核心的质量管理方法,它通过对数据进行分析和改进方法的应用来实现产品特定方面的质量提升。六西格玛方法强调了数据分析的重要性,它通过收集和分析大量数据来发现问题并进行改进。同时,它也强调了过程改进的重要性,认为只有通过对生产和服务过程的改进,才能实现产品和服务的质量提升。

六西格玛方法还提出了DMAIC的过程改进模型,这个模型包括了定义(define)、测量(measure)、分析(analyze)、改进(improve)和控制(control)五个步骤,通过这个模型可以有效地实现过程改进。此外,六西格玛方法还提出了许多工具和方法,如流程图、因果图、实验设计等,这些工具和方法都是以数据为基础、以过程改进为核心的。

质量管理国际标准ISO 9000:质量是"组织满足客户需求的程度"。这种定义强调了客户需求是质量的核心,也反映了质量管理的本质目标——满足客户需求,提供优质产品和服务。质量是由组织内部的所有过程和环节共同构成的,而不是由单一的产品或服务决定的。因此,质量管理应该贯穿于组织的各个方面,包括管理层的领导、员工的参与、过程的设计和控制等。

从上述有关质量的概念可以看出,随着经济和社会的不断发展,人们对质量的要求越来越高,质量的概念也在不断地深化和发展。现代质量概念的代表性包括符合性质量、适用性质量、波动性质量和广义质量。这些概念强调了不同方面的质量特征,例如产品或服务是否符合标准、是否能够满足客户需求、是否稳定可靠等。为了满足客户需求和提高企业竞争力,组织需要建立完善的质量管理体系,不断改进和提高产品或服务的质量。

1.1.2 质量管理

质量管理是一种系统性的方法,通过组织、计划、实施和控制一系列质量管理活动,以确保产品或服务符合客户的要求和期望,达到预期的质量标准。质量管理包括质量规划、质量控制、质量保证和质量改进四个方面,它不仅仅是一种产品或服务的检测和纠正过程,更是一种全面的管理理念和方法,涉及组织、流程、技术、人员等多个方面。通过有效的质量管理,可以帮助企业提高产品或服务的质量水平,提高客户满意度,增强企业竞争力。

(1)质量规划

质量规划是指在产品或服务的开发、设计、生产或提供过程中,制定一系列质量目标、质量标准、质量控制措施和质量保证要求,以确保产品或服务符合客户的要求和期望,达到预期的质量标准。质量规划是质量管理的第一步,也是质量管理的核心环节之一。在质量规划过程中,需要制定质量目标和质量标准,明确质量控制措施和质量保证要求,确定质量责任人和质量管理体系,以及建立相应的质量测量和评估机制。

(2)质量控制

质量控制是指在产品或服务的生产、提供和运营过程中,采用各种质量控制技术和方法,对产品或服务进行检测、测试、纠正和预防,以确保产品或服务符合质量标准和客户的要求与期望。质量控制包括质量计划、质量检测、质量纠正和质量预防等方面。在质量控制过程中，需要制订相应的质量检测计划和标准，对产品或服务进行检测和测试，发现并纠正其中的缺陷和问题，同时也需要对生产过程进行监督和预防，以避免缺陷和问题的再次出现。

（3）质量改进

质量改进旨在提高企业满足质量要求的能力。它通过一系列活动，如识别机会、分析原因、设计并实施方案、总结和标准化等，来实现过程改进和组织创新，从而为企业带来更大的收益，追求卓越绩效。质量改进是一个持续不断的过程，需要不断地寻找和发现问题，分析原因并采取有效的措施进行改进。

（4）质量保证

质量保证是指在产品或服务的整个生命周期内，通过建立一套完整的质量管理体系，确保产品或服务在设计、开发、生产、销售、售后服务等各个环节都能够符合质量标准和客户的要求和期望，以达到持续稳定地提供高质量产品或服务的目的。

质量管理是一门综合性学科，与经济学、管理学、企业管理学等学科密切相关。同时，它也与数学、特别是数理统计学密不可分。质量管理不是一门离开具体产品和实物生产制造的学科，而是管理和技术的结合体。只有将管理和技术融为一体，才能揭示质量管理的深刻内涵和规律，将理论应用于实际问题的分析和解决方案中。这样才能真正将质量管理作为一门应用科学，为实现产品或服务的质量目标提供有效的方法和工具。

质量管理包括微观方面质量管理和宏观方面质量管理。一方面是微观层面的质量管理，主要针对产品和服务、企业以及各部门，旨在提高产品和服务质量。这方面包括企业质量管理体系的构建和完善，产品质量产生、形成和实现的具体运行过程，企业各职能部门在质量形成及实现过程中的质量职能及运作机制，以及各种质量管理原理和方法，特别是统计质量管理方法在质量控制和质量改进中的具体应用。另一个方面是宏观层面的质量管理，主要是探讨企业的外部环境对产品质量及工作质量的影响。这方面主要涉及国民经济和社会整体对企业产品质量及工作质量的影响，讨论经济、行政、法律以及舆论手段对企业产品质量可以施行、应该施行的影响及其实际运作措施等。通过这两个方面的探讨，可以全面了解质量管理的内容和相关原理，更好地指导企业进行质量管理，提高产品或服务的质量水平，增强企业核心竞争力。

1.1.3 与质量有关的社会问题

在 20 世纪，生产力是经济发展的主要驱动力，而在 21 世纪，质量成为经济发展的新主题。这一点正如著名的质量管理学家朱兰博士所预测的一样。现实越来越证明，任何国家的产品和服务都必须达到世界级质量水平，否则就难以在国际竞争中立于不败之地，甚至在国内市场也难以立足。因此，提高产品和服务的质量是经济发展的必由之路。

随着科学技术的快速发展、新技术的不断涌现，人们发现，高质量的产品和服务可以提高人们的生活质量，促进社会经济的发展，同时也可以保护消费者的权益和健康安全。低质量的产品和服务则可能会引发一系列社会问题，如假冒伪劣、环境污染、人身安全问题和资源浪费等。

因此，总体来说，与质量有关的社会问题主要表现在以下几个方面。

(1) 企业的竞争存在问题

企业的市场竞争、经济效益和生存发展，都与产品质量密切相关。产品质量好坏直接影响消费者的购买决策，进而影响企业的市场占有率和销售收入。因此，广大企业都将"以质量求生存，以品种求发展"作为战略目标。企业如果想在激烈的市场竞争中生存和发展，就必须注重产品质量。高质量的产品可以提高消费者的满意度和忠诚度，增强企业的市场竞争力，从而实现销售收入的增长和市场占有率的提高。同时，高质量的产品还能够降低企业的成本，提高经济效益。

(2) 构成社会财富问题

一个有良好社会属性的企业应该注重产品和服务的质量，没有质量就没有数量，就不会有经济价值，所以，企业的生产经营活动必须坚持质量第一，并关注环境保护和可持续发展等问题。只有这样，企业才能在市场中赢得消费者的信任和支持，实现可持续发展。

(3) 产品的质量问题

产品的质量问题是指产品在设计、生产、销售和使用过程中出现的不符合规定要求或不符合消费者期望的问题。产品的质量问题可能伴随着技术本身因素、人为因素、管理因素、材料因素、环境因素、随机因素、不正当行为因素和其他等因素的出现而出现，并会对消费者、企业和社会造成不良影响。

(4) 计划或市场经济自动消除质量问题

质量问题的消除需要企业自觉履行社会责任，注重产品质量和消费者权益，同时政府也需要加强监督和管理，促进企业自律和社会责任的履行。

在计划经济中，政府对生产和销售进行计划和控制，企业需要按照计划要求进行生产和销售。虽然政府可以通过计划和监督来促进产品质量的提高，但是如果企业没有自觉履行社会责任，仍然可能存在质量问题。同样在市场经济中，企业的生产和销售受市场需求和竞争影响，企业需要竞争力和市场占有率。虽然市场竞争可以促进产品质量的提高，但是如果企业只追求短期利益，忽视产品质量和消费者权益，仍然可能存在质量问题。

(5) 优劣产品质量竞争问题

优劣产品质量竞争问题是指企业在市场竞争中通过降低产品质量来获得价格优势，从而获得更高的市场份额和利润。这种竞争方式不仅会伤害消费者的利益，也会影响企业的声誉和可持续发展。

首先，优劣产品质量竞争会伤害消费者的利益。企业通过降低产品质量来获得价格优势，消费者购买到的产品质量下降，使用寿命缩短，可能会对消费者的健康和安全造成威胁。

其次，优劣产品质量竞争会影响企业的声誉和可持续发展。企业如果只追求短期利益，忽视产品质量和消费者权益，会失去消费者的信任和支持，影响企业的声誉和可持续发展。优劣产品质量竞争是一种不可取的竞争方式。企业应该注重产品质量和消费者权益，从长远角度考虑企业的发展。

最后，政府也应该加强监督和管理，促进企业自律和社会责任的履行，维护市场秩序和公平竞争环境。

(6) 企业利润最大化问题

在社会法律和道德的约束下，企业追求最大利润是必然的。然而，企业也应该注重产品质量和服务质量,因为这是降低产品研制和生产成本、缩短新产品开发周期、加快市场开发和获取最大利润的有效手段。优良的产品质量和服务质量可以提高消费者的满意度和忠诚度,增加销售收入和市场份额,提高生产效率和降低成本,进一步提高企业的经济效益。因此,注重产品质量和服务质量不仅符合社会法律和道德要求,也是企业获取最大利润的有效途径。

1.2 质量管理的历史

在20世纪初,美国开始将质量管理作为一门学科来研究,为全球质量管理的发展奠定了基础。从20世纪50年代开始,日本逐步从美国引进了质量管理思想、技术和方法,并在推行质量管理的过程中,结合本国国情进行创新和发展,形成了独立的质量管理体系。在有些管理方法和管理组织上,日本的质量管理超越了美国,形成了后来居上之势。当前,质量管理已经发展成为一门独立的学科,拥有一整套完整的质量管理理论和方法,为全球企业提供了重要的管理思路和技术支持。

质量管理科学的发展史表明,社会对质量的要求是质量管理学科发展的原动力。在不同的历史时期,质量管理理论、技术和方法都在不断发展变化,这些变化和发展是质量管理学科不断前进和发展的重要推动力。质量管理从产生、形成、发展到日益完善的过程中,采用了不同的理论技术和方法来解决质量问题,经历了四个主要的发展阶段。这四个阶段分别是质量检验阶段、统计质量控制阶段、全面质量管理阶段和社会质量管理阶段。这些阶段的发展代表了质量管理学科在不断前进和完善,以适应社会对质量不断提高的要求。

1.2.1 质量检验阶段

质量检验阶段的出现,主要是由于工业化生产的迅速发展,使得产品的生产规模和数量都有了大幅度的增长。在这样的情况下,为了保证产品的质量和安全性,人们开始采用检验的方法来确保产品的质量。在这个阶段,质量管理主要依赖于人工检查和手工记录,因此效率较低、成本较高。同时,由于检验的是成品,无法对生产过程中的问题及时发现和解决,导致了质量问题的频繁出现。

随着科技和管理理念的不断进步,质量检验阶段也逐渐发展和完善。在20世纪20年代,英国数学家费希尔(R. A. Fisher)结合农业试验提出了方差分析与实验设计等理论,为近代数理统计学奠定了基础。与此同时,美国贝尔(Bell)电话实验室成立了两个课题研究组:一是过程控制组,学术负责人是休哈特;另一是产品控制组,学术负责人是道奇(H. F. Dodge)。后来,休哈特于20世纪二三十年代提出了统计过程控制(SPC)理论,并首创进行过程监控的工具——控制图,为质量控制理论奠定了基础。道奇与罗米格(H. G. Roming)则于20世纪30年代提出抽样检验理论,它构成了质量检验理论的重要内容。

此外,在20世纪五六十年代,日本经济崛起,日本企业开始注重质量管理,并逐渐形成了以"零缺陷"为目标的"品质革命"。他们提出了许多新的概念和方法,如"质量环""PDCA循环""KAIZEN改善活动"等,这些方法和理念对全球范围内的质量管理产生了深远影响。

总之，在质量检验阶段的发展过程中，人们逐渐认识到产品质量不仅仅是检验出来的结果，更重要的是通过对生产过程进行控制和改进来提高产品质量。因此，在后来的发展中，质量管理逐渐从事后检验为主转变为预防为主，并逐步形成了现代化的质量管理体系。

1.2.2 统计质量控制阶段

质量控制阶段是质量管理学科的第二个阶段，始于20世纪30年代。在这个阶段，质量管理的主要目的是通过控制生产过程中的变异，以确保产品的质量。这个阶段的主要方法是通过对生产过程进行监控和改进，来减少产品的变异和缺陷。

质量控制阶段的出现，主要是由于质量检验阶段存在一些局限性。在质量检验阶段，产品的质量是在产品制造完成后才进行检查，即事后把关。这样做无法及时发现和解决生产过程中的问题，导致了质量问题的频繁出现。因此，人们开始思考如何在生产过程中进行质量控制。

在这个阶段，统计学和数学方法得到了广泛应用。20世纪30年代，美国贝尔实验室的休哈特首次提出了统计过程控制（SPC）理论，并首创了控制图作为过程监控的工具。控制图可以帮助生产者及时发现和解决生产过程中的问题，从而减少产品变异和缺陷。此外，抽样检验理论也得到了进一步发展，为生产过程中的监控提供了理论基础。

在20世纪四五十年代，日本企业开始采用质量控制方法，并取得了显著的成果。日本企业通过实践和不断改进，逐渐形成了一套完整的质量管理体系，包括质量控制、质量保证、标准化、培训等方面。其中，全员参与、持续改进和客户导向等理念成为日本企业的核心价值观。

随着全球化和市场竞争的加剧，质量管理逐渐成为企业竞争力的重要因素。在这个背景下，ISO 9000标准于20世纪80年代初发布，并逐渐成为全球范围内质量管理的标准。ISO 9000标准要求企业建立完整的质量管理体系，并通过内部审核和外部认证来确保其有效性。

总之，质量控制阶段是质量管理学科发展的重要阶段。通过对生产过程进行监控和改进，可以有效地减少产品变异和缺陷，提高产品质量和生产效率。在不断实践和改进中，质量管理逐渐形成了一套完整的理论体系，并成为企业竞争力的重要因素。

1.2.3 全面质量管理阶段

全面质量管理（total quality management，TQM）阶段是质量管理学科的第三个阶段，始于20世纪50年代。在这个阶段，质量管理的主要目的是通过改进组织管理和文化，以实现全员参与、全面质量管理的目标。这个阶段的主要方法是通过建立质量文化、持续改进、客户满意度等方面的管理体系，来提高组织的综合质量水平。

全面质量管理阶段的出现，主要是由于质量控制阶段存在一些局限性。在质量控制阶段，虽然可以通过监控和改进生产过程来减少产品变异和缺陷，但无法解决组织管理和文化方面的问题。因此，人们开始思考如何建立一个全面质量管理的体系，以实现质量管理的真正意义。

全面质量管理是由美国费根堡姆（A. V. Feigenbaum）和朱兰等人提出的，旨在实现"三全"管理。所谓"三全"，包括全面的质量、全过程的质量和全员参与的质量。其中，全面的质量不仅限于产品质量，还包括服务质量和工作质量等在内的广义质量；全过程的质量不仅限于生产过程，还包括市场调研、产品开发设计、生产技术准备、制造、检验、销售、售后服务等质量环节的全过程；全员参与的质量不仅限于领导和管理干部，而是全体工作人员都要参与，实现"质量第一，人人有责"。实际上，"三全"反映了系统科学全局观点的理念，因此有些专家学者也称全面质量管理为质量系统工程。

虽然全面质量管理的理论发源于美国，但取得成效的却是在日本等国。在20世纪六七十年代，日本企业开始广泛采用全面质量管理方法，并取得了显著的成果。在这个过程中，日本企业强调员工参与和持续改进，建立了一套完整的全面质量管理体系。这套体系包括了品质环节、生产环节、销售环节、售后服务环节等方面的管理体系，并通过持续改进来不断提高组织的综合质量水平。20世纪80年代初，美国在激烈的国际商业竞争中逐渐处于不利地位，因此重新认识到质量管理的重要性。在著名质量管理专家戴明的领导下，美国大力推行统计过程控制理论和方法，并取得了显著成效。经过15年的努力，到1994—1995年，美国主要产品（如钢铁、汽车等）的质量已经赶上日本，弥补了美、日间的差距。据1994年上半年的统计数据显示，当时，美国的劳动生产率增长已经超过了德国和日本。

随着全球化进程的加速和国际贸易的不断扩大，人们越来越认识到质量问题已经超越了国家和地区的范畴，国际间的经济合作也变得越来越频繁。在这种背景下，国际标准化组织于1987年发布了关于质量管理体系的ISO 9000系列国际标准，这一标准在全球范围内掀起了一股贯彻ISO 9000系列标准并获取认证的热潮。ISO 9000标准的发布和应用发展，对企业的经营管理模式以及现代质量管理的系统理论和方法都带来了前所未有的影响和变革，表1-1对比了质量管理不同阶段的特征。

表1-1　　　　　　　　　　　质量管理不同发展阶段对比

项目	质量检验阶段	统计质量控制阶段	全面质量管理阶段
生产特点	手工半机械化	大量生产	现代化大生产
质量概念	狭义概念	向广义质量概念过渡	广义质量
管理范围	检验	制造过程	全过程
管理对象	产品	产品和工序质量	产品和工作质量
管理依据	质量标准	质量标准、控制标准	用户需要
管理方法	技术检验方法	数理统计方法	运用一切有效手段
参加人员	检验人员	技术部门、检验人员	企业全体员工

1.2.4　社会质量管理阶段

社会质量管理阶段是质量管理发展的第四个阶段，主要是在20世纪90年代后期开始的。这一阶段的发展主要是由于全球化、信息化、知识经济等新形势的出现，使得企业面临着更加复杂和多变的市场环境和竞争形势，因此需要更加灵活和创新的质量管理方式。进入21世纪后，质量管理将进入一个发展的新阶段，即社会质量管理阶段，下一步则将会向全球质量管理阶段发展。

社会质量管理阶段的发展过程如下。

(1) 以顾客为中心的管理思想

社会质量管理阶段强调以顾客满意度为核心,将顾客需求作为企业质量管理的出发点和落脚点,从而实现企业与顾客之间的良性互动和共赢。

(2) 全员参与的质量管理

社会质量管理阶段强调全员参与,将质量管理视为企业的全员工作,要求每个员工都要认识到自己在质量管理中的重要性,从而形成全员参与、全员质量控制的局面。

(3) 持续改进的管理理念

社会质量管理阶段强调持续改进,将改进作为企业质量管理的基本要求和核心内容,通过不断地改善和创新来提高产品和服务质量,满足顾客需求,增强企业竞争力。

(4) 绩效评价和绩效管理

社会质量管理阶段强调绩效评价和绩效管理,通过制定科学的绩效评价指标和绩效管理体系,来评估和监控企业的质量管理水平和绩效表现,从而不断提高企业的竞争力和市场地位。

(5) 全面质量成本管理

社会质量管理阶段强调全面质量成本管理,将质量成本视为企业经营成本的重要组成部分,并通过全面分析和控制质量成本,来提高产品和服务的附加值和市场竞争力。

总之,社会质量管理阶段是一个全面、系统、创新、持续改进的阶段,它要求企业在全员参与、持续改进、顾客导向、绩效评价、全面成本等方面实现突破和创新,以适应新形势下的市场竞争和企业发展需要。

1.3 全面质量管理

1.3.1 全面质量

全面质量是指企业在产品设计、生产制造和服务过程中,注重顾客需求和期望,以全员参与、持续改进为基本理念,实现产品和服务质量的全面提升。全面质量包括以下几个方面。

① 产品设计。以顾客为中心,注重产品的功能、性能、可靠性、安全性、易用性等方面的要求,实现产品的高质量设计。

② 生产制造。注重生产过程的控制和改进,采用先进的生产技术和管理方法,实现产品的高质量生产。

③ 服务过程。注重服务质量的控制和改进,提供高质量的售前、售中和售后服务,增强客户满意度和忠诚度。

④ 质量管理体系。建立质量管理体系,包括质量手册、程序文件、工作指导书等,实现质量管理的规范化、标准化和系统化。

⑤ 质量计划和目标。制订质量计划和目标,确定质量目标、制订质量计划、编制实施方案等,实现质量目标。

⑥ 质量控制。采用过程控制、抽样检验、统计过程控制等方法,控制产品和服务的质量,在生产和服务过程中发现和纠正问题。

⑦ 质量改进。持续改进产品和服务的质量,采用问题解决、创新改进等方法,实现质量水平的不断提升。

⑧ 质量保证。建立质量保证体系,包括认证评估、内审等,保证产品和服务质量的稳定性和一致性。

⑨ 全员参与和团队建设。强调全员参与和团队建设,激发员工的创造力和积极性,实现企业的可持续发展和创新。

美国朱兰博士提出,为了确保产品的适用性,需要进行一系列活动,包括市场调查、开发、设计、计划、采购、生产、控制、检验、销售、服务和反馈等。产品质量在这个全过程中不断循环提高,也被称为质量进展螺旋,如图1-1所示。由于每个环节都相互依存,因此实现全公司范围的质量管理需要高级管理层的积极支持。

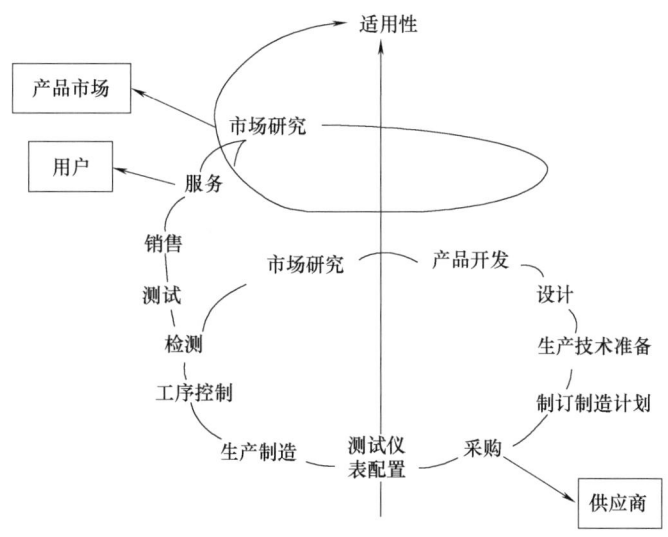

图1-1 朱兰质量进展螺旋曲线

朱兰质量进展螺旋曲线有以下特点。

(1) 质量是全过程的结果

产品或服务的质量是在市场调查、开发、设计、计划、采购、生产、控制、检验、销售、服务和反馈等全过程中形成的。因此,提高产品或服务的质量,需要从全过程入手,逐步改进每个环节。

(2) 质量是不断提高的

根据朱兰质量进展螺旋理论,每当螺旋曲线完成一次循环,就代表着产品或服务质量水平得到了提高。由此可见,螺旋曲线是一个不断循环的过程,而产品或服务的质量也随之不断提高。因此,可以说产品或服务的质量提高是一个永无止境的过程。

(3) 质量是相对稳定的

朱兰认为,产品或服务的质量在达到一定水平后会趋于相对稳定。在这个阶段,需要维持产品或服务的质量水平,同时注重持续改进和创新,以适应市场需求的变化。

(4) 质量是全员参与的

要从产品质量的形成过程出发控制产品质量,就必须将质量螺旋各个环节的质量职能活动落实到各个部门及相关人员,形成各自的质量职责,对产品质量实行全过程管理。

1.3.2 全面质量管理的含义

全面质量管理（TQM）是一种以客户为中心、全员参与、全过程管理、数据驱动和持续改进的质量管理方法,其目的在于通过各种管理手段和方法,从源头上控制质量,最终实现客户满意的目标。相较于传统的质量管理,全面质量管理更加注重在产品或服务的全过程中实施质量管理,适用于组织的所有管理活动和所有相关方。全面质量管理思想的具体表现包括强调一个组织以质量为中心、组织内所有部门和所有层次的人员参与、全员的教育和培训、最高管理者的强有力而持续的领导和参与、抓住管理思想、质量目标、管理体系和科学技术四个要领以及谋求长期的经济效益和社会效益。

1.3.3 全面质量管理的特点

1.3.3.1 客户导向

全面质量管理的客户导向是指企业应该以客户为中心,关注客户的需求和期望,以满足客户需求为出发点,实现产品或服务的质量管理。在全面质量管理中,客户导向是一种核心的管理思想,它强调企业应该从客户的角度出发,不断改进产品或服务的质量水平,提高客户满意度。

全面质量管理的客户导向要求企业了解客户需求和期望,包括产品或服务的性能、质量、价格、交货期等方面。企业应该通过各种渠道收集客户反馈信息,包括投诉、建议、意见等,及时分析和利用这些信息,不断改进产品或服务的质量水平,提高客户满意度。

1.3.3.2 全员参与

全面质量管理的全员参与是指企业在质量管理过程中,要求所有员工都参与到质量管理中来,形成全员质量意识和责任感,实现全员参与、全员质量管理。全员参与是全面质量管理的重要特点之一,它体现了企业对质量管理的高度重视和全员质量意识的建立。

全面质量管理的全员参与要求,不仅是质量部门或专业人员的责任,而是所有员工都应该参与到质量管理中来。企业应该通过各种方式,如培训、宣传、奖励等,提高员工的质量意识和责任感,让员工深入理解全面质量管理的重要性和意义。

全员参与质量管理,但不同层次的管理人员有不同的质量责任和作用。企业最高管理层负责制定质量方针和目标,完善管理体制,组织协调各部门、各环节、各类人员的质量管理活动,以确保实现质量目标。中层管理层则通过提供管理方法和标准,保证质量职能的有效性,并对基层进行教育、指导、监督和考核,为生产第一线提供服务,并及时向上级报告工作,承上启下。基层则专注于按照规定的计划和标准进行生产运作。

根据朱兰博士的统计,80%的产品质量问题是由于各级领导和管理人员的工作失误造成的,其余20%由现场工人造成。因此,管理人员的质量责任是主要的。在质量管理中,应以奖励优秀和惩罚不良为原则,对提供优质产品的部门和个人进行奖励,对粗制滥造、以次充好、损害用户和社会利益者给予应有的惩罚。

1.3.3.3 全过程管理

全面质量管理的全过程管理是指企业在产品或服务的整个生命周期中，从设计、开发、生产、销售、服务等各个环节中，对产品或服务的质量进行全面管理，它体现了企业对质量管理的全面、系统、持续的管理思想。

全面质量管理的全过程管理要求企业在产品或服务的各个环节中，实施全员参与、数据驱动、持续改进等手段，不断提高产品或服务的质量水平。企业应该建立和完善质量管理体系，对产品或服务的各个环节进行有效控制，确保产品或服务的质量符合客户要求和期望。全面质量管理的全过程管理还要求企业加强对供应商和合作伙伴的质量管理，建立和完善供应商评价和选择机制，确保供应商提供的原材料、零部件和服务符合企业的质量要求。

此外，企业要实现全过程管理，应该开展质量教育，提高员工的质量意识，从制造过程质量管理入手，向产品开发设计和销售服务两个方向延伸，完善质量管理体系，逐步实现全过程的质量管理。

1.3.3.4 数据驱动

全面质量管理的数据驱动是指企业在质量管理过程中通过收集和分析大量的质量数据，以数据为基础进行决策和改进，实现质量管理的科学化和精益化。数据驱动是全面质量管理的重要特点之一，它体现了企业对质量管理的精益求精和不断创新的管理思想。

全面质量管理的数据驱动要求企业在质量管理中通过各种手段收集和分析质量数据，如统计数据、测量数据、检验数据、客户反馈数据等，实现对产品或服务的全面监控和分析。企业应该建立和完善质量数据采集和分析体系，运用先进的信息技术手段，实现数据的自动化采集、处理和分析，提高数据的准确性和及时性。企业在决策和改进中，以数据为基础，运用统计学方法和质量工具，进行分析和判断，找出问题的根本原因，并采取有效措施进行改进。企业应该建立和完善数据驱动的决策和改进机制，让质量数据成为决策和改进的重要依据。

1.3.3.5 持续改进

全面质量管理的持续改进是指企业在质量管理过程中通过不断地寻找和消除问题，实现产品和服务质量的不断提高。

全面质量管理的持续改进要求企业在质量管理中不断地寻找和消除问题，实现产品和服务质量的不断提高。企业应该建立和完善质量管理体系，实施全员参与、数据驱动、流程优化等手段，不断改进产品或服务的设计、生产、销售和服务等各个环节。企业应该建立和完善持续改进机制，如PDCA循环、六西格玛等，实现持续改进的有效运作。

全面质量管理的持续改进还要求企业加强对客户需求的了解和反馈，以客户为中心，不断改进产品或服务的质量，提高客户满意度。企业应该建立和完善客户投诉处理机制，及时处理客户投诉，并采取有效措施进行改进。

1.3.3.6 管理方法多样

全面质量管理的管理方法多样是指在质量管理过程中企业可以根据自身的实际情况和需求，选择适合自己的质量管理方法和工具，以实现全面质量管理的目标。它体现了企业在质量管理中的灵活性和创新性。

全面质量管理的管理方法包括PDCA循环、朱兰三部曲、六西格玛、价值工程、质量成本管理、TQM、ISO 9000等多种方法和标准。企业可以根据自身的实际情况和需求，选择适合自己的质量管理方法和工具，以实现全面质量管理的目标。例如，对于生产型企业，可以采用PDCA循环和六西格玛等方法，对生产过程进行全面控制和改进；对于服务型企业，可以采用TQM和ISO 9000等方法，对服务过程进行全面控制和改进。

影响产品质量的因素错综复杂，既有物的因素，又有人的因素，既有生产技术因素，又有组织管理因素，既有自然因素，又有人们的心理、环境等社会因素。为了系统地控制这些因素，企业需要以先进的科学技术为基础，运用数理统计的方法和各种现代化的管理技术为手段，将数理统计等科学方法与改善组织管理、改革专业技术紧密结合起来，综合发挥它们的作用。这些方法和手段可以帮助企业提高产品或服务的质量水平，满足客户的需求和期望。

1.3.4 全面质量管理的工作原则

1.3.4.1 预防原则

在企业的质量管理工作中，预防原则应该得到认真贯彻。为了防患于未然，可以在产品设计阶段采用故障模式与影响分析（FMEA）或故障树分析（FTA）等方法，找出产品的薄弱环节，在设计上进行改进，消除潜在隐患。另外，稳健性设计方法也可以被直接采用。在产品制造阶段，可以采用统计过程控制（SPC）和统计过程控制诊断（SPCD）等科学方法对生产过程进行控制，尽量将不合格品消灭在发生之前。最后，在产品检验阶段，无论是对最终产品还是在制品，都需要及时反馈质量信息并认真处理。

1.3.4.2 经济原则

经济原则旨在通过合理的经济管理和控制，在产品或服务设计、生产、销售和使用的全过程中实现企业经济效益的最大化和资源的最优化利用。经济原则包括成本控制、资源优化、市场营销、投资决策和经济效益评估等方面。其中，成本控制需要降低生产成本和管理成本，提高生产效率和经济效益；资源优化需要合理配置和利用资源，提高资源利用效率和生产效率，降低生产成本和环境成本；市场营销需要制定相应的产品或服务策略，提高产品或服务的附加值和市场竞争力；投资决策需要进行科学的投资决策，提高企业资金利用效率和经济效益；经济效益评估需要对产品或服务的生产成本、销售收入、市场占有率等指标进行分析和评估，确定产品或服务的经济效益水平，为企业制定合理的经济管理策略提供依据。

1.3.4.3 协作原则

全面管理原则中的协作原则是指通过各个部门之间的协作和沟通，实现企业内部各个环节之间的协调和配合，以及与外部合作伙伴之间的互动和协作，从而提高生产效率和质量，实现企业的可持续发展。协作原则的主要内容包括以下几个方面：建立有效的沟通机制和协作平台，促进信息共享和知识管理；加强跨部门和跨组织的沟通和协作，推动流程优化和效率提升；建立合作伙伴关系，实现资源共享和优势互补，提高市场竞争力；推行团队合作和协同工作，发挥集体智慧和协同效应，提高工作质量和效率。总之，协作原则是全面管理原则中不可或缺的一部分，企业需要注重协作原则的实施和落实，不断提高内部协作和外部合作能力，实现企业的可持续发展。

1.3.4.4 PDCA 循环

PDCA 循环的由来可以追溯到 20 世纪 20 年代,最早是由美国著名的质量管理专家休哈特提出的。他通过对生产过程进行统计分析,预测和控制产品的质量,并提出了统计过程控制的概念。后来被美国质量管理专家戴明博士在 1950 年再度挖掘出来,并加以广泛宣传和运用于持续改善产品质量的过程中。20 世纪 50 年代,日本著名的质量管理专家石川馨(Kaoru Ishikawa)将 PDSA 循环引入日本,并对其进行了改进,提出了"Plan-Do-Check-Act"(PDCA)循环,如图 1-2 所示。PDCA 循环是一种常用的质量管理方法,它在全面质量管理中得到了广泛的应用。

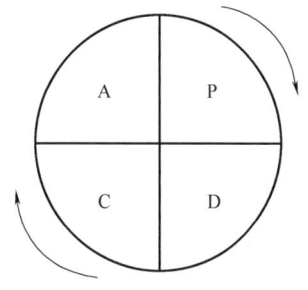

图 1-2 PDCA 循环

(1) 四个阶段

① PDCA 循环的"P"指的是"Plan",即计划阶段。计划阶段是确定目标和计划,制定实现目标的具体措施和方法的阶段。在这个阶段,企业需要明确自己的目标和要求,确定实现这些目标和要求的具体措施和方法,并对实施过程进行规划。

② PDCA 循环的"D"指的是"Do",即执行阶段。在 PDCA 循环中,执行阶段是按照计划执行措施和方法,收集数据和信息的阶段。按照计划进行工作,收集数据和信息,并记录下来以备后续的检查和评估。

③ PDCA 循环的"C"指的是"Check",即检查阶段。检查阶段是对执行阶段收集到的数据进行分析和评估的阶段。对数据进行分类、整理和分析,以便了解工作的进展情况和存在的问题。

④ PDCA 循环的"A"指的是"Act",即行动阶段。行动阶段是根据检查结果,采取纠正措施和改进措施的阶段。企业根据检查结果进行分析和判断,找出问题的根本原因,并采取相应的纠正措施和改进措施,以避免问题再次出现。

(2) 八个步骤

① 找出问题。通过对现状分析,找出存在的质量问题。

② 分析原因。收集与目标相关的数据和信息,分析和评估产生质量问题的原因和影响因素。

③ 确定要因。确定所有因素的终末因素,对终末因素逐条确认,评估这些末端因素是否为要因。

④ 制订计划。针对影响质量的主要因素,确定可行的解决方法,即"P"阶段的具体化。

⑤ 执行计划。按照计划执行纠正措施和改进措施,收集数据和信息。

⑥ 检查结果。对实施结果进行检查和评估,看是否达到预期效果。

⑦ 标准化和进一步推广。根据检查的结果进行总结,把成功的经验和失败的教训都纳入有关标准、规程、制度之中,定义所需的规则与指标,设立相关的测量手段,确定新的操作活动的沟通与培训。

⑧ 遗留问题。根据检查的结果提出这一循环尚未解决的问题,分析因质量改进造成的新问题,把它们转到下一次 PDCA 循环的第一步去。

（3）PDCA 循环的特点

① 大环套小环。PDCA 循环是一种基本的质量管理方法，不仅适用于整个工程项目，也适用于企业内的各个部门、科室、工段、班组以及个人。企业的各级部门根据企业的方针和目标都有自己的 PDCA 循环，并且层层循环，形成大环套小环的管理体系。小环是大环的分解和保证，而大环则是小环的母体和依据。各级部门的小环都围绕着企业的总目标朝着同一方向转动。通过循环把企业上下或工程项目的各项工作有机地联系起来，彼此协同，互相促进。这种 PDCA 循环管理体系可以帮助企业不断提高产品质量和服务水平，提高客户满意度，增强市场竞争力。

② 循环前进。在质量管理体系中，PDCA 循环是一个动态的循环，它可以在组织的每一个过程中展开，也可以在整个过程的系统中展开。它与产品实现过程及质量管理体系其他过程的策划、实施、控制和持续改进密切相关。

③ 阶梯上升。PDCA 循环就像攀登楼梯一样，每完成一个循环，生产的质量就会向前迈进一步，然后再制定下一个循环，再次运转、再次提高，不断前进，不断提高，如图 1-3 所示。这种循环不断迭代的过程，每完成一步就会向更高的目标迈进一步，通过不断地努力，最终实现企业的质量目标和发展目标。

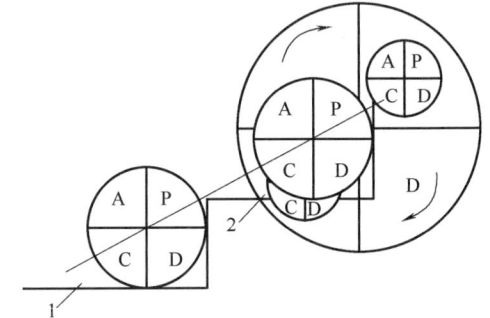

图 1-3　PDCA 循环的功能

2 质量体系与认证

质量体系是指一套规范企业质量管理的体系，包括质量方针、质量手册、程序文件、工作指导书等，旨在确保企业的产品或服务符合客户需求和法律法规要求。企业可以根据自身特点选择适当的体系要素并进行组合，加强产品设计、研发、生产、检验、销售、使用等全过程的质量管理活动，并将其制度化和标准化，成为企业内部质量管理工作的要求和活动序列。

质量认证是指由第三方机构进行的对企业质量体系的审核和认证，以验证企业是否符合相关的质量标准和要求。这些标准可能是国家标准或行业标准，如 ISO 9001、ISO 14001、OHSAS：18001 等。获得质量认证可以证明企业的质量管理体系得到了有效实施，并且符合国家或行业的标准要求，从而提高企业的信誉度和竞争力。

2.1 ISO 9000 族质量管理体系基础

任何组织都需要进行管理。当管理与质量有关时，就成为质量管理。质量管理是指在质量方面指导和控制的组织的协调活动，通常包括制定质量方针、目标以及质量策划、质量控制、质量保证和质量改进等活动。为了实现质量管理的方针目标，并有效地开展各项质量管理活动，组织必须建立相应的管理体系，这个体系就被称为质量管理体系。

2.1.1 质量管理体系标准的起源

质量管理体系标准的起源可以追溯到 20 世纪 50 年代。当时，美国政府开始要求向其提供产品和服务的企业遵循一些质量管理标准，以确保它们的产品和服务符合要求。在此基础上，美国军方于 1959 年制定了 MIL-Q-9858 标准，这是第一个质量管理体系标准。之后，美国国防部制定和发布了一系列生产武器和承包商评定的质量保证标准。20 世纪 70 年代初，美国国家标准化协会（ANSI）和美国机械工程师协会（ASME）分别发布了一系列有关原子能发电和压力容器生产的质量保证标准。

20 世纪 60 年代和 70 年代，质量管理的概念逐渐得到推广和普及，各国开始制定自己的质量管理标准。英国制定了 BS 5750 标准、德国制定了 DIN 55350 标准、法国制定了 NFX 50-001 标准等，这些标准都是基于 MIL-Q-9858 标准的基础上发展而来的。随着各国经济的相互合作和交流，对供应方质量体系审核已逐渐成为国际贸易和国际合作的前提。世界各国先后发布了许多关于质量体系及审核的标准。由于各国标准的不一致，给国际贸易带来了障碍，质量管理和质量保证的国际化成为当时世界各国的迫切需要。

国际标准化组织（ISO）于 1979 年成立了质量保证技术委员会（TC176），1987 年更名为质量管理和质量保证技术委员会，负责制定质量管理和质量保证标准。1986 年发布了标准 ISO 8402《质量——术语》，1987 年发布了 ISO 9000《质量管理和质量保证标准——选择和使用指南》、ISO 9001《质量体系——设计开发、生产、安装和服务的质量保证模式》、ISO 9002《质量体系——生产、安装和服务的质量保证模式》、ISO 9003《质量体系——最终检验和试验的质量保证模式》、ISO 9004《质量管理和质量体系要素——第一部分：指南》6 项标准，通称为 ISO 9000 系列标准。

ISO 9000 系列标准是基于现代质量管理理念和方法制定的一套国际化的质量管理体系标准。标准总结了工业发达国家先进企业的质量管理的实践经验，统一了质量管理和质量保证的术语和概念，并对推动组织的质量管理、实现组织的质量目标、消除贸易壁垒、提高产品质量和顾客的满意程度等产生了积极的影响，受到了世界各国的普遍关注和采用。迄今为止，它已被全世界 150 多个国家和地区等同采用为国家标准，并广泛用于工业、经济和政府的管理领域，有 50 多个国家建立了质量管理体系认证制度，世界各国质量管理体系审核员注册的互认和质量管理体系认证的互认制度也在广泛范围内得以建立和实施。

为了使 1987 年版的 ISO 9000 系列标准更加协调和完善，ISO/TC176 质量管理和质量保证技术委员会于 1990 年决定对标准进行修订，提出了《90 年代国际质量标准的实施策略》（国际上通称为《2000 年展望》）。

2000 年 12 月 15 日，ISO/TC176 正式发布了 2000 年版本的 ISO 9000 族标准。该标准的修订充分考虑了 1987 年和 1994 年版标准，以及现有其他管理体系标准的使用经验，因此，它使质量管理体系更加适合组织的需要，可以更符合组织开展其商业活动的需要。

2.1.2 质量管理体系标准的演变

自 1987 年 ISO 9000 系列标准发布以来，其在全球范围内迅速产生了前所未有的影响。这一系列标准以其神奇魅力，吸引了数以万计的企业采用，并得到了实践的验证。目前，ISO 9000 系列标准已被 80 多个国家和地区采用为国家和地区标准，并产生了良好的宏观经济效益和社会效益。

1994 年经过第一次修订形成 1994（年）版 ISO 9000 族标准，2000 年经过第二次修订形成 2000（年）版 ISO 9000 族标准，2008 年经过第三次修订形成 2008（年）版 ISO 9000 族标准，2015 年经过第四次修订形成 2015（年）版 ISO 9000 族标准，图 2-1 为质量管理体系标准的演变。

（1）1987 版 ISO 9000 系列标准

1987 版 ISO 9000 系列标准主要强调了质量保证的概念，即通过检验和测试等手段来保证产品或服务的质量符合要求。该标准规定了一些基本的质量管理要求，如文件控制、记录控制、检验和测试、产品标识等。具体来说，ISO 9001 适用于涉及设计、开发、生产、安装和服务的所有类型的组织。该标准要求组织建立和实施一套质量管理体系，以确保产品或服务的质量符合客户需求和法律法规的要求。ISO 9002 适用于仅涉及生产和安装的组织，而 ISO 9003 适用于仅涉及检验和测试的组织。

1987 版 ISO 9000 系列标准还规定了一些基本的质量管理要素，如质量手册、程序文件、记录文件、内部审核、管理评审等。此外，该标准还规定了一些基本的质量保证要素，如检验、测试、校准、产品标识等。

（2）1994 版 ISO 9000 族标准

自 1987 年发布以来，ISO 9000 系列标准得到了广泛的应用。然而，这些标准存在以

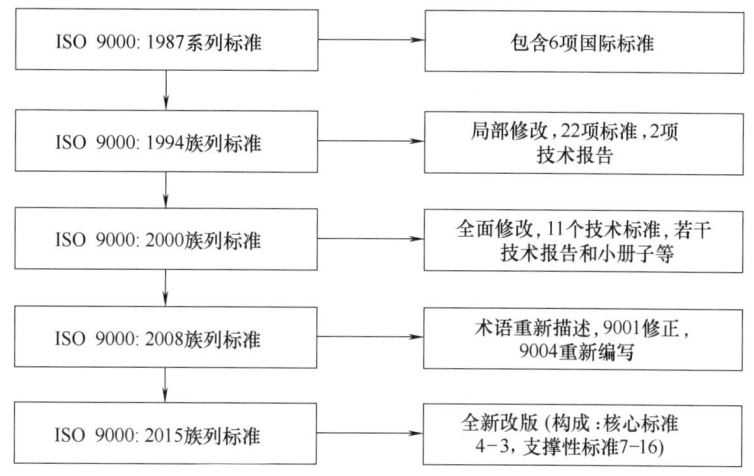

图 2-1 质量管理体系标准的演变大事件

下缺点：偏重于制造业，对软件及服务类产品的应用指导不够明确；标准过于复杂，非专业人员难以理解其语言；没有全面吸取质量管理的精华。为了解决这些问题，1990年，负责制定 ISO 9000 系列标准的 ISO/TC176 开始对 1987 版 ISO 9000 系列的 6 项标准进行修订，并于 1994 年完成了第一次修订工作，提出了"ISO 9000 族"的概念。该概念包括 ISO 9000、ISO 9001、ISO 9002、ISO 9003 和 ISO 9004 等文件，适用于各种类型的组织，包括制造业、服务业和软件行业等。这些文件包括了更加全面和系统化的质量管理要求，强调了持续改进和客户满意度的重要性。

随着对质量管理体系的深入研究和实践，ISO/TC176 陆续发布了 22 项标准和 2 项技术报告，以进一步完善"ISO 9000 族"标准体系。这些标准包括了更加全面和系统化的质量管理要求，强调了持续改进和客户满意度的重要性，并适用于各种类型的组织。这些标准的发布和实施在全球范围内产生了广泛的影响，促进了质量管理体系的不断发展和完善。

（3）2000 版 ISO 9000 族标准

随着 ISO 9000 族标准的广泛应用和标准用户的增加，ISO 9000 族标准数量过多、应用难易程度不同、质量管理体系的有效性成为标准用户普遍关注的问题。为了解决这些问题并考虑到标准未来的发展，ISO/TC176 于 1997 年进行了一项全球性的调查，邀请全球一千多名用户和顾客参与，征集他们对 ISO 9000 族标准的意见和建议。调查内容包括修订标准的意愿、ISO 9001 标准与 ISO 9004 标准的各自特点和相互关系、质量管理体系标准与环境管理体系标准的关系等。

根据用户和顾客的意见和建议，ISO/TC176 组织整理并编撰了八项质量管理原则，为 ISO 9000 族标准的发展奠定了理论基础。这些原则包括：顾客导向、领导力、员工参与、过程方法、系统方法、持续改进、决策基于事实和相互关系的管理。这些原则强调了质量管理体系的综合功能和效能，并为修订新版标准提供了指导。总之，通过全球范围内的调查和整理八项质量管理原则，ISO/TC176 更准确地理解了标准用户的需求，并在新版 ISO 9000 族标准中更确切地体现了质量管理体系的综合功能和效能。

2000 年的第二次修改充分总结了前两个版本标准的优点和不足，对标准总体结构和技术内容两个方面进行了彻底的修改。2000年12月ISO/TC 176正式发布了2000版的ISO 9000族标准。

通过ISO 9000系列标准的演变过程，可以看出标准的发展方向和重点逐渐发生了变化。1987版ISO 9000系列标准主要从自我保证的角度出发，更多关注企业内部的质量管理和质量保证；1994版ISO 9000族标准则通过20个质量管理体系要素，将用户要求、法规要求和质量保证的要求纳入标准的范围中。

2000版ISO 9000族标准在标准构思和标准目的等方面出现了具有时代气息的变化。该版本强调了过程方法的概念，从过程的角度考虑质量管理，并将其贯穿到质量管理体系的各个方面。此外，该版本还注重考虑顾客需求、持续改进等方面，强调组织的质量管理体系应该满足顾客需求的能力和程度，并将其体现在标准的要求之中。ISO 9000系列标准的演变过程反映了标准对企业质量管理要求的不断提高和完善，从单纯的自我保证到更多考虑用户需求和法规要求，再到更加注重过程方法、顾客需求和持续改进等方面。

（4）2008版ISO 9000族标准

2004年，ISO各成员国对ISO 9001：2000进行了系统评审，以确定是否撤销、保持原状、修正或修订该标准，其中"修正"指的是对规范性文件内容的特定部分进行修改、增加或删除。

为指导ISO/TC176/SC2的专家起草ISO 9001的修正版并验证起草过程的输出，ISO/TC176/SC2于2005年制定了设计规范。修订ISO 9001的目的是更加明确地表述2000版ISO 9001标准的内容，并与ISO 9004协调一致。ISO 9001：2008标准的制定是为了对ISO 9001：2000现有要求进行注释说明，并增加与ISO 14001：2004的相容性。该标准既未引入新的要求，也未改变ISO 9001：2000标准的意图，其主要目的是进一步强调标准的实用性和适用性，使其更好地适应当今社会和市场的需求。

新版ISO 9001：2008标准的主要优点在于其简单易用、语言清晰、易于翻译和理解，并且与其他管理体系如ISO 14001相容。这些特点使得ISO 9001：2008标准更加适用于现代社会和市场的需求，为组织提供了更加实用的质量管理指南和帮助。ISO 9004：2008标准的主要优点在于它有助于改进用户的质量管理体系，并为组织建立质量管理体系提供了指南。该标准包括通过提供的产品为顾客创造价值，为所有相关方创造价值，以及平衡所有相关方的观点等方面，为组织提供了更加全面和系统化的质量管理指导。此外，该标准还为管理者领导组织走向不断成功提供了指南，并与组织现有质量管理体系更加相容。

（5）2015版ISO 9000族标准

2015版ISO 9000族标准是对ISO 9000族标准的第四次修改，也是该标准的最新版本。该版本在前三个版本的基础上进行了全面升级和改进，强调了质量管理体系的风险管理和战略导向。

新版ISO 9000标准为适应建立标准化的管理体系架构的要求，替代了"质量管理体系基础"为"基本概念和质量管理原则"，并新增了五个基本概念，分别是：质量、质量管理体系、组织的环境、相关方和支持。管理原则由原来的八项合并为七项，并作为五个基本概念的支持。术语和定义由原来的84个增加到138个，并重新划分了概念关系，共13个方面。该标准引入了"风险管理"和"知识管理"等新概念，强调组织应该从战略高度来考虑质量管理，并将质量管理体系与组织的战略目标和客户需求相结合。此外，该标准还注重考虑组织内外部环境的变化和影响，强调持续改进和创新等方面的重要性。除此之外，2015版ISO 9000族标准还采用了更加简洁明了的语言和结构，使其更加易于理解和实施。该标准还强调了领导者的责任和作用，鼓励组织建立一种基于风险管理和持续改进的文化。

（6）我国质量管理标准体系的演变

我国质量管理标准体系的演变可以分为四个阶段：引进国际标准、制定自己的标准、推动与国际标准接轨和不断更新与完善。

20世纪80年代初期，我国开始引进国际标准，先后采用了ISO 9000、ISO 14000等标准。这一阶段主要是为了借鉴国外先进经验，推动我国质量管理体系的发展。

1990年我国开始制定自己的质量管理体系标准，先后发布了GB/T 19001—1994和GB/T 19001—2000两个版本的标准。这一阶段主要是为了适应我国国情和市场需求，推动我国质量管理体系标准化和规范化。2000年我国开始积极参与国际标准的修订和制定工作，推动我国的质量管理体系标准与国际接轨。此外，我国还发布了GB/T 19580—2008《质量管理体系文件编制规范》等相关标准，进一步完善了我国质量管理体系标准体系。2010年以来，我国质量管理体系标准不断更新和完善。2015年，我国发布了GB/T 19001—2016《质量管理体系要求》，该标准与ISO 9001：2015相一致，更加注重风险管理和战略导向。此外，我国还发布了一系列相关标准，如GB/T 24001—2016《环境管理体系要求》、GB/T 28001—2011《职业健康安全管理体系要求》等。

2.1.3 ISO 9000族质量管理体系标准的作用

2.1.3.1 提高产品或服务的质量

ISO 9000质量管理体系中提高产品或服务的质量是指通过建立、实施和维护一套科学有效的质量管理体系，不断提高产品或服务的质量水平，以满足客户需求和期望，提高客户满意度，增强组织竞争力的过程。具体包括了解和满足客户需求和期望、建立过程控制和改进机制、建立质量保证和检验机制等方面。

（1）客户需求的满足

ISO 9000质量管理体系要求组织应该了解和满足客户需求和期望。组织要通过各种方式了解客户的需求和期望，包括市场调研、客户反馈、投诉处理等。在此基础上，组织应该制定相应的质量方针和目标，确保产品或服务能够满足客户的需求和期望。

（2）过程控制和改进

ISO 9000质量管理体系要求组织建立、实施和维护一套科学有效的过程控制和改进机制。要对关键过程进行分析和优化，确保产品或服务能够在生产过程中得到有效控制和管理。同时，组织还需要对过程进行持续改进，不断提高产品或服务的质量水平。

（3）质量保证和检验

ISO 9000质量管理体系要求组织建立、实施和维护一套有效的质量保证和检验机制。组织需要对产品或服务进行全面、系统的检验和测试，确保其符合相关标准和规范要求。同时，组织还需要对质量问题进行及时处理和纠正，防止类似问题再次发生。

2.1.3.2 降低成本和提高效率

ISO 9000质量管理体系要求组织持续改进和创新，通过优化和改进质量管理体系，降低成本、提高效率、增强竞争力。通过实施 ISO 9000 质量管理体系，组织可以更好地控制和管理过程，提高生产效率和资源利用率，降低不良品率和返工率，从而降低成本和提高效率，主要包括以下几个方面。

（1）过程优化和改进

对关键过程进行分析和优化，确保生产过程能够得到有效控制和管理。

（2）资源管理和优化

对各项资源进行有效管理，包括人力资源、物资资源、财务资源等。

（3）持续改进和创新

ISO 9000 质量管理体系要求组织应该持续改进和创新，通过不断推进技术创新、产品创新和管理创新，提高组织的竞争力。

（4）培训和发展

组织需要对员工进行培训和发展，提高员工的素质和能力，从而提高生产效率和资源利用率。

2.1.3.3 增强组织竞争力

ISO 9000 族标准是国际上广泛应用的一套质量管理标准，其认证具有国际通用性和公信力。ISO 9000 族质量管理体系标准的实施可以为企业带来一系列的好处，其中之一就是增强企业在市场中的竞争力。具体来说，ISO 9000 族标准可以帮助企业提高以下几个方面的竞争优势。

（1）改进生产和管理过程

ISO 9000 族标准要求企业对生产和管理过程进行持续改进，通过不断地优化流程、提高效率、降低成本等措施，从而提高企业的生产能力和竞争力。

（2）提高客户满意度

ISO 9000 族标准要求企业建立客户满意度测评机制，并通过持续改进来提高客户满意度。在市场中，客户满意度是企业竞争力的重要指标之一，通过提高客户满意度，企业可以获得更多的商业机会和客户信任。

（3）增强企业声誉和品牌价值

ISO 9000 族标准是国际通用的质量管理标准，在市场中具有很高的认可度和信誉度。企业通过实施 ISO 9000 族标准，可以获得国际认可，并提高企业的声誉和品牌价值。

（4）提高员工素质和士气

ISO 9000 族标准要求企业对员工进行培训和教育，以提高员工素质和士气。员工是企业重要的资源之一，在市场中具有很大的竞争力。通过提高员工素质和士气，企业可以更好地满足客户需求，从而增强竞争力。

2.1.3.4 促进国际贸易

ISO 9000 质量管理体系可以帮助组织提高产品或服务的质量水平、降低生产成本、提高生产效率和资源利用率，并且符合国际市场需求和标准，从而增强组织在国际市场的竞争力。

（1）满足国际市场需求和标准

通过满足国际市场需求和标准，组织可以扩大国际市场份额，增强在国际市场的竞争力。

（2）提高生产效率和资源利用率

通过优化和改进生产流程和资源利用方式，降低生产成本、提高生产效率和资源利用率，增强组织在国际市场的竞争力。

（3）建立信任和合作关系

与供应商建立长期稳定的信任和合作关系，通过建立信任和合作关系，组织可以获得更好的供应商支持，提高产品或服务的质量水平，增强在国际市场的竞争力。

2.1.4 ISO 9000 族标准的构成

2015 版 ISO 9000 族标准包括以下一组密切相关的质量管理体系核心标准。

（1）ISO 9000《质量管理体系——基础和术语》

ISO 9000：2015 标准主要包括三部分内容：第一部分确认了质量管理的七项原则。第二部分提供了建立和实施质量管理体系的方法和标准。第三部分是术语和定义，规定了 138 个词条，为全世界不同文化背景、使用不同语言的所有需要使用 ISO 9000 族标准的组织和人员提供了对质量管理的基本原理和基本概念的共同理解。

（2）ISO 9001《质量管理体系——要求》

ISO 9001：2015 是一份关于质量管理体系要求的标准，旨在为各种类型、不同规模和提供不同产品的组织规定质量管理体系的通用要求，以证实其具有稳定地提供满足顾客要求和适用法律法规要求的产品的能力。该标准要求组织通过有效应用质量管理体系，包括持续改进过程和保证符合顾客要求和适用的法律法规要求，增加顾客满意度。ISO 9001：2015 是用于质量管理体系第三方认证的标准。相对于 ISO 9001：2008，ISO 9001：2015 的主要变化包括以下几个方面：更加注重组织环境；更加注重过程方法的应用；更适用于服务型组织；文件化信息的要求更为灵活；强调七项质量管理原则。

（3）ISO 9004《追求组织的持续成功——质量管理方法》

ISO 9004：2018 是一份关于质量管理方法的标准，旨在帮助组织实现持续成功。相较于 ISO 9004：2009，ISO 9004：2018 的关注点不再是一般的质量和改进，而是组织的总体成功。该标准强调务实和具有业务意识的内容，并提供了深入挖掘领导作用和方针条款的机会。通过加强对组织成功的关注，该标准可以帮助组织更好地实现其战略目标，提高运营效率和管理水平，增强竞争力。

2.1.5 ISO 9000 族标准的结构（2015）

ISO/IEC 导则规定了管理体系标准的结构，是一个高层次的结构，具有通用的章节结构，以及核心定义的通用术语，目的是方便使用者实施多个 ISO 管理体系标准。

（1）范围

2015 版标准在适用范围上较 2008 版标准没有大的变化，只是在范围表述和概念界定上发生少许变化。

2015 版标准中表述的质量管理的基本概念和原理普遍适用于所有希望通过实施质量管理体系寻求持续成功、持续提供符合要求的产品和服务、在供应链中获得信任、促进相互沟通、进行符合性评价、提供质量管理培训、评价和咨询以及起草相关标准的组织。本标准列举的术语和定义适用于所有 ISO/TC 176 起草的质量管理和质量管理体系标准。

（2）规范性引用文件

ISO 9000 标准族中的规范性引用文件是指在 ISO 9000 标准族中，对其他标准、规范、指南或法规等外部文件进行引用，并将其作为标准的一部分来应用的文件。这些文件通常是与质量管理体系相关的其他标准或指南，如 ISO 9001 质量管理体系要求、ISO 9004 质量管理体系指南、ISO 19011 管理体系审核指南等。在实施质量管理体系时，这些规范性引用文件提供了对相关标准和要求的进一步解释和支持，帮助组织更好地理解和应用质量管理体系标准。

（3）术语和定义

ISO 9000：2015 标准对术语和定义进行了重新分类，共列出了 138 个术语和定义，涵盖了 13 个方面，包括有关人员术语、有关组织的术语、有关活动的术语、有关过程的术语、有关体系的术语、有关要求的术语、有关结果的术语、有关数据和信息文件的术语、有关顾客的术语、有关特性的术语、有关确定的术语、有关措施的术语、有关审核的术语。这些术语和定义的分类原则是按照《ISO/IEC 导则 第 1 部分 技术工作程序》的附录 SL 的要求确定的，适用于所有 ISO 管理体系标准，并为 ISO 9001：2015 标准成为第一个具有"高层次架构"的管理体系标准奠定了基础。此外，ISO 9000：2015 标准强调了五个基本概念，即组织、领导力、策略、利益相关方和风险管理，并将管理原则由原来的八项合并为七项。这些基本概念和管理原则在组织的质量管理体系应用、质量管理体系与其他管理体系和卓越模式整合方面提供了概念基础。

（4）组织的环境

ISO 9000 标准族中的"组织的环境"是指一个组织所处的内外部环境，包括其内部环境（如组织结构、文化、价值观、资源、流程等）和外部环境（如法律法规、市场竞争、顾客需求、技术发展等）。组织的环境对其质量管理体系的实施和运行产生重要影响，因此在 ISO 9000 标准族中，对组织的环境进行了明确的定义和说明，并强调了组织需要考虑和应对内外部环境的变化，以确保质量管理体系持续有效。在实践中，组织需要对其内外部环境进行分析和评估，并将其纳入质量管理体系的规划、实施和持续改进过程中，以确保其质量管理体系与内外部环境相适应。

ISO 9000 质量管理体系指出，组织的环境包括可能是正面或负面的因素或要考虑的状况。外部环境方面，需要考虑法规、技术、竞争、市场、文化、社会和经济环境等问题。内部环境方面，需要考虑与组织价值观、文化知识和绩效有关的问题。当前社会的发展使全球的经济联系越来越紧密，并不同程度地受到政治、经济、社会、民族和宗教、组织的宗旨、发展阶段、产品和服务特点，甚至还会遭受来自战争和自然灾害等不可抗力因素的不同影响。这些影响都有可能导致组织的宗旨和战略方向的调整和转变，甚至放弃，对质量管理体系实现预期结果的影响就不言而喻了。在实际解决问题时，可能需要考虑的还有组织的规模、发展阶段、人员素质相关方、管理基础、顾客需求等因素。

（5）领导

2015 新版和 2008 版的 ISO 9000 标准强调，质量管理体系的建立、实施和改进的主要职责应由最高管理者承担，而不是由管理者代表承担，因为质量管理体系要求更高，涉及的范围更广也更复杂。只有最高管理者亲自参与和推动质量管理体系的建设，才能达到体现"领导作用"原则的要求，使质量管理体系收到预期的效果。最高管理者为实现领导作用和承诺，为质量管理体系运行的有效性承担责任，并提供三个方面的证据：坚持质量管理体系的基本原则和要求、身体力行、亲自参与并坚持做质量管理体系的第一推动者，履行指导责任和监督责任。因此，最高管理者是质量管理体系的有效性的第一责任人，必须以更高的权威和更大的力度亲自推动才能取得成功。新标准不再要求设置管理者代表，因为只有最高管理者亲自参与和推动才能达到预期效果。

（6）计划

对于一个组织来说，质量管理体系策划是一项战略性决策，主要由组织的最高管理者负责。质量管理体系策划主要从应对风险和机遇、建立质量目标及实现、变更管理等方面进行，这体现了新版标准的基于风险和更注重过程结果和绩效的原则思想。质量管理体系策划的输出是组织的质量管理体系建立计划，该计划需要考虑组织的所有质量活动，并确保符合产品服务指南和 ISO 9001 的要求。由于该计划是组织整体战略规划的重要一部分，因此需要经过细致评估和批准后才能实施。最终，质量管理体系策划的成功实施需要组织的最高管理者的关键领导和承诺。

（7）支持

对于任何组织来说，质量管理体系的建立、实施、保持和持续改进都离不开各种形式的支持，包括资源、能力、意识和沟通。这些支持是质量管理体系及其过程的重要组成部分，也是组织实现质量方针和目标的必要条件。同时，支持过程的有效性和效率是过程业绩的基础保障，增值创造过程也靠其支持来实现和保证。因此，新版标准 ISO 9001：2015 在以往标准关于人力资源、基础设施和工作环境的基础上，增加了"资源获得""组织知识"等，并对支持的资源进行了重新规划和要求。相比前几版标准，新版标准的要求更广泛、深入、系统和与时俱进。这些变化反映了新版标准基于风险和更注重过程结果和绩效的原则思想，以及对组织知识管理的重视。因此，组织需要认真评估和规划其支持过程，以确保其有效性和效率，并为质量管理体系的成功实施提供必要保障。

（8）运行

在 2015 版 ISO 9000 族标准的结构中，运行是其中一个重要的组成部分。运行包括质量管理体系的实施、运作、监控、测量、分析、改进和维护。这些活动是质量管理体系的核心，通过这些活动，组织可以持续改进其产品和服务的质量，并满足客户的需求和期望。在运行过程中，组织需要确保其质量管理体系符合 ISO 9001 标准的要求，并采取适当的措施来纠正和预防任何不符合情况的发生。此外，组织还需要通过监控和测量来评估其质量管理体系的有效性和效率，并根据评估结果采取相应的改进措施。最终，通过持续改进和维护，组织可以不断提高其产品和服务的质量，提高客户满意度，并提高其市场竞争力。与以往标准相比，2015 版标准更加注重风险管理和过程方法，因此在运行过程中需要特别关注风险管理和过程控制。

（9）绩效评价

一个运行良好的质量管理体系应该具备有效的自我完善机制，以便及时识别和解决产品和服务实现过程中的问题。这种机制可以不断增强组织满足要求的能力，提高有效性和效率，并确保提供的产品和服务持续符合客户的需求，从而提高客户的满意度。同时，这种机制还应该发挥持续改进的效能，为组织和客户创造更高的价值。为了实现这一目标，组织应该开展监视、测量、分析和评价活动，并采取相应的改进措施。在 2015 版 ISO 9000 族标准的结构中，这些改进措施可以帮助组织不断提高其产品和服务的质量，提高客户满意度，并提高其市场竞争力。在绩效评价过程中，组织需要制定适当的指标和目标，以便监控和测量其质量管理体系的绩效。同时，组织还需要采用适当的方法和工具来收集、分析和报告数据，以便进行决策和采取改进措施。最终，通过持续的绩效评价，组织可以不断优化其质量管理体系，提高其运营效率和质量水平，从而实现其业务目标并取得长期成功。

（10）改进

组织应该确定和选择改进的机会，采取必要的措施来满足顾客的要求并提高其满意度。改进是组织提高总体业绩的一个永恒的主题和目标。在分析和评价改进的必要性后，组织应该确定和选择改进机会，并制定必要的措施来持续改进质量管理体系的有效性。组织应该利用各种信息和手段，如质量方针、质量目标、风险和机遇应对措施的评价、监视和测量、分析和评价、审核结果和管理评审等机会，来寻找对过程、产品和服务、质量管理体系结果的改进机会。改进活动措施和方式可能是日常的，也可以是重大改进活动，如纠正措施、持续改进、突破、创新和业务流程重组等。总之，改进是增强满足要求的能力的循环活动，有助于提高组织的总体业绩和客户满意度。

2.1.6　ISO 9001 与 ISO 9004 的关系

2015 版 ISO 9001 和 ISO 9004 是两个相互关联的标准。ISO 9001 是质量管理体系的要求标准，它规定了组织应该实施的质量管理体系的要求，以便满足客户和法律法规的要求，并不断提高其产品和服务的质量。而 ISO 9004 则是质量管理体系的指南标准，它提供了关于如何实现、维护和改进质量管理体系的建议和指导。ISO 9004 包括了质量管理体系的整体性能和可持续性的考虑，它强调了组织应该关注顾客需求和期望，以及利益相关方的需求，同时也应该关注组织内部的需求和期望，以确保质量管理体系的有效性和效率。

虽然 ISO 9001 和 ISO 9004 是两个不同的标准，但它们之间存在着密切的关系。ISO 9004 提供了更加全面和深入的指导，帮助组织实现质量管理体系的长期成功和可持续性发展。同时，ISO 9001 和 ISO 9004 共同构成了质量管理标准体系，为组织提供了一个完整的框架，以便实现持续改进和优化业务绩效。因此，在实施质量管理体系时，组织应该同时考虑 ISO 9001 和 ISO 9004 标准，以确保其质量管理体系的有效性和效率，并实现长期成功。ISO 9001 与 ISO 9004 的共同点如表 2-1 所示，ISO 9001 与 ISO 9004 的区别点如表 2-2 所示。

表 2-1　　　　　　　　　　ISO 9001 与 ISO 9004 的共同点

序号	项目	共同点
1	目的	实现持续的顾客满意
2	措施	通过改进过程达到持续改进，增加顾客和其他相关方的满意程度
3	结果	提高质量管理体系的适宜性、充分性、有效性

续表

序号	项目	共同点
4	结构形式	过程模式结构
5	质量管理原则	七项质量管理原则
6	质量管理体系	基础和术语
7	质量管理体系的评价	质量管理体系审核和管理审核
8	与其他标准的关系	与 ISO 14000 标准兼容
9	与供应链组织的关系	供方-组织-顾客

表 2-2　　　　　　　　　　ISO 9001 与 ISO 9004 的区别点

项目	ISO 9001《质量管理体系要求》	ISO 9004《追求组织的持续成功 质量管理方法》
适用范围	规定了 QMS 的要求	提供了超出 ISO 9001 要求的 QMS 业绩改进指南
使用目的	既可作为内部审核的依据,也可用于认证或合同目的	可以帮助组织追求卓越,作为自我评价的依据;不能用作认证/法规/合同的目的
追求目标	关注 QMS 的有效性,将顾客满意和产品质量符合要求为目标	以所有相关方满意和改善组织的业绩为目标,除了有效性外还特别关注持续改进组织的总体业绩和效率
主要内容	规定了为达到和证实满足顾客要求能力的基本要求	为希望超越 ISO 9001 基本要求寻求更多业绩改进的组织提供指南

2.2　ISO 9000 族质量管理体系基本原理

2.2.1　建立质量管理体系的目的

2.2.1.1　帮助组织增强顾客满意

组织通过了解顾客需求和期望,确保产品和服务符合顾客要求,提高产品和服务的质量水平,增强顾客参与和反馈机制,提高顾客信任度和忠诚度。通过制订质量计划和控制措施、识别和纠正问题、建立稳定的生产流程和提高产品可靠性等措施,可以不断改进产品和服务的质量,满足顾客需求和提高顾客满意度。

(1) 确保产品和服务符合顾客的需求和期望

组织了解顾客的需求和期望,制订相应的质量计划和控制措施,以确保产品和服务的质量符合顾客要求。例如,通过建立质量目标和指标,制订质量计划和程序,实施质量控制和检查等措施,可以确保产品和服务的质量符合顾客的期望和要求。

(2) 提高产品和服务的质量水平

组织识别和纠正产品和服务中存在的问题,采取预防措施,提高产品和服务的质量水平。通过建立不断改进机制、持续监控和测量质量指标、开展内部审核等措施,可以不断提高产品和服务的质量水平。

(3) 增强顾客参与和反馈机制

帮助组织建立顾客参与和反馈机制,以便及时了解顾客的需求和反馈,并采取相应的措施加以改进。例如，通过开展顾客满意度调查、建立投诉处理机制、开展顾客沟通等措施，可以及时了解顾客需求和反馈，并采取相应的措施加以改进。

（4）提高顾客信任度和忠诚度

帮助组织提高产品和服务的稳定性、可靠性和一致性，增强顾客对组织的信任度和忠诚度。例如，通过建立稳定的生产流程、提高产品可靠性、确保一致性等措施，可以提高顾客对组织的信任度和忠诚度。

2.2.1.2 鼓励组织分析顾客要求，规定相关过程，并使其持续受控，以生产顾客能接受的产品

（1）分析顾客要求

了解顾客的需求和期望，并将其转化为明确的产品要求和质量目标。这可以通过开展市场调研、分析顾客反馈、收集数据等方式来实现。

（2）规定相关过程

规定相应的质量管理过程，以确保产品和服务的质量符合顾客要求。这包括制订质量计划和程序、建立质量控制和检查机制、开展内部审核等措施。

（3）持续受控

持续监控和测量产品和服务的质量指标，并采取相应的措施加以改进。这可以通过开展数据分析、持续改进和纠正措施等方式来实现。

2.2.1.3 提供持续改进的框架

质量管理体系能提供持续改进的框架，以增加顾客和其他相关方满意的机会。

（1）了解顾客和其他相关方的需求和期望

组织了解顾客和其他相关方的需求和期望，并将其转化为明确的产品要求和质量目标。

（2）识别和纠正问题

组织识别和纠正产品和服务中存在的问题，采取预防措施，提高产品和服务的质量水平。

（3）提高顾客和其他相关方满意度

持续改进的框架还可以帮助组织提高产品和服务的质量、增强顾客和其他相关方参与和提供反馈机制，从而提高顾客和其他相关方的满意度。

2.2.1.4 提供持续满足要求的产品，增强顾客及相关方信任度

（1）增强顾客和其他相关方对组织的信任度和忠诚度

持续满足要求的产品和服务可以增强顾客和其他相关方对组织的信任度和忠诚度，从而提高组织的声誉和市场地位。

（2）提高顾客和其他相关方满意度

持续满足要求的产品和服务可以提高顾客和其他相关方的满意度，增强他们对组织的信任度和忠诚度。

2.2.2 质量管理体系要求与产品要求

① 2015 版 ISO 9000 标准同样区分了质量管理体系要求和产品要求。质量管理体系要求是指组织为了确保产品和服务的质量符合顾客和其他相关方的要求和期望，制定的一系

列规定和控制措施。这些要求通常包括质量目标、质量计划、程序和标准等，旨在确保组织的产品和服务具有一致性、可靠性和持续性。

产品要求是指顾客和其他相关方对产品和服务的需求、期望和规定。这些要求通常包括产品性能、功能、可靠性、安全性、可维护性等方面的要求，以及对交付时间、价格、服务等方面的要求。

2015版ISO 9000标准强调了组织应该以顾客为中心，并将顾客需求和期望纳入质量管理体系的规划、操作和改进中。因此，该标准要求组织在建立质量管理体系时应该同时考虑质量管理体系要求和产品要求。具体来说，组织应该确定顾客需求和期望，并将其转化为明确的产品要求和质量目标，同时建立一套质量管理体系，确保产品和服务符合这些要求和期望。

② 2015版ISO 9001规定了质量管理体系的基本要求，适用于所有行业或经济领域，不论其提供何种类别的产品或服务。这些基本要求包括建立、实施、维护和持续改进质量管理体系，确定领导力体系、鼓励全员参与、采用过程方法来管理业务过程，并不断改进和提高质量管理体系的效能。组织应该制定质量目标、制订质量计划、建立质量管理程序、规范和标准，对产品和服务进行监控和检查，制定一套有效的沟通机制等，以确保产品和服务符合顾客和其他相关方的要求和期望。

③ 2015版ISO 9000标准中，质量管理体系本身并不规定产品要求，而是强调了组织应该建立一套质量管理体系，以确保产品和服务符合顾客和其他相关方的要求和期望。这意味着质量管理体系标准并不规定产品的具体要求，而是为组织提供了一套建立、实施和持续改进质量管理体系的框架和方法。

质量管理体系标准要求组织应该制定明确的质量目标和计划，建立一套有效的质量管理程序、规范和标准，对产品和服务进行监控和检查，并采取纠正措施，以确保不符合要求的产品不会流入市场。通过建立质量管理体系，组织可以在规划、操作和改进过程中更好地考虑产品要求和顾客需求，从而提高产品和服务的质量，并增强组织的竞争力和市场地位。

④ 质量管理体系中的产品要求可以由顾客规定、由组织通过预测顾客的要求规定或由法规规定。产品要求是针对特定产品提出的，它包括了产品的性能、特性、功能、可靠性、安全性、符合性等方面的要求。

首先，产品要求可以由顾客规定。顾客是组织的最终用户，他们对产品的需求和期望是组织制定产品要求的重要依据。因此，组织应该与顾客进行沟通和协商，了解他们的需求和期望，并将其转化为明确的产品要求。其次，产品要求可以由组织通过预测顾客的要求规定。组织可以通过市场调研、竞争分析、技术研究等方法，预测顾客未来可能会提出的需求和期望，并将其转化为明确的产品要求。最后，产品要求也可以由法规规定。在某些行业或领域，政府或行业协会可能会颁布一些法规或标准，规定了产品必须满足的性能、安全、环保等方面的要求。组织应该遵守这些法规或标准，并将其转化为明确的产品要求。

在2015版ISO 9000标准中，质量管理体系中的产品要求是针对特定产品提出的，可以由顾客规定、由组织通过预测顾客的要求规定或由法规规定。组织应该确保产品要求明确、可验证，并在整个产品生命周期中得到满足。

⑤ 在 2015 版 ISO 9000 标准中，质量管理体系中的产品要求可以包含在技术规范、产品标准、合同、协议或法规要求中，这些文件提供了关于产品要求的明确规定和指导，组织应该遵守这些文件并将其中的要求转化为明确的产品要求，以确保产品符合顾客和其他相关方的需求和期望。

⑥ 质量管理体系标准被视为对产品要求的补充。质量管理体系标准强调了组织应该建立一套质量管理体系，以确保产品和服务符合顾客和其他相关方的要求和期望。这些要求和期望通常包括产品性能、功能、可靠性、安全性、可维护性等方面的要求，以及对交付时间、价格、服务等方面的要求。通过建立质量管理体系，组织可以更好地考虑产品要求和顾客需求，提高产品和服务的质量，并增强组织的竞争力和市场地位。具体来说，质量管理体系标准要求组织应该确定质量目标和计划、实施质量管理和持续改进。通过补充产品要求，质量管理体系标准强调了组织应该以顾客为中心，并将顾客需求和期望纳入质量管理体系的规划、操作和改进中，从而提高组织的竞争力和市场地位。

2.2.3 质量管理体系七项原则

2.2.3.1 以顾客为关注的焦点

在 ISO 9000 族标准 2015 年版的制定过程中，引入了质量管理的七项原则，并将其作为标准制定的基础，"以顾客为关注焦点"是七项原则之一。以顾客为关注焦点的含义是质量管理的首要关注点是满足顾客要求并且努力超越顾客期望。组织只有赢得和保持顾客和其他相关方的信任才能获得持续成功。要实现顾客满意，首先，需要识别顾客的需求和期望，识别出"谁是顾客和顾客的要求是什么？"，识别出顾客需求后，把顾客的需求和期望转化成明确的要求，转化成组织内部的体系要求、过程要求以及产品要求，最终做到顾客满意。组织贯彻以顾客为关注焦点原则，可通过以下措施来完成。

① 识别从组织获得价值的直接顾客和间接顾客。

② 全面了解顾客的需求和期望，如对产品、交货、价格、可靠性等方面的要求。

③ 确保组织的各项目标，包括质量目标能直接体现顾客的需求和期望。

④ 确保顾客的需求和期望在整个组织中得到沟通，使各级领导和全体员工都了解顾客需求的内容细节和变化，并采取措施来满足顾客的要求。

⑤ 对产品和服务进行策划、设计、开发、生产、交付和支持。

⑥ 有计划地、系统地测量和监视顾客满意程度并针对测量结果采取改进措施。

⑦ 处理好与顾客的关系，力求顾客满意。

⑧ 在重点关注顾客的前提下，确保兼顾其他相关方的利益，使组织得到全面、持续的发展。

2.2.3.2 领导是质量活动的关键内容

2015 年，ISO 修订了《质量管理体系基础与术语》标准，将原来的"质量管理八项原则"改为"七项原则"，其中之一是"领导作用"。这个原则要求各级领导通过建立统一的宗旨和方向，创造全员积极参与实现组织质量目标的条件。因此，"领导作用"不仅是指最高层领导，在企业层面也包括了部门、车间、工段、班组等岗位负责人员。发挥各级领导作用有利于提高企业质量目标的有效性和效率，使得组织的过程之间更加协调，能够改善企业各层级、各职能的沟通效果，提高企业及其人员的能力。

格雷格里·H. 华生是美国质量学会原主席,他在其论著中指出,领导是一切质量活动的关键部分。领导作用是建立和沟通愿景,并向那些将愿景变成现实的个人或团队提供必要的工具、知识和激励。这个原则适用于整个组织、部门或工作组。即使在没有被任命的职位中,某些成员会凭借其知识、技能、经验和能力成为实际的领导者。

一名好的领导者需要思考如何激励其他人,并了解和应用马斯洛的"五个需求层次理论",即生理需求、安全和保障、社会化、自我和自我实现。他们需要及时掌握其所处的需求层次,以便有更好的激励措施。

在质量管理层面,领导者需要定义并实施项目,以支持组织战略方针,并为每一个质量活动及其监视提供资源。这些活动有时依靠个人来完成,但在当今复杂的环境中,越来越多的任务需要依靠团队来完成。例如,一个企业要建立质量管理体系,涉及最高领导层、方针目标、资源提供、采购、生产、加工、检验、贮存、交付、顾客管理等。这不是一个人可以完成的,需要领导发挥战略决策、组织协调、提供资源和激励作用,组织全体部门和成员共同完成和改进。

2.2.3.3 全员参与

"全员参与"强调了每个组织成员都应该参与到质量管理体系中,以实现组织的质量目标和不断改进。这个原则认为,每个人都应该对自己的工作质量负责,并积极参与到组织的质量管理活动中。具体来说,"全员参与"包括以下几个方面。

(1) 培养质量意识

组织应该通过培训和教育来提高所有成员的质量意识,让他们了解质量管理的重要性和对组织的影响。

(2) 设立质量目标

组织应该设立明确的质量目标,并将其传达给所有成员。每个成员都应该知道自己的工作如何与质量目标相关联,并为实现这些目标做出贡献。

(3) 参与质量管理活动

每个成员都应该积极参与到质量管理活动中,例如流程改进、问题解决、审核等。他们可以提出建议和改进措施,以帮助组织不断改进和提高。

(4) 实施自我检查

每个成员都应该对自己的工作进行自我检查,确保其符合质量要求,并及时发现和纠正问题。

(5) 建立团队合作

组织应该鼓励成员之间建立良好的团队合作关系,以实现更高效的工作和更好的质量管理。

2.2.3.4 过程方法

ISO 9001:2015 倡导组织在建立、实施质量管理体系以及提高其有效性时采用过程方法,目的是通过满足顾客要求增强顾客满意度。为了有效运行质量管理体系,应系统地识别质量管理体系中的过程和过程网络,并通过采用 PDCA 循环以及基于风险的思维,对过程和过程网络进行整体管理,这就是过程方法。按照 ISO 9000:2015 标准的定义,过程是一组将输入转化为输出的相互关联或相互作用的活动。输入是过程的依据和要求,是实施转化的基础和前提;输出是过程所要实现的目标和结果;程序是为进行某项活动或过程所规定的途径，为了达到预期结果所需开展的活动，也要确定监视和测量过程绩效的控制和检查点；过程是质量管理体系的基础，一个组织的质量管理体系就是通过对各种过程进行管理来实现的。

过程与过程之间存在一定的关系。一个过程的输出通常是其他过程的输入，这种关系往往不是一个简单的按顺序排列的结构，而是一个比较复杂的网络结构：一个过程的输出可能成为多个过程的输入，而几个过程的输出也可能成为一个过程的输入。这样错综复杂的过程模式，就是过程网络。

ISO 9001：2015 的基本结构遵循 PDCA 循环。ISO 9001 标准确定了有关风险管理的相关要求。在组织的愿景、价值观、理念和战略确定后，在落实经营计划并实现组织经营绩效的过程中，基于风险的思维是至关重要的。组织确认质量管理体系过程时，是进行风险分析的最佳时期，应针对识别出的潜在风险因素制定预防措施。风险和机遇并存，组织在产品和服务实现的过程中充分利用和扩展风险的正面影响、规避风险的负面影响是提高质量管理体系有效性和效率的基础。

2.2.3.5 持续改进

管理是一个动态、螺旋式发展的过程，是从初级（发现问题，但不能解决问题）到中级（发现问题，也能解决问题）向高级（在问题未发生前就预防了）不断发展的过程。所以，持续改进，循序渐进又是事业发展的必然。"持续改进"是质量管理体系的七项原则之一，它强调了组织应该不断改进其质量管理体系和活动，以实现更高的效率和质量水平。具体来说，"持续改进"包括以下几个方面。

① 在企业的每一个层级都建立相应的改进目标，并进行教育和培训，使各级人员有能力应用基本工具和方法实现这些目标，完成这些改进项目。

② 通过分析和评价这个方法来识别提供需要改进的过程，并对该过程进行开发和展开，以确保改进项目在整个企业内有效实施。

③ 在进行新的产品、服务和过程开发时，将有关的改进要求充分地考虑进去，以便提高体系运行效率，满足顾客要求，增强顾客满意度。

④ 通过对质量管理体系实施内部审核和管理评审，来评价企业的质量管理体系存在的问题，并跟踪改进项目的策划、实施、完成和结果。

⑤ 针对改进项目的实施和完成情况进行表彰和奖励，积极营造提倡创新求变、精益求精的氛围。

2.2.3.6 基于证据的决策方法

"基于证据的决策方法"强调了基于数据和信息的分析和评价来做出决策。决策是一个复杂的过程，充满了不确定性。它涉及各种不同类型和来源的信息，而这些信息的理解可能不一定客观。通过精细化管理数据和信息，可以使决策更加科学。测量和监控每个过程和活动的关键指标是"询证"的关键。现在，大数据和云计算等技术为数据分析提供了更为先进的手段。通过对事实、证据和数据的分析，可以使决策更加客观、可信，并最终实现预期结果。

具体来说，"基于证据的决策方法"包括以下几个方面。

（1）明确信息收集职责

信息收集是进行有效数据分析的基础，企业应该通过内部沟通、与顾客和相关方沟通以及网络收集相关数据，以收集事实证据信息并及时反馈。

（2）确保数据信息准确

企业必须确保收集的数据足够精确可靠，并能准确地反映事实，才能保证统计分析结果有效。

（3）数据信息传递及时

企业应该通过文件化信息的控制和内部沟通活动，保证需要利用这些数据和信息的人员获得所需的信息。

（4）数据分析方法正确

企业需要掌握统计分析技术，提高统计分析技术的应用水平，并依据询证结果做出决策。

（5）依据数据和信息分析做出决策

企业在策划活动时，应该先收集大量的数据和信息，在进行数据分析之后，再参照经验和直觉，做出决策并采取措施。

2.2.3.7 关系管理

关系管理在企业的质量管理体系运行中贯穿始终，同样有着举足轻重的作用。建立健全企业质量管理体系，并持续、有效地运行离不开与各利益相关方的相互作用，相关方直接或间接地影响着企业的绩效，因此，识别和管理与所有相关方的关系，才能最大限度地发挥相关方在企业绩效方面的作用，进而取得企业自身的持续成功。

"关系管理"强调了组织应该与其利益相关方建立和维护良好的关系，以实现共同的目标。具体来说，"关系管理"包括以下几个方面。

① 识别利益相关方：组织应该识别与其活动相关的利益相关方，包括客户、员工、供应商、股东、政府等方面。

② 理解利益相关方需求：组织应该理解利益相关方的需求和期望，并考虑如何满足这些需求和期望。

③ 确定利益相关方的期望：组织应该与利益相关方沟通，了解他们对组织的期望，以便组织能够根据这些期望来制定其目标和计划。

④ 建立良好的关系：组织应该与其利益相关方建立良好的关系，包括建立互信、合作、共赢的关系。

⑤ 管理冲突：组织应该有效地管理与利益相关方之间的冲突，以确保达成共同的目标。

2.2.4 过程方法

按照 ISO 9001：2015 标准的要求，过程方法是系统地规划质量管理体系所需的多个过程，包括识别和确定这些过程的顺序和相互作用，规定过程的运行方法和要求，控制过程运行，实现预期结果，并持续改进过程。过程是质量管理体系的基本要素，通过研究过程之间的相互关联或相互作用，可以将复杂的过程简化，为系统管理质量活动提供明确思路。过程得到连续控制并获得持续改进的动态循环，从而使组织的总体业绩得到显著提高，达到顾客满意。为使组织有效运行，必须识别和管理许多相互关联和相互作用的过程。对单个过程、过程之间的联系以及过程的组合和相互作用进行连续的控制管理，构成了过程管理体系。

2.2.4.1 过程是现代质量管理的基本原则和方法

虽然 1994 版 ISO 9001 标准引入了过程和过程网络等概念，但并未全面深入地阐述过程管理的思想，而是围绕 20 个要素的"小过程"进行控制。在 ISO 9001：1994 质量保证体系中，产品质量是以产品为导向的，对产品的重视胜于过程。然而，产品质量及其管理是由一系列过程来实现的，质量、成本、交货期以及效率等都是过程的结果。因此，进一步理解过程并管理好全部过程，是现代质量管理的必然趋势。自 2000 版标准以来，过程方法被提出作为质量管理的基本原则之一，这是一个重大进展，反映了现代质量管理的理念。过程已不再局限于 20 个要素的"小过程"，而着眼于整个质量管理体系的"大过程"。新修订的 2015 版标准将过程方法和管理的系统方法进行合并，更有效地说明过程方法本身就是一个相互关联的系统管理方法。现代质量管理是面向过程的管理。过程的输出结果取决于过程策划、过程优化、过程输入、过程控制等。最大限度地获取过程的增值效应才是使顾客满意最根本的基础。这种面向过程的管理是立足于"治本"的管理。只有持续改进过程，才能持续而有效地提高质量、降低成本、提高工作绩效，从而达到持续的顾客满意。

2.2.4.2 过程方法需要组织结构与之适应

长期以来，社会和企业的组织机构都是按照职能分工原则建立的。这种模式在计划经济中更为适用，因为它有利于实现规模效益，促进技术和管理专业化，并对大量生产的定型产品的管理是相当有效的。然而，高度的职能分工方式必然会导致横向协调性差，因为各职能部门之间存在沟通和合作的壁垒。职能部门犹如林立的碉堡，因此人们常常表现出"隧道视野""部门本位主义"，只关注如何完成自己分担的任务，而无人为整体、为顾客负责。这种方式难以适应今天这种顾客主导的市场，以及趋向个性化、变化无常而竞争激烈的市场经济环境。我国许多企业的"老大难"问题迟迟得不到解决，与这种管理体制的弊端密不可分。

传统的严格层次关系、固定僵化的职责高度正规化、正式的沟通渠道和集权决策导致人们总是期待上层领导来识别问题和解决问题。但当变革速度加快时，依赖任何正式的组织都过于繁复，因为这样会使创新和决策过程过于迟缓，往往会失去市场赋予的良机。因此，在全球范围内近 20 年来引发了一场深刻的组织结构变革，即由纵向的职能分工碉堡方式向横向面向顾客的过程方式转变。为此，要从顾客需求出发，在对业务流程进行深入分析的基础上，简化流程和不必要、非增值的无效管理。组建适当的团队（如项目组），实施横向协调管理。这可以大大减少扯皮、协调的工作量，减少环节，提高工作效率，缩短交货周期，可以对顾客需求做出最迅速响应，并提高质量、降低成本。在需要多个部门配合协调的场合（如开展质量策划、质量功能展开、潜在失效模式及后果分析等活动），一些组织实施了组建横向协调小组进行多方论证的方法，收到了特别明显的效果。

在一些组织实施 ISO 9000 标准的过程中，常常将过程的职能分配给现有职能部门去完成，而未考虑如何适当改变现有组织结构、过程职能和相互关系，使之更适应 2015 版的要求。这种在质量管理体系策划中的欠缺，往往造成体系运行中一些难以克服的障碍。

此外，20世纪90年代美国企业界和学者在借鉴日本的精益生产方式的基础上，不断创新，提出业务流程重建再造工程、敏捷制造等，进而提出过程管理。针对此，有以下原因。

① 市场需求多变，企业按传统方法不能从容地做出及时有效的调整。因此，必须面向过程，不断改进与变革。

② 用过程保证决策的实施。市场竞争要求组织对其经营、制造（或服务）全过程，不断进行审视、研究与改进，并果断决策。在决策的实施上，要讲求如何快速适应市场与环境的变化，增强柔性和可控性，降低风险，持续地提高组织的竞争力和发展后劲，从而取得良好的综合经济效益。

③ 信息技术如何与过程改进相辅相成。现代计算机多媒体技术的飞速发展为改进过程管理提供了高效的手段，如在信息传输中应用网络技术实现产品设计和制造过程的同步开发。

④ 用过程保证决策的科学性和民主性。决策过程应建立在占有必要信息并在数据分析的基础上，集思广益地做出决策。只有这样才能做出正确的选择。对决策过程实施控制是决策科学化和民主化的有力保障。

⑤ 组织能够向相关方提供关于其一致性、有效性和效率方面信任的证据。

⑥ 过程改进的后续管理。过程改进以后如何保持涉及过程的维护和管理问题如相关方的管理、风险的预防、对相关文件的修改、人员培训及配备所需资源等。

2.3　质量管理体系的建立与运行

2.3.1　质量管理体系的建立

① 质量管理体系是一个动态系统，随着时间推移不断发展。新版 ISO 9000 标准为建立正规的质量管理体系提供了指南，组织可以利用这些指南确定适宜的环境和现存的活动。

② 正规的质量管理体系为策划、执行、监视和改进质量管理活动提供了框架。质量管理体系应准确反映组织需求，不需要过于复杂。在建设质量管理体系的过程中，ISO 9000 中的基本概念和原则可提供有价值的指南。

③ 质量管理体系策划是一个持续的过程，应考虑组织的所有质量活动，并确保覆盖 ISO 9000 的全部指南和 ISO 9001 的要求。该计划应经批准后实施。

④ 对质量管理体系的计划执行情况和绩效状况进行定期监视和评价对组织非常重要。应仔细考虑这些指标，以使这些活动易于开展。

⑤ 审核是一种评价质量管理体系有效性、识别风险和确定满足要求的方法。为了有效进行审核，需要收集有形和无形的证据。在对所收集的证据进行分析后，采取纠正和改进措施。

⑥ 质量管理体系方法是为帮助组织建立一个协调而能有效运行的体系来开展质量管理活动，以实现质量方针和质量目标而提出的。该方法采用过程方法，有一套系统而严谨的逻辑步骤和运行程序。

以下是建立和实施质量管理体系的方法的步骤。

① 分析组织的环境，识别风险和机会，以确保质量管理体系能够适应组织的需求和环境。

② 确定顾客和其他相关方的需求和期望，以确保质量管理体系能够满足这些需求和期望。

③ 建立组织的质量方针和目标，以确保整个组织都能够明确质量目标并朝着这些目标努力。

④ 确定实现质量目标所需的过程、职责和资源，并为其提供必要的支持。

⑤ 规定监视、测量每个过程的有效性和效率的方法，以确保每个过程都能够达到预期的结果。

⑥ 应用适宜方法分析和评价每个过程的绩效和效率，以发现问题并采取纠正措施。

⑦ 确定控制不合格的措施及防止不合格，并找到消除产生原因的措施，以确保不合格事件不再发生。

⑧ 建立和应用持续改进质量管理体系的过程，以确保质量管理体系不断发展和改进。

通过上述步骤，我们可以看出，质量管理体系方法是在质量管理体系中应用"过程方法"原则的具体体现，为质量管理体系标准的制定提供了总体框架。这种方法充分体现了PDCA的循序渐进、逻辑性和系统性的思路，对于建立和实施质量管理体系非常有帮助。

2.3.2 质量管理体系的运行

在质量体系运行阶段，需要完成以下五个主要任务。

（1）运行准备

① 进行质量管理体系文件的培训，确保组织各级人员明确质量管理体系文件的要求，知道自己应该做什么以及如何做。

② 检查资源配置情况，进一步落实资源。

（2）实施

各部门按照质量管理体系文件的规定实施管理，并留下规定的记录。

（3）进行内部质量审核

在认证前，一般需要进行2~3次内部质量审核，以发现体系运行现状与所选质量管理体系标准和本组织的质量体系文件的不符合项。

（4）开展纠正和风险控制活动

针对产品质量和过程控制中的问题以及内部质量审核中发现的不符合项和风险问题，开展纠正和预防措施活动，以解决所发现的问题。

（5）进行管理评审

按照标准要求、质量方针、目标符合性及运行的有效性对质量体系进行全面评价，找出薄弱环节并加以改进。

在完成以上五个任务的贯标工作之后，组织就基本具备了由认证机构实施现场审核的条件。

2.3.3 过程方法在质量管理体系建立和实施中的应用

2.3.3.1 策划阶段
① 确定组织环境及相关方的需求和期望。
② 确定质量管理体系的范围、建立方针和目标。
③ 确定组织中的过程。
④ 确定过程之间的顺序和相互关系。
⑤ 确定过程的所有者。
⑥ 确定成文信息的需求。
⑦ 确定过程中的风险、活动及其接口。
⑧ 确定过程的监测和测量要求。

2.3.3.2 实施阶段
① 质量管理体系所需过程的实施。
② 确定和提供质量管理体系所需的资源。

2.3.3.3 检查阶段
根据既定目标来验证过程，实施对质量管理体系绩效和有效性的评价。

2.3.3.4 处置阶段
为确保获得期待的结果而对过程进行持续改进，进而实现质量管理体系的持续改进。

2.4 质量管理体系的审核与认证

2.4.1 审核的概念

2.4.1.1 审核的定义
在 ISO 9000：2015 标准中，审核的定义是"为获得客观证据并对其进行客观的评价以确定满足审核准则的程度所进行的系统的独立的并形成文件的过程"。

从定义中可以看出以下几点。
① 审核是一项基于审核证据的活动过程。
② 审核是一个系统的、独立的并形成文件的过程。
③ 审核是一项符合性的检查活动：审核证据符合审核准则程度的判定。

质量审核是对产品、服务或质量体系进行评估和审查，以确定它们是否符合相关标准和要求。

质量审核根据审核的对象可分为：质量管理体系审核、过程质量审核和产品质量审核。

2.4.1.2 质量管理体系审核
质量管理体系审核是对组织的质量管理体系进行客观评价的系统、独立的过程，依据质量管理体系标准及审核准则进行。质量管理体系审核对组织质量管理体系的持续改进具有重要作用。审核活动必须是正式、有序、全面的验证活动。其中，"正式"指外部审核按合同进行，内部审核由最高管理者授权；"有序"指审核必须有组织、有计划并按规定程序进行;"全面"指对与审核对象有关的各个方面都要进行审核,以便得出完整的结论。形成文件是审核的基本要求,包括审核前的审核计划和检查表,审核中的不符合报告和审核记录,以及审核后提交的审核报告等。质量管理体系审核的系统化有助于确保审核活动的有效性和可靠性。

2.4.1.3 过程质量审核

过程质量审核是通过对过程中某些过程有侧重地进行检查,以评价过程控制的有效性。过程质量审核是内部质量审核的重点,其目的是验证影响生产过程的因素及其控制方法是否满足过程控制和工序能力的要求,及时发现存在的问题,并采取有效的纠正或预防措施进行改进和提高,确保过程质量处于稳定受控状态。

2.4.1.4 产品质量审核

产品质量审核是指为了获得出厂产品质量信息所进行的质量审核活动,也即是对已检验入库或进入流通领域的产品实物质量进行抽查、试验,审核产品是否符合有关标准和满足用户需要。通过调查产品质量,及时发现产品存在的缺陷,特别是防止把有重要缺陷的产品交给用户,同时也是对质量检验人员的工作质量考核的依据;通过连续审核,可以对比企业现在与过去生产中的产品的质量水平,估计目前产品质量水平的发展趋势。

2.4.2 质量管理体系审核的类型

质量管理体系审核可以为内部或外部目的而进行,因此通常可分为内部审核和外部审核两类。内部审核是由组织内部的审核员对其质量管理体系进行的审核,以发现质量体系中的弱点和不足之处,并提供改进建议和指导。外部审核则是由独立的认证机构或客户对组织的质量管理体系进行的审核,以确保其符合相关标准和要求,并提高客户满意度。

2.4.2.1 内部质量管理体系审核

即第一方审核,是指由组织内部的审核员对其质量管理体系进行的审核。这种审核是为了发现质量体系中的弱点和不足之处,并提供改进建议和指导,帮助组织持续改进其质量管理体系。内部审核通常是由已受过培训的内部审核员执行,他们可以是组织内部的员工或外部专业人士。内部审核的目的是确保组织的质量管理体系符合相关标准和要求,如ISO 9001等,并能够满足组织和客户的需求和期望。内部审核可以涵盖各个方面,包括质量政策、目标、程序、文件、记录、培训和改进等。内部审核的结果应该是一个审核报告,其中包括不符合报告和改进建议。这些报告将帮助组织识别其质量管理体系中的问题,并提供改进方案,以便进一步提高其产品和服务的质量。

2.4.2.2 外部质量管理体系审核

外部质量管理体系审核分为第二方审核和第三方审核两类。

(1) 第二方审核

第二方审核是由组织内部或外部的审核员对其供应商或承包商进行的审核。这种审核旨在确保供应商或承包商提供的产品或服务符合组织的质量要求和标准。第二方审核通常是由组织内部的专业人员执行,也可以由外部专业人士执行。其目的是:在有建立合同关系的意向时,对供应商进行初步评价,以确定其是否满足组织的要求和标准。在已建立合同关系的情况下,验证供应商的质量管理体系是否持续满足规定的要求并且正在运行。作为制定和调整合格供应商名单的依据之一,达成供需双方对质量要求的共识,以确保供应商提供的产品或服务符合组织和客户的需求和期望。

(2) 第三方审核

第三方审核是由外部独立的服务组织（认证机构或其他独立机构）进行的质量管理体系审核。这种审核是为了确定质量管理体系是否符合相关标准和要求，如 ISO 9001 等，并颁发认证或注册证书。第三方审核通常是由经过认可的审核员执行，他们不属于组织内部，可以提供更客观的评价和建议。第三方审核的目的有以下几个方面：确定质量管理体系要求是否符合规定要求，包括标准、法规、客户要求等。确定现行质量管理体系实现规定质量目标的有效性，包括质量政策、目标、程序、文件、记录等。确定受审核方的质量管理体系是否能够被认证或注册，以证明其符合相关标准和要求。为受审核方提供改进其质量管理体系的机会，以便进一步提高其产品和服务的质量。

相比而言，外部质量管理体系审核较比内部质量管理体系审核有更高的独立性。

2.4.3　质量管理体系审核的原则

2.4.3.1　客观性原则

质量管理体系审核的客观性原则是指审核过程中要求审核员或审核团队保持独立、公正和客观的态度和行为，不受个人偏见和利益的影响，以确保审核结果的准确性和可信度。

具体来说，质量管理体系审核的客观性原则包括以下几个方面。

① 审核员或审核团队应该具有独立性，不受被审核组织或其他利益相关方的干扰和影响。

② 审核员或审核团队应该充分了解质量管理体系的要求和标准，以便能够进行准确、全面和一致的评价。

③ 审核员或审核团队应该采取客观、公正的态度和行为，不受个人偏见、主观判断和情感因素的影响。

④ 审核员或审核团队应该依据事实和证据进行评价，而不是根据个人偏见或主观臆断作出结论。

⑤ 审核员或审核团队应该遵守审核程序和规定，确保审核过程的公正、透明和可追溯。

2.4.3.2　独立性原则

质量管理体系审核的独立性原则是指审核应该由独立的审核员或审核团队进行，以确保审核的客观性和公正性。这个原则是质量管理体系审核中较为基本和核心的原则之一。

具体来说包括以下几个方面。

① 审核员或审核团队应该与被审核组织和审核对象没有利益关系和利益冲突，以保证审核的客观性和公正性。

② 审核员或审核团队应该独立于被审核组织，不受其干扰和影响，以保证审核的独立性和权威性。

③ 审核员或审核团队应该遵守审核规程和程序，以确保审核的透明、公正和可追溯。

④ 审核员或审核团队应该根据标准和要求进行审核，而不是根据个人主观判断和偏

见作出结论。

⑤ 审核员或审核团队应该对审核结果负责,以保证审核的可信度和有效性。

2.4.3.3 系统方法

质量管理体系审核的系统方法原则是指审核应该以系统为基础,对质量管理体系的各个要素进行相互关联和综合评价。这个原则是质量管理体系审核中非常重要的一个原则,可以帮助审核员或审核团队更好地理解和评价质量管理体系的运行情况和效果。

具体来说,质量管理体系审核的系统方法原则包括以下几个方面。

① 审核应该以系统为基础,对质量管理体系的各个要素进行相互关联和综合评价,以便全面了解质量管理体系的运行情况和效果。

② 审核员或审核团队应该对质量管理体系的各个要素进行综合评价,包括质量方针、质量目标、程序文件、记录和数据等。

③ 审核员或审核团队应该对质量管理体系的各个要素之间的相互关系进行评价,以便发现潜在问题和机会。

④ 审核员或审核团队应该采用系统方法进行审核,即将审核过程看作一个相互关联和相互作用的系统,以便分析质量管理体系的整体效果和改进机会。

⑤ 审核员或审核团队应该对质量管理体系的改进机会进行综合评价,以便制定有效的改进措施和计划。

2.4.4 质量管理体系审核的步骤

质量管理体系审核通常分为三种类型:内部审核、第二方审核和第三方审核。

内部审核是由组织按年度计划自行安排的审核,旨在评估质量管理体系的有效性和符合性,发现问题和机会,提出改进建议和意见;第二方审核是由组织的相关方以顾客的名义向组织提出的审核,旨在评估组织的质量管理体系是否符合其顾客的要求和期望,发现问题和机会,促进组织与顾客之间的合作和沟通;第三方审核是由委托方向认证机构提出的审核,旨在评估组织的质量管理体系是否符合相关标准和要求,发现问题和机会,为组织获取认证证书和提高市场竞争力。

(1) 审核的启动

审核的启动是审核工作的重要阶段,包括确定审核的目的、范围和准则,确定审核的可行性,任命审核组组长,成立审核组。对于外部审核,还需要与受审核方建立初步联系。

被任命为审核组组长的人员应具备必要的审核知识和技能,其主要职责包括与审核委托方确定审核的范围和准则,组建审核团队,负责文件初审,制订审核计划,分配审核任务,主持审核工作,控制审核过程,协调处理审核过程中遇到的异常问题,组织审核团队讨论确定不符合项和审核结论,编写并提交审核报告,组织跟踪认证等。

审核团队的构成和规模应根据受审核方的组织结构和规模、产品和过程的复杂程度等因素而定,其中应该包括具备相关专业审核资格的成员或技术专家,以确保审核工作的专业性和客观性。

(2) 文件评审的实施

在质量管理体系审核中,需要审查组织的质量管理体系文件,如质量手册、六个必要的程序文件（文件控制程序、记录控制程序、内部审核程序、不合格品控制程序、纠正措施程序和预防措施程序）以及其他相关文件的清单等。通过文件审查，可以确定审核准则的适宜性和充分性。

文件审查是审核工作的重要环节，通过对质量管理体系文件的评估，可以确定文件是否符合相关标准和要求，是否能够有效地支持质量管理体系的实施和运行。同时，文件审查还可以为后续的实地审核提供有力支持，帮助审核团队更好地了解被审核组织的质量管理体系。

在文件审查中，需要仔细阅读和分析每个文件，包括其内容、格式、结构、要求和流程等方面，以确保文件的完整性、一致性和有效性。同时，还需要对文件中的关键要素进行评估，如质量方针、目标、职责、程序和记录等，以确定其符合相关标准和要求。

（3）现场审核的准备

审核计划是现场审核的重要依据，包括审核的时间、地点、人员、方法和工具等方面。审核组组长必须将审核计划发给受审核方和审核组，并分配给每个组员具体的任务，包括受审核过程、职能、活动和场所等。审核组成员在接受任务后，需要准备必要的工作文件，以备现场审核用作参考和记录。

在现场审核前，所有审核组成员都应该对审核计划和任务进行充分的准备，包括熟悉受审核方的质量管理体系文件和记录，编制详细的检查表和记录表，准备必要的工作文件和工具等。这些准备工作可以为现场审核提供有力支持，确保审核工作的顺利进行。

（4）现场审核的实施

在进行审核的过程中，需要召开首次会议，进行沟通和协调。随后进行现场审核，收集和验证各种信息，形成审核发现，准备审核结论，并召开末次会议。

实施现场审核活动时，需要注意以下几个方面。

① 确保审核的专业性和客观性：审核团队成员应具备相关专业知识和经验，确保审核工作的专业性和客观性。

② 与被审核方充分沟通：在现场审核过程中，需要与被审核方充分沟通和协调，了解其质量管理体系的实施情况和存在的问题。

③ 严格按照审核计划和程序进行：审核团队应严格按照审核计划和程序进行审核工作，确保审核的全面性和一致性。

④ 收集和验证各种信息：在现场审核过程中，需要收集和验证各种信息，包括文件、记录、实物和口头信息等。

⑤ 形成审核发现和结论：通过现场审核收集和验证的信息，需要形成审核发现和结论，并编制详细的审核报告。

⑥ 召开首末次会议：在现场审核前后，需要召开首末次会议，对审核工作进行协调和总结。

（5）审核报告的编制

审核报告是审核工作的总结，它基于对审核发现进行统计分析的基础上，形成对受审核方质量管理体系有效性进行总体评价的正式文件。审核报告的编制和内容由审核组组长负责，经过批准后发放给相关方。

审核报告是审核工作的重要成果，它对受审核方的质量管理体系进行了全面的评价和总结。审核报告应包含以下内容：审核的目的、范围和准则；审核过程中发现的问题和不符合项；审核发现的统计分析和评价；审核结论和建议等。

审核报告的编制和内容应根据受审核方的实际情况和需要进行定制化处理，以确保其客观性和有效性。审核组组长应负责审核报告的编制和审批，并确保其符合相关标准和要求。

最终，审核报告应经过批准后发放给相关方，包括受审核方、审核委托方、认证机构等。审核报告对受审核方的质量管理体系实施和改进具有重要意义，也为后续的认证工作提供了有力支持。

（6）审核后续活动的实施

审核后续活动包括纠正措施、预防措施等改进活动的验证和评审。虽然这些活动通常不归为审核的一部分，但它们是审核工作的重要延续。

在审核中发现不符合项并得到责任部门的确认后，审核组应向受审核方提出采取纠正措施的要求，并负责对纠正措施的实施情况与效果进行验证。同时，还需要对预防措施的实施情况进行评审和验证，以确保质量管理体系的持续改进和优化。

纠正措施和预防措施是质量管理体系持续改进的关键环节，通过对不符合项和问题的解决，可以不断提高质量管理体系的有效性和效率。审核组应密切关注纠正措施和预防措施的实施情况和效果，及时反馈并提出建议，以促进质量管理体系的不断完善和提升。

2.4.5 质量管理体系认证

2.4.5.1 质量认证的概念

质量认证，也称为合格认证，是指第三方依据程序对产品、过程或服务符合规定的要求给予书面保证，即颁发合格证书。这一定义的含义是：认证的对象可以是产品、过程或服务，其中包括产品质量认证和质量管理体系认证；认证的依据是标准规定的要求；认证的证明方式是书面保证，其中包括合格证书和认证标志；认证是由权威、公正且独立的第三方进行的活动。

在质量认证中，通常将产品的供方称为"第一方"，将顾客称为"第二方"，而"第三方"则是独立于第一方和第二方的一方。第三方在进行认证时，不应存在行政上的隶属关系和经济上的利害关系，以确保其权威性、公正性和独立性。

2.4.5.2 质量管理体系的认证

质量体系认证的对象是企业的质量管理体系，即企业的质量保证能力。质量体系认证的主要依据是 ISO 9001：2015 标准，其作用在于提高顾客对供方的信任，增加企业的订货量，减少顾客对供方的检查评定，有利于顾客选择合格的供方。

质量体系认证是企业自愿参加的，企业通过认证可以获得相应的认证证书。虽然该证书不能用于所生产的产品上，但可以用于正确的宣传。质量体系认证是 ISO 向各国推荐的一种认证制度之一，它能够帮助企业建立和完善质量管理体系，提高产品和服务的质量和竞争力。

（1）认证条件

质量体系认证要求企业必须符合以下条件：必须是独立的、具有法律地位的合法组织；产品必须符合国家标准或行业标准要求，或能按需方的图纸或提出的要求进行生产和提供服务；企业必须正在进行生产或提供服务，并且有持续 3 个月以上的符合要求的生产记录；企业必须有按照 ISO 9000 国际标准建立的质量体系文件；企业的质量体系必须运行无严重不合格。审核质量体系运行正常与否的依据是检查企业质量管理行为是否符合质量体系文件的要求。只有符合以上所有条件的企业才能通过质量体系认证，获得相应的认证证书。

（2）认证程序

质量体系认证程序包括以下几个步骤：递交认证申请书并签约；提交质量体系文件；实施现场审核；批准并注册认证；认证后的跟踪监督。

具体而言，企业在质量体系文件正式颁布运行后，将文件及有关资料提交给认证机构。认证机构审核文件是否符合申请认证的 ISO 9000 质量管理标准，对不符合处，写出修改意见。企业根据修改页的要求，对文件谬误处进行修改，并将修改意见内容以修改页的形式返回认证中心。认证中心对修改及纠错措施进行跟踪。

在审核过程中，一般有以下三种情况出现：① 审核过程发现 3 项及以上严重不符合项则不予通过；② 审核过程中发现 1 或 2 项严重不符合项或一般不符合项的根据情况定出整改时间，延期通过；③ 未发现不合格，即行通过。审核组的审核报告经认证中心管理委员会讨论通过后，向认证机构推荐注册。认证机构一般在管理委员会会议后 10~20 天将认证证书颁发给企业。

2.4.5.3 质量管理体系认证的过程

根据中国合格评定国家认可委员会 CNAS-CCO1《管理体系认证机构要求》规定，管理体系的初次认证审核分为第一阶段和第二阶段两个阶段。在第一阶段，认证机构将对企业的质量体系文件进行初步审核，以确定其是否满足标准要求，并提出改进建议。在第二阶段，认证机构将对企业的质量体系文件和实际运营情况进行全面审核，以确认其是否符合标准要求，并最终决定是否授予认证证书。

第一阶段审核一般由认证机构视需要与被审核组协商后安排第一阶段审核。通常情况下，第一阶段审核对于组织实现第二阶段现场正式审核一次性通过具有积极的促进作用。

目前，国家认证认可监督管理委员会相关规范要求初审时一般要进行（适宜时）两个阶段的审核。虽然多数认证机构不采用第一阶段审核，而是直接进行第二阶段的正式审核，但在认证前仍会加强与受审方的沟通和文件审查。只有在执行新标准、被审核组织的产品和服务较为复杂、需要到现场才能对组织进行足够了解或应申请认证组织邀请时，才会进行第一阶段审核。认证机构通常会将第一阶段审核发现的问题形成文件并告知组织，包括识别引起的关注和在第二阶段现场审核时可能被判为不符合的问题。

在确定第一阶段和第二阶段审核的间隔时间时，认证机构一般会与组织进行沟通和商定。双方需要考虑组织对在第一阶段审核中识别发现的所有关注问题得到解决后再进行第二阶段审核。组织应该抓紧时间认真进行整改和验证，并确保达到认证依据的标准和认证机构第二阶段的审核要求。此后，组织可以适时与认证机构沟通，安排第二阶段的正式现场认证审核。认证机构也可能会因此调整原来已安排的第二阶段审核策划的时间和安排。图 2-2 为质量管理体系认证的步骤。

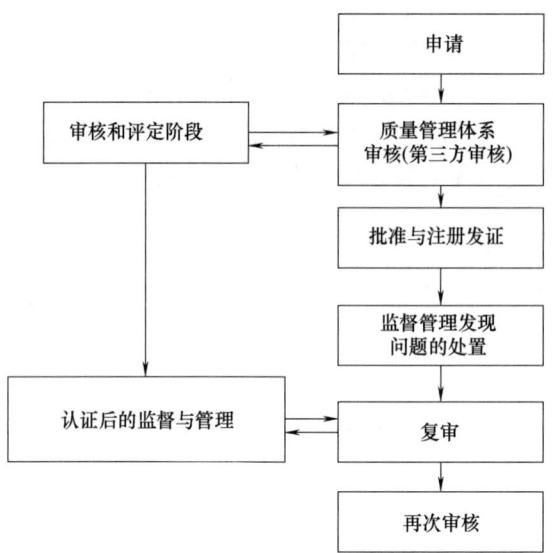

图 2-2 质量管理体系认证的步骤

3 质量管理与改进的基本工具

质量管理与改进的基本工具是指在质量管理和改进过程中常用的一些工具和技术，它们可以帮助企业识别问题、分析数据、制订计划、实施措施、监测过程、评估结果等。本章介绍的质量管理改进的工具主要包括质量管理老七种工具（调查表、分层法、直方图、散布图、排列图、因果图、控制图）、新七种工具（关联图、系统图、PDPC法、箭条图、亲和图、矩阵图和矩阵数据分析法）。老七种工具侧重理性面，需要大量的数据资料，更多关注问题发生后的改善；而新七种工具侧重感性面，需要大量的语言信息，更关注问题发生前的构思。新七种工具并不是取代老七种工具，新老七种工具相辅相成，共同分析解决质量管理领域的相关问题。

3.1 质量管理与改进的老七种工具

老七种工具是由日本著名的质量管理专家石川馨根据日本常用的质量控制方法总结而形成的。这七种工具主要用于数据收集、整理、分析，以解决现场质量管理存在的问题。

3.1.1 调查表法

调查表也称检查表，是用于收集和整理质量原始数据的一种规范化表格，是一种收集被调查对象的各种资料以进行分析、比较、了解其心理活动的方法。调查表的形式多种多样，包括访谈、调查相关材料和问卷等。在实际应用中，可以根据收集数据的目的和数据类型自行设计使用的表格。在现场质量管理中，常用的调查表包括不合格品分项调查表、缺陷位置调查表、频数分布表等。例如，要调查某产品的不合格项，可以按照其种类、原因工序、部位或内容等情况进行分类记录，以简单、直观地反映出不合格品的分布情况。

【例3-1】 不合格分项调查表（图3-1）

检查表

产品名称：_____　　　　　　　　日期：_____
检验阶段：最后检验　　　　　　　　　　工段：_____
次品类型：疤、不完整、裂缝、外观不良　　检验员姓名：_____
检验总数：1633　　　　　　　　　　　　批号：_____
备注：各项检验完毕

类型	标记	小计
表面有疤	＊＊＊＊＊	17
裂缝	＊＊	11
不完整	＊＊＊＊	26
外观不良	＊＊	3
其他	＊	5
合计		62

图3-1　不合格分项调查表

3.1.2 分层法

分层法是一种常用的统计分析方法，也称为数据分层法、分类法、分组法或层别法。在实际生产过程中，影响质量的因素很多，如果不将这些因素区别开来，就难以找出变化的规律。因此，分层法可以根据实际情况按多种方式进行分层，以便进行比较分析。但是，无论采用何种方式进行分层，都必须遵循同一层次的数据波动尽可能小、不同层次之间的差别尽可能大的原则，才能达到归类汇总的效果。

在现场处理数据时，通常会按照一定的标志进行分层。数据的分层方法和粗细程度取决于收集数据的目的，因此二者密切相关。此外，分层方法还取决于对生产情况的掌握程度。如果对生产过程了解甚少，那么分层就会更加困难。因此，分层必须结合实际情况进行。分层法通常与质量管理中的其他方法一起使用，例如可以在将数据分层之后进行加工，整理成分层排列图、分层直方图、分层控制图、分层散布图等。

在实际工作中，可以收集到许多反映质量特性的数据。如果只是简单地将这些数据放在一起，很难从中找出问题。但是，通过分层，可以按照不同的目的和要求对收集来的数据进行分类，将相同性质、在同一生产条件下收集的数据归类在一起。这样可以使杂乱无章的数据和错综复杂的因素系统化、条理化，使数据所反映的问题明显、突出，便于抓住主要问题并找出对策。下面的例子可以很好地说明分层法的应用。

【例 3-2】 在某产品的装配过程中，经常出现液压缸漏油的问题。为了解决这个问题，对该工艺进行了现场调查，总共调查了 50 个产品。其中发现液压缸漏油的产品有 19 个。经过分析，发现造成漏油的原因有两个：一是所使用的液压缸垫由甲、乙两厂分别供应；二是装配工 A、B、C 的操作方法不同。为了更好地解决问题，采用分层法对操作者和供货单位进行数据的分层收集和整理，如表 3-1 和表 3-2 所示。

表 3-1　　　　　按照操作人员分层的数据表

工人	漏油/个	不漏油/个	漏油率/%
A	6	13	32
B	3	9	25
C	10	9	53
合计	19	31	38

表 3-2　　　　　按照原材料供货单位分层的数据表

供货方	漏油/个	不漏油/个	漏油率/%
甲	11	14	44
乙	8	17	32
合计	19	31	38

经过表 3-1 和表 3-2 的分析，发现要降低漏油的发生率，最好采用乙厂液压缸垫的装配工人 B 的操作方法。然而，实际情况是，尽管采用了这种方法，漏油率并没有得到改善。通过表 3-3 可知，漏油率为 43%，相比较原来 38% 而言，反而是上升了。再次分析漏油的原因，发现之前的分析只是简单地考虑了不同工人和不同供应厂所造成的漏油情况，而没有考虑不同工人使用不同供应厂提供的液压缸垫所造成的漏油情况，这导致了分

析结果的不准确。

表 3-3　　　　　　　　　　　综合分层表　　　　　　　　　　　单位：个

工人	液压缸垫	供货厂		合计
		甲	乙	
A	漏	6	0	6
	不漏	2	11	13
B	漏	0	3	3
	不漏	5	4	9
C	漏	5	5	10
	不漏	7	2	9
合计	漏	11	8	19
	不漏	14	17	31
	合计	25	25	50

经过更细致地综合分析，如表 3-3 所示。我们发现，在使用甲厂液压缸垫时，工人 B 的操作方法更好；而在使用乙厂液压缸垫时，A 的操作方法更好。采用这些措施后，漏油率得到了大幅降低。因此，在运用分层法时，不应简单地按照单一因素进行分层，必须考虑各种因素的综合影响效果。

3.1.3　直方图

直方图是一种用于展示数据分布情况的图表，它将数据按照一定的区间进行分组，并在每个区间内绘制一个矩形，矩形的高度表示该区间内数据的频数或频率。在质量管理与改进中，直方图通常用于分析过程或产品的质量特性数据，以便更好地了解数据的分布情况和规律。

3.1.3.1　直方图的主要作用

（1）显示数据分布情况

直方图可以将数据按照一定的区间进行分组，并在坐标系上绘制出每个区间对应的矩形，使得数据的分布情况可以直观地展示出来。通过观察直方图，可以了解数据的中心趋势、离散程度以及偏态和峰态等特征。

（2）判断数据是否正态分布

正态分布是自然界中最常见的分布形式，许多质量特性数据也符合正态分布。通过绘制直方图，可以判断数据是否符合正态分布，以便更好地进行统计分析和质量控制。

（3）发现异常值或偏离值

直方图可以帮助团队发现异常值或偏离值，即那些偏离正常范围的数据点。这些数据点可能是由于设备故障、操作错误或其他原因导致的，需要及时采取措施进行纠正。

（4）支持决策

直方图可以为团队提供决策支持，例如确定过程或产品是否符合质量要求，是否需要调整生产工艺或采取其他改进措施等。

3.1.3.2　直方图的画法

【例 3-3】　某工厂生产的产品，质量是其质量特性之一，标准要求为（1000±0.25）g，用直方图分析产品的质量分布情况。

① 收集数据。收集生产稳定状态下的产品 100 个，测量其质量得到 100 个数据（或收集已经测定过的数据 100 个，见表 3-4）。数据收集过少则难以反映数据的统计特性，容易作出错误的判断；数据收集过多则计算分析工作量太大，因此一般可收集 100 个左右的数据。

表 3-4　　　　　　　　　　产品质量数据表　　　　　　　　　　单位：g

43	28	27	26	33	29	18	24	32	14
34	22	30	29	22	24	22	28	48	1
24	29	35	36	30	34	14	42	38	6
28	32	22	25	36	39	24	18	28	16
38	36	21	20	26	20	18	8	12	37
40	28	28	12	30	31	30	26	28	47
42	32	34	20	28	34	20	24	27	24
29	18	21	46	14	10	21	22	34	22
28	28	20	38	12	32	19	30	28	19
30	20	24	35	20	28	24	24	32	40

注：表中数据是实测数据减去 1000g 的简化值

② 找出数据中的最大值 X_{max} 和最小值 X_{min}，并计算极差 R。

本例题中 $X_{max}=48$，$X_{min}=1$，$R=X_{max}-X_{min}=47$。

③ 数据分组。将收到的数据分为若干（k）组，也就是将数据的分布范围划分为 k 个区间。组数的多少应根据样本量的大小决定，组数太少反映不出真实的情况，组数太多又会影响数据分组规律的明显性，且计算工作量加大。通常确定的组数要使每组平均至少包括 4~5 个数据。一般情况下可按表 3-5 进行组数的选择。本例中样本总数为 100 可以选择 $k=10$。

表 3-5　　　　　　　　　　组数选择表

数据的数量（n）	组数（k）	一般常用的组数（k）
50 以下	5~7	10
50~99	6~10	
100~249	7~12	
250 以上	10~20	

④ 计算组距。组距（h）是组与组之间的间距，可按下式计算：$h=R/k$。

本例中 $h=R/k=4.7≈5$。

组距一般取测量单位的整数倍以便于分组。在不违背分组原则的基础上，组距尽量取奇数，以便于组界的划分。

⑤ 决定分组界限。分组时应把数据表中的最大值和最小值都包括在内。为了避免出现数据值与组的边界值重合而造成频数计算困难的问题，组的界限值（边界值）单位应取最小测量单位的 1/2，即比测量精度高一倍。各组的界限值可以从第一组开始依次计

算。本例中：

界限值单位=1×1/2=0.5
第一组下限值=最小值-界限值单位=1-0.5=0.5
第一组上限值=第一组下限值+组距=0.5+5=5.5
第二组下限值=第一组上限值=5.5
第二组上限值=第二组下限值+组=5.5+5=10.5

⑥ 依此类推算出各组的界限值，填入表3-6中。

表3-6 频数分布表

组号	组的界限值	中心值	频数
1	0.5~5.4	3	1
2	5.5~10.4	8	3
3	10.5~15.4	13	6
4	15.5~20.4	18	14
5	20.5~25.4	23	19
6	25.5~30.4	28	27
7	30.5~35.4	33	14
8	35.5~40.4	38	10
9	40.5~45.4	43	3
10	45.5~50.5	48	3
合计		100	100

⑦ 做直方图。以频数为纵坐标，以质量特性值为横坐标，画出坐标。在横坐标上面画出公差下限并标出公差范围（T），公差下限与原点间稍留一些距离，以方便看图。以组距为底长，以频数为高，作各组的矩形图，如图3-2所示。

⑧ 标注有关事项和标题。在图上标明图名（成品质量直方图）、搜集数据的时间（或产品生产时间）、样本大小、样本平均值 E、样本标准偏差值 S、分布中心（X）和公差中心（M）的位置等，如图3-2所示。

3.1.4 散布图

散布图是一种用于展示两个变量之间关系的图表，它将两个变量的取值分别表示在坐标系的

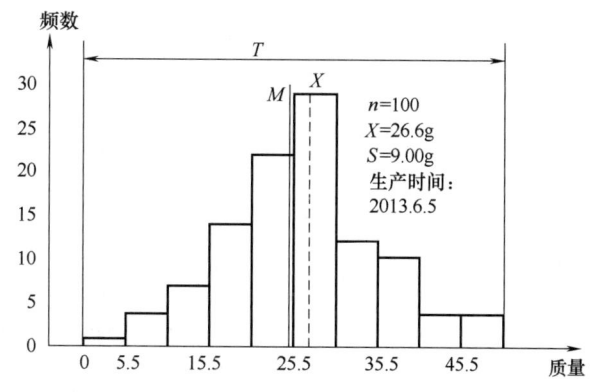

图3-2 产品质量直方图

横轴和纵轴上，并用点来表示每个数据点的取值。在质量管理与改进中，散布图通常用于分析两个质量特性之间的关系，以便更好地了解它们之间的相关性或影响。

散布图可以用于展示两个变量之间的关系，它将两个变量的取值分别表示在坐标系的横轴和纵轴上，并用点来表示每个数据点的取值。在分析质量事故时，通常需要分析各种因素之间的关系，以便找出主要原因。然而，由于影响产品质量的因素往往很多，有时只需要分析具体两个因素之间的关系。这时，可以将与这两种因素有关的数据列出来，并用一系列点标在直角坐标系上，制作成图形，以观察两种因素之间的关系。这种图就称为散布图，对它进行分析称为相关分析。

通过绘制散布图，可以更好地了解两个质量特性之间的关系，并判断它们之间是否存在相关性或影响。如果发现两个特性之间存在相关性，可以采取相应的措施来优化生产工艺或改进产品设计，以便更好地满足客户需求。因此，散布图在质量管理与改进中具有重要作用，可以帮助团队找出主要原因并采取相应的改进措施。

在散布图中，成对的数据形成点子云，研究点子云的分布状态，即可判断数据间的相关程度，如图3-3所示。

① 图（a）为强正相关，即当x增大时，y也增大，表现为明显的相关关系。
② 图（b）为不相关，即当x增大时，y的变化趋势很不明显。
③ 图（c）为强负相关，即x增大时，y随之减小。
④ 图（d）为弱正相关，即当x增大时，y也有增大趋势，但这种趋势并不明显。
⑤ 图（e）为弱负相关，即当x增大时，y有减小的趋势，但是这种趋势并不明显，说明还有其他不可忽视的影响因素。
⑥ 图（f）为非线性相关，或称为去向相关，即当x增大时，y以某种曲线的形式随之变化。

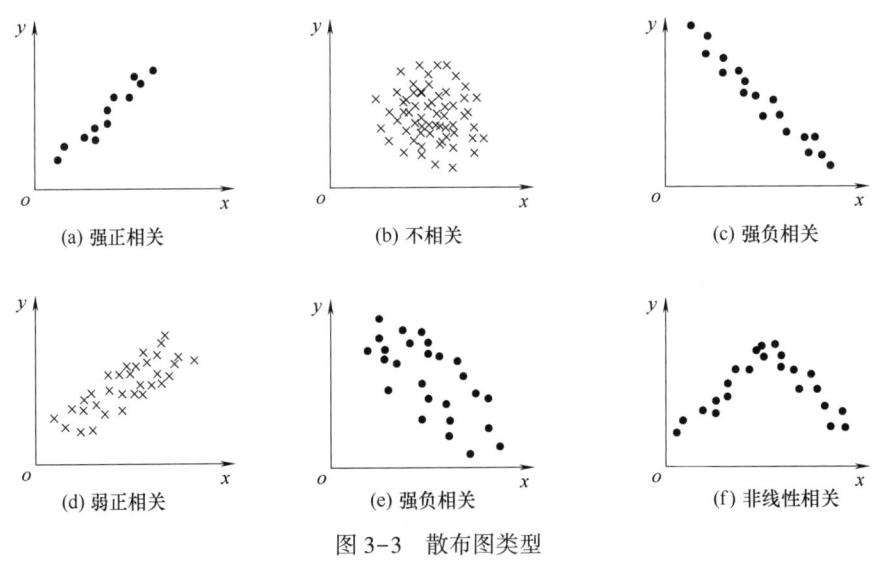

图3-3 散布图类型

【例3-4】 某产品的产品与温度的观测数据如表3-7所示。

表3-7 产品与温度的观测数据

温度/℃	1	2	3	4	5	6	7	8	9	10
产品/g	3	5	7	10	11	14	15	17	20	21

将表3-7中的数据以 (x, y) 成对地描在直角坐标系中,得到如图3-4所示的散布图。由此图可以看出,y 随 x 的增大而增大,且点子基本上集中在某一直线附近,符合强相关关系图,因此,产量与温度呈现强正相关关系。

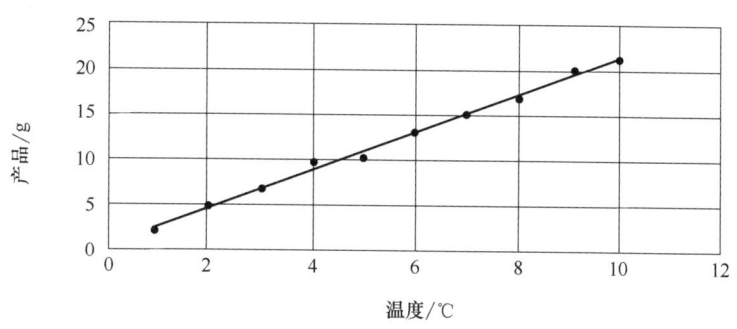

图3-4　产品与温度的散布图

3.1.5　排列图

排列图也称为柏拉图,它源于19世纪意大利经济学家柏拉图(Pareto)。柏拉图最初使用排列图来分析社会财富分布情况,后来人们发现很多事物都符合这一规律,因此称之为Pareto。美国品质管理专家朱兰博士运用柏拉图的统计图形式,并将其用于品质管制分析和寻找影响质量主要因素的工具。排列图通常用双直角坐标图表示,左边纵坐标表示频数(如件数、金额等),右边纵坐标表示频率(如百分比)。横坐标表示影响质量的各项因素,按照影响程度的大小(即出现频数多少)排列。折线图表示累计频数,通过对排列图的观察和分析,可以抓住影响质量的主要因素。

3.1.5.1　排列图的制作步骤

① 明确问题:首先需要明确问题,明确需要解决的问题是什么。

② 确定影响因素:然后需要确定影响问题的因素,这些因素可以是人员、设备、材料、方法等。

③ 收集数据:收集与这些因素相关的数据,这些数据来源于检查记录、测量数据等。

④ 绘制排列图:根据收集到的数据,将各个因素按照其大小或者数量进行排列,以便于对其进行分析。

⑤ 分析结果:根据排列图的结果,可以分析出哪些因素对问题影响较大,哪些因素之间存在相互关系等。

⑥ 提出改进措施:最后,根据分析结果,提出相应的改进措施,以便于解决问题。

3.1.5.2　排列图的分析

ABC分析法是一种常用的问题分类方法,可以用于确定重点项目。具体做法是将构成排列图的累计百分数分为三个等级,并按照重要程度分为A、B、C三类。其中,累计百分数在0~80%的为A类,是影响质量的主要因素,是要解决的重点问题;累计百分数在81%~90%的为B类,是次要因素;累计百分数在91%~100%的为C类,是一般因素。一般来说,主要原因是一到两个,至多不超过三个,否则就失去了找主要问题的意义,需要重新进行分类。

对于不重要的项目，可以将其合并列入"其他"栏内，并置于最末一项。对于较小的问题，如果不容易分类，也可将其归为"其他"项里。如果"其他"项的频数太多时，需要考虑重新分类。

【例3-5】 为了分析某工厂曲轴报废上升的原因，对222件废品进行了分类统计，试找出主要影响因素，说明作图方法。

① 收集数据：收集加工曲轴报废数据。

② 按照不合格产品频数由高到低顺序列表，"其他"例外，如表3-8所示。

表3-8　　　　　　　　不合格比率及累计不合格百分比

序号	原因	频数/件	累计频数/件	百分比/%	累计百分比/%
1	曲轴轴颈尺寸小	156	156	70.3	70.3
2	开档大	31	187	14	84.3
3	动平衡超差	19	206	8.6	92.9
4	轴向尺寸差	5	211	2.2	95.1
5	曲拐半径小	3	214	1.3	96.4
6	轴颈表面伤痕	2	216	0.9	97.3
7	其他	6	222	2.7	100.0
总计		222		100	

③ 计算不合格比率及累计不合格百分比，填入表3-8中。

④ 作图：如图3-5所示，这是一种用长方形和累计百分比折线表示根据曲轴报废原因频数大小排列的图表。其中，横坐标表示所有报废原因，按照影响程度的大小（即出现频数的多少）从左到右、由高到低排列；左边纵坐标表示报废原因的频数，右边纵坐标表示报废原因的百分比。折线表示报废原因的累计百分比。需要注意的是，"其他"项除外。

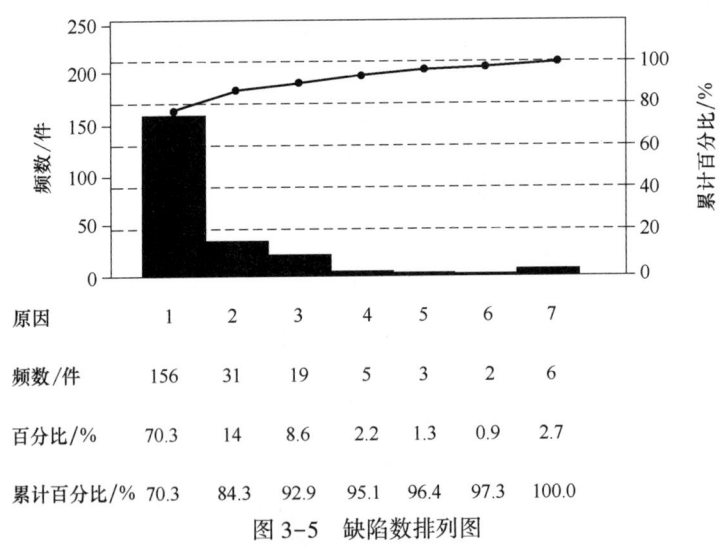

图3-5　缺陷数排列图

⑤ 确定关键的少数。

A类因素（主要因素，关键的少数）：0~80%，1~2，不超过3。

B 类因素（次要因素）：累计百分比 81%~90%。

C 类因素（一般因素）：累计百分比 91%~100%，数量多，对质量的影响少。

由图 3-5 可看出：曲轴轴颈尺寸小为 A 类因素，开档大是 B 类因素。

3.1.6 因果图

因果图，又称鱼骨图，是一种用于分析问题根本原因的图形工具。它是由质量管理大师石川馨于 20 世纪 50 年代发明的，因此也被称为石川图。因果图的主要作用是帮助团队识别问题的根本原因，以便采取正确的改进措施。

因果图通常由一个中心线和多个分支组成，每个分支代表一个可能的原因。这些分支通常被分为几个类别，例如人员、方法、材料、机器、环境等。在绘制因果图时，团队成员应该共同讨论问题，并根据其经验和知识列出所有可能的原因。然后，将这些原因放在相应的分支上，并继续追溯每个原因的根本原因，直到找到最根本的原因。

通过使用因果图，团队可以更好地了解问题的本质，并确定采取什么措施来解决问题。此外，因果图还可以帮助团队成员更好地理解彼此的观点，促进沟通和合作。因此，在质量管理和改进中，因果图常被用于解决复杂问题和优化流程。

3.1.6.1 因果图的构成

（1）特性

因果图中列出的特性是指可以通过管理工作和技术措施来解决的问题，并且这些问题确实可以被解决。因此，团队可以采取相应的改进措施，以消除问题的根本原因，并提高质量和效率。

（2）原因

在质量管理中，原因是导致质量特性发生变化的主要因素，通常是导致质量特性偏离目标值的几个主要来源。原因可以被分为不同的层次，例如大原因、中原因和小原因，以便更好地理解问题的本质。这种分类可以帮助团队识别问题的根本原因，并采取适当的改进措施来消除问题的影响。

（3）枝干

因果图中的各种箭头表示特性与原因之间或原因与原因之间的关系。其中，主干表示将所有原因与质量特性联系起来，大枝表示将个别原因与主干联系起来，中枝、小枝和细枝表示将逐层细分的因素与各个原因联系起来。

在建立因果图时，应该考虑所有可能的原因，并从人、机、料、法、测、环等多个方面去寻找。在具体问题中，不一定每个方面都会有相关的原因存在。因此，在绘制因果图时，团队应该根据实际情况进行选择，列出可能的原因，并确定它们之间的关系。这样可以更好地了解问题的本质，并采取相应的改进措施，因果图如图 3-6 所示。

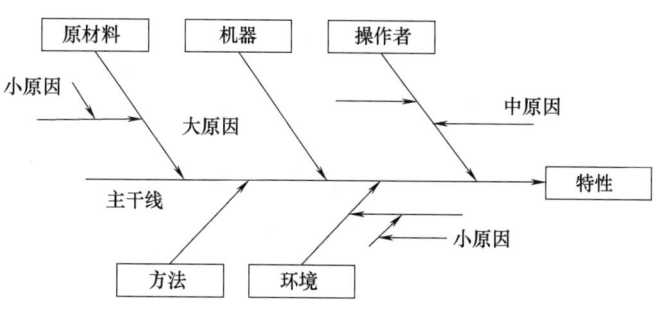

图 3-6 因果图的构成

3.1.6.2 因果图的画法

因果图的作图步骤如下。

① 确定问题：首先，确定需要解决的问题，并将其写在因果图的右侧。

② 确定主要因素：然后，确定可能导致问题的主要因素，并将它们写在因果图的左侧。这些主要因素通常被分为几个类别，例如人员、方法、材料、机器、环境等。

③ 细分原因：细分每个主要因素，并将其写在相应的分支上。把这些细分原因通常分为几个类别，并用子分支表示。

④ 确定关系：确定每个原因与其他原因之间的关系，并用箭头表示。这些箭头通常从右侧的问题指向左侧的原因，并按照原因之间的逻辑关系进行绘制。

⑤ 检查和修改：检查因果图是否完整和准确，并根据需要进行修改和调整。确保所有可能的原因都被列出，并且它们之间的关系正确地表示出来。

3.1.6.3 因果图的使用要点

因果图作图时需要注意以下几点。

① 主箭头指的结果只能是一个，即每个因果图只能解决一个问题。对于一个复杂的问题，可以绘制多个因果图来逐步解决。

② 在因果图中，原因是可以归类的，不同类别之间的原因不会相互影响。因此，要避免将不同类别的原因混淆在一起，并注意避免因果倒置的错误。

③ 在分析原因时，应该设法找到主要原因，而不是仅仅列出所有可能的原因。为了找到主要原因，可以进行进一步的调查和验证。

④ 尽可能广泛地汇集各方面的意见，包括技术人员、生产人员、检验人员以及辅助人员等。由于各种问题的涉及面很广，少数人很难考虑周全。此外，应该特别重视有实际经验的现场人员的意见，他们对问题的了解更加深入和具体。

通过注意以上几点，可以更好地绘制出准确和完整的因果图，并采取相应的改进措施来消除问题的根本原因。

【例3-6】 用因果图来分析某学生课程考试成绩偏低的原因，如图3-7所示。

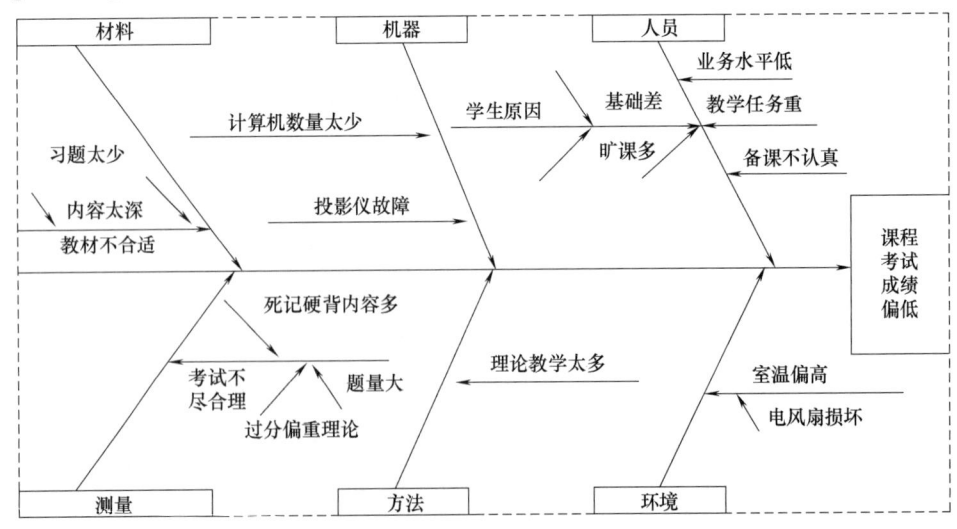

图 3-7 某学生课程考试成绩偏低的因果分析图

3.1.7 控制图

在生产过程中,同一工人使用同一台机床生产同一种零件时,产品质量不可能完全相同,这是由于产品质量存在波动性所导致的。公差制度是对质量波动的一种承认。通常情况下,造成质量波动的原因可以归纳为6个方面,即人(man)、材料(material)、设备(machine)、方法(method)、测量(measurement)和环境(environment),简称"5M1E"。这些因素可以分为偶然性原因和系统性原因两类。偶然性原因又称随机因素,是经常影响产品质量但影响较小且不易避免的因素,例如原材料微小差异、机床微小振动、刀具正常磨损、夹具微小松动、工人操作中的微小变化等。而系统性原因则可以避免,例如原材料中混进了不同成分或规格的材料、机床或刀具过度磨损、安装和调整误差、孔加工基准尺寸误差、界限量规基准尺寸误差等。系统性原因对产品质量波动的影响很大,但相对容易识别和避免。由系统性原因引起的误差称为系统误差或条件误差,其误差大小往往可以在造成波动的物体上测量出来。例如,对于孔加工的系统误差,如果是由刀具基准尺寸误差造成的,那么可以在刀具(钻头)本身的测量上观察到这些差异的大小和方向,对一定时间来说都是相同的或呈周期性变化。

在生产过程中,不必对由偶然性原因造成的产品质量波动进行控制。这种波动被称为正常波动,认为此时的生产过程处于被控制状态。相反,应该严格控制那些影响质量的系统性原因。此时,控制系统误差造成的质量波动成为控制图的主要任务。当生产过程中只存在随机误差而不存在系统误差时,称为生产过程的质量稳定状态或正常状态。

当产品中不存在系统误差时,产品质量特性 x 总体服从正态分布 $N(\mu, \sigma^2)$,样品出现在 $(\mu+3\sigma, \mu-3\sigma)$ 中的概率为99.73%,即废品率仅为0.27%。如果加工处于受控状态,则认为 x 一定落在 $(\mu+3\sigma, \mu-3\sigma)$ 的范围内,即符合 3σ 原理。在一次实验中,如果样品 x 出现在 $(\mu+3\sigma, \mu-3\sigma)$ 中的范围外,则认为处于非统计状态,于是,可以以正态总体的均值 μ 为中心,在它上、下各取 3σ 的宽度,分别做三条平行线:中心线 μ 为一条实线,上、下控制线 $\mu\pm3\sigma$ 各为一条虚线,这样就得到一张控制图,如图3-8所示。

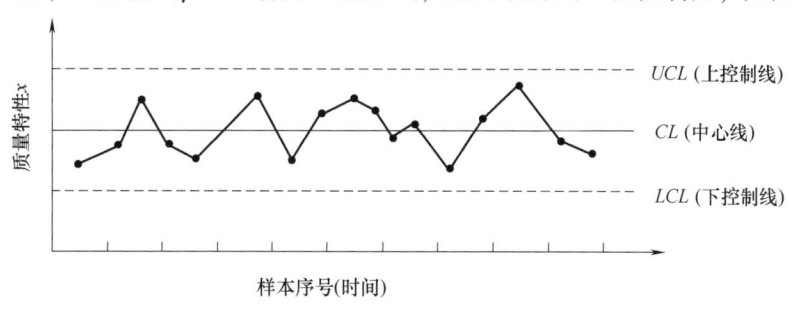

图 3-8 控制图基本形式

控制图有两个坐标,纵坐标代表质量特性值,横坐标代表样本序号。

控制图中上、下两条虚线分别用 UCL 和 LCL 表示。中间的实线称为中心线,用 CL 表示,即

$$中心线\ CLx = \mu$$
$$上控制线\ UCLx = \mu+3\sigma$$

下控制线 $LCLx = \mu - 3\sigma$

生产中，定期抽取样本，测出其质量特性值的数据，经计算后将点绘到图上，观察点是否越线，从而判断生产是否处于稳定状态。

在采用控制图对生产进行工序质量控制时，可能会出现以下两种错误。

第一种错误：当 0.27% 小概率事件发生时，虚发警报，把正常工序判为异常——增加无谓的费用，记作 α。

改正：控制界限扩大，使发生该错误的概率降低，但又增大下面错误的发生——增加不合格品造成的损失。

第二种错误：漏发警报，把异常判为正常，增加废品率，记作 β。

一般情况下，要同时避免两种错误是不可能的。

当样本大小一定时，α 越小，则 β 越大；反之 α 越大，则 β 越小。实践证明选取一个合理的界限 $\mu \pm 3\sigma$ 时，可以使两种错误造成的总损失为最小，所以这样也较为经济、合理。

3.2 质量管理与改进的新七种工具

3.2.1 关联图

在质量管理与改进中，关联图是一种用于分析和显示不同变量之间关系的工具。它可以帮助我们识别变量之间的相互作用，以便更好地了解问题的本质和原因，从而采取相应的措施来改进和优化质量。

关联图通常由一个中心主题或问题开始，然后列出与该主题或问题相关的各种变量。这些变量可以是任何与主题或问题相关的因素，例如生产过程中的不良品率、机器故障率、员工培训情况等，需要将这些变量之间的相互作用和关系表示出来。这些关系可以是正向的或负向的，可以是直接的或间接的。例如，生产过程中的不良品率与员工培训情况之间存在一定的关系，员工培训情况越好，不良品率越低。

通过绘制关联图，可以更好地了解变量之间的相互作用和关系，从而识别出质量问题的根本原因，并采取相应的措施来改进和优化质量。同时，关联图也可以帮助我们进行有效的沟通和协作，以便更好地实现质量管理和改进的目标。

3.2.1.1 关联图的特点

（1）易于理解

关联图使用简单的图形和符号，易于理解和记忆，可以帮助人们更好地了解问题的本质和原因。

（2）显现关系

关联图可以清晰地表现各个变量之间的关系和相互作用，可以帮助人们更好地识别问题的根本原因。

（3）适用范围广

关联图适用于各种不同类型的问题和主题，可以帮助人们分析和解决各种质量问题、流程问题、管理问题等。

（4）可视化

关联图是一种可视化的工具,可以将抽象的概念和信息变得具体可见,从而更好地帮助人们进行沟通和协作。

(5) 灵活性

关联图可以根据具体情况进行灵活调整和修改,可以添加或删除节点、调整箭头等,以便更好地适应不同的分析和解决问题的需要。

3.2.1.2 关联图的四种结构

(1) 树形结构

树形结构是最简单的关联图结构,它由一个中心节点和多个子节点组成,每个子节点都与中心节点相连。树形结构通常用于分析单一问题或主题。

(2) 网状结构

网状结构由多个中心节点和多个子节点组成,每个中心节点都与多个子节点相连。网状结构通常用于分析多个相关问题或主题。

(3) 环形结构

环形结构由多个节点组成,每个节点都与前后两个节点相连,形成一个环形。环形结构通常用于分析循环或交替发生的问题或主题。

(4) 非线性结构

非线性结构是最复杂的关联图结构,它由多个节点和多个箭头组成,节点之间的关系可以是复杂的非线性关系。非线性结构通常用于分析复杂的问题或主题。

3.2.1.3 关联图的画法

(1) 收集信息和意见

需要组织有关人员,广泛收集信息和意见,以便更好地了解问题的本质和原因。

(2) 归纳要素或问题

需要将各要素或问题归纳成简明的短语或词汇,并用圆圈圈起来。

(3) 绘制因果关系图

根据因果关系,用箭头连接短语。箭头的绘制原则是:原因→结果,手段→目的。

(4) 整理图形

对图形进行整理,尽量减少或消除交叉。

(5) 确认图形

小组成员确认图形后定稿。

(6) 标注主要原因

将图中主要原因用圆圈或双圆圈圈起来,或特别注明题目。在图中,箭头只进不出的是问题;箭头只出不进的是主要原因,也称末端因素,是解决问题的关键;箭头有进有出的是中间因素;出多于进的中间因素称关键中间因素,一般也可作为主因对待。

(7) 制定措施和计划

最后,需要制定解决问题的措施和计划,以确保问题得到有效解决。

3.2.1.4 绘制关联图的注意事项

① 要尽可能广泛地收集情报,听取各方面的意见,集思广益。

② 问题和因素的名称要准确,不要产生歧义。

③ 对问题和因素之间的逻辑关系一定要准确。

④ 要善于从诸因素中找出主要因素，并不厌其烦地对图形进行修改，以使关联图客观地反映事实原貌。

【例3-7】 运用关联图分析产品零件易丢失的原因，如图3-9所示。

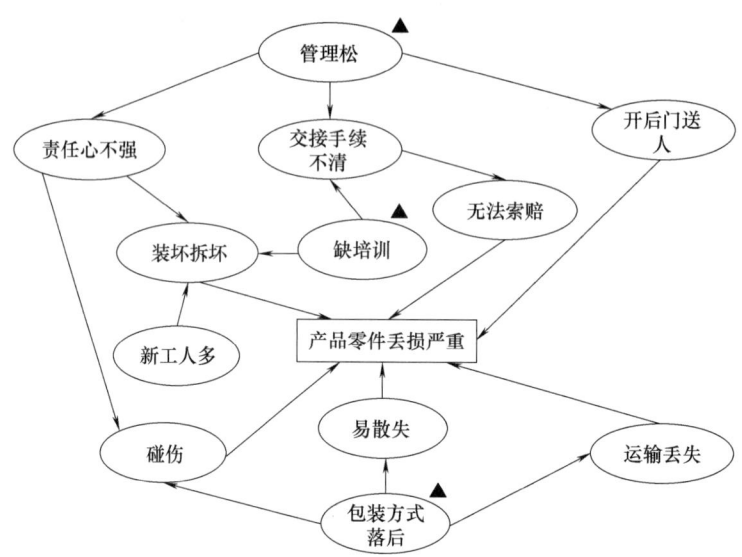

图3-9 零件丢失原因关联图（注：▲—要因）

3.2.2 系统图

系统图是一种用于表示系统结构和功能的图表，它可以帮助团队更好地了解系统的各个部分之间的相互作用和关系。在质量管理与改进中，系统图通常用于分析质量问题的根本原因，并找出改进措施。系统图也是一种具有倒立树状逻辑因果关系的图表，它通过清晰明确地表示系统的结构和功能，突出了关键因素和职责，使得团队可以更加具体地制定改进措施。系统图还具有方便考核的优点，可以帮助团队更好地了解系统问题的根本原因，并采取相应的措施来提高质量和效率。

3.2.2.1 系统图的用途

（1）识别问题

通过绘制系统图，团队可以识别问题和根本原因，并找出改进措施。例如，在分析产品质量问题时，可以通过绘制生产过程和产品使用过程的系统图，找出影响产品质量的各个因素，并采取相应的措施来优化生产工艺或改进产品设计。

（2）优化流程

通过绘制系统图，团队可以更好地了解流程各环节之间的关系，并找出优化方案。例如，在分析生产流程时，可以通过绘制生产过程的系统图，找出影响生产效率的各个因素，并采取相应的措施来提高生产效率。

（3）改进管理

通过绘制系统图，团队可以更好地了解管理体系各部分之间的关系，并找出改进方案。例如，在分析质量管理体系时，可以通过绘制管理体系的系统图，找出影响质量管理效果的各个因素，并采取相应的措施来提高质量管理效果。

(4) 优化组织结构

通过绘制系统图，团队可以更好地了解组织结构各部分之间的关系，并找出优化方案。例如，在分析组织结构时，可以通过绘制组织结构的系统图，找出影响组织效率的各个因素，并采取相应的措施来提高组织效率。

3.2.2.2 系统图的应用过程

(1) 确定目的和目标

需要明确要达到的最终目标或目的，并论证为什么要完成这样的目标或目的。

(2) 提出手段或方法

一般来说，可以从实现总目标应采取什么手段开始，逐级展开。第一级展开的手段就成为第二级展开的目的。也可以从最低一级的手段提出开始，逐级收敛，直到认为可以实现最终目标为止。当无法区分高级和低级时，可以采取广泛收集各类手段，然后用亲和图法进行层次整理。无论采取哪种方法，都是为了寻求解决问题的最适宜方法。

(3) 对手段或方法进行评价，确定可行性

对展开到末端的最低级手段，应进行评价。评价所采取的手段、方法或措施是否恰当，以决定是否采取。

(4) 绘制系统图

按照从高到低逐级展开的方式，先画出第一级目的及相应的手段，目的是树根，手段是树枝；然后再将第一级的手段作为第二级的目的，再按照树根和树枝的关系展开到最后一级；最后将目的和手段方块图连接起来，就构成了系统图。

(5) 验证可行性

从第一级开始逐级确认提出的手段或方法的实现度。也可以从最后一级开始查起，直到最终目标的实现。

(6) 编制计划

为了实施各个手段，需要编制实施计划。这些计划应该包括详细的手段说明、各种标准、所需条件和资料、开始和结束时间、负责人等，如图 3-10 所示。

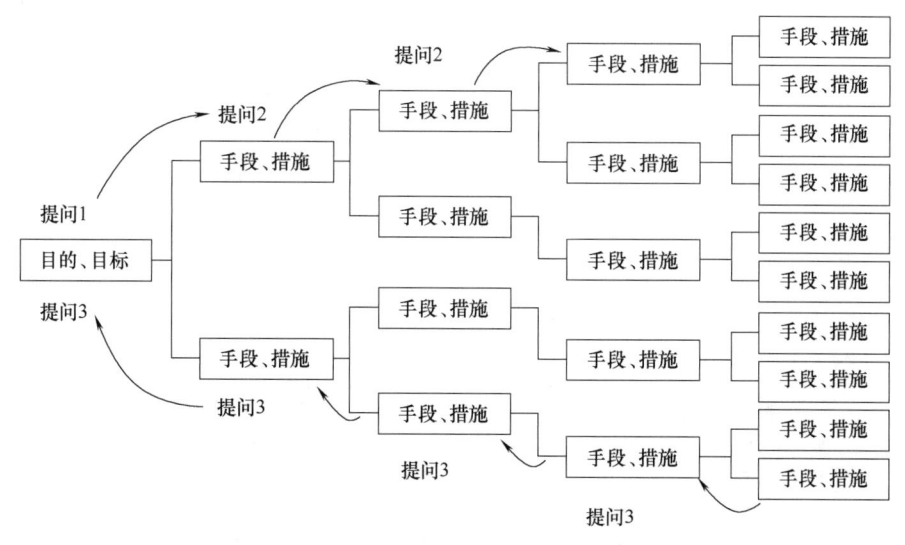

图 3-10 目的和手段的展开图

【例 3-8】 使用系统图分析如何当好班组长,如图 3-11 所示。

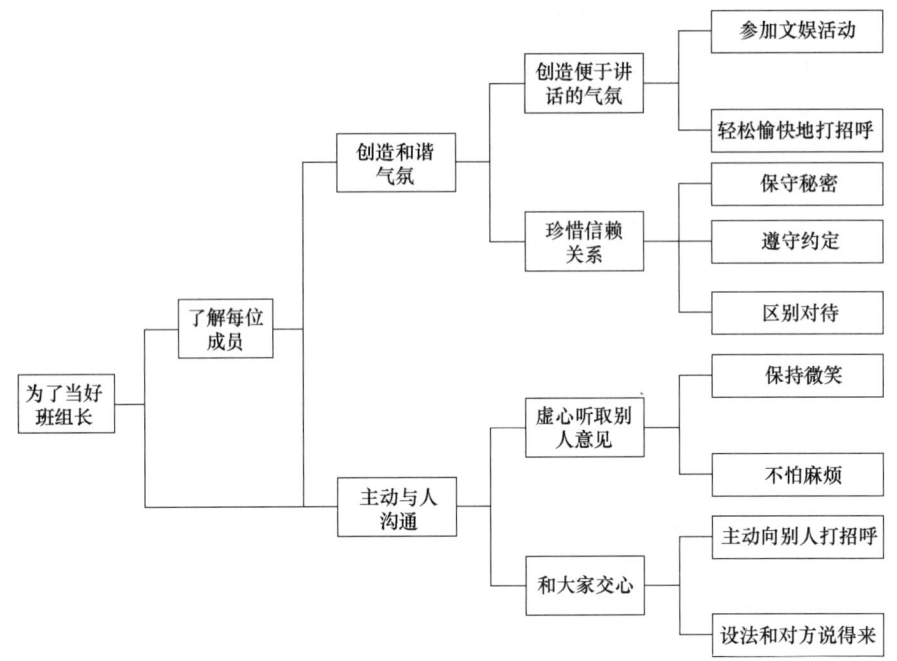

图 3-11 如何当好班组长系统分析图

【例 3-9】 使用系统图分析光洁度差的原因,如图 3-12 所示。

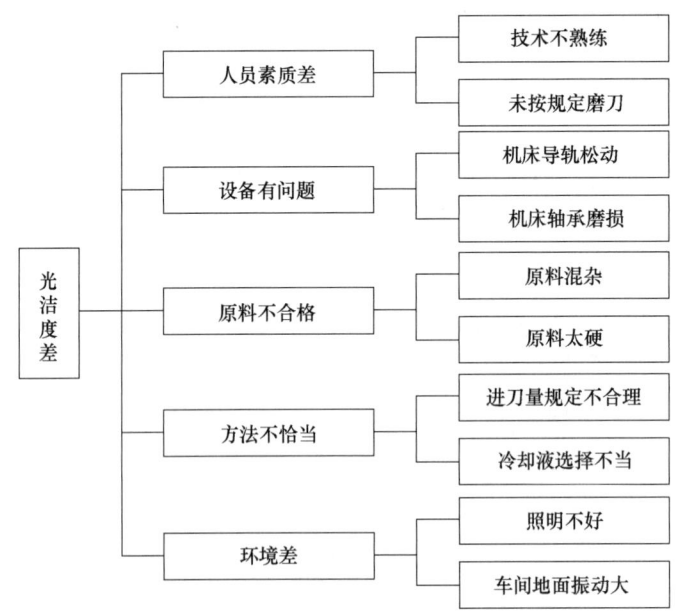

图 3-12 光洁度差原因系统分析图

3.2.3 PDPC 法

PDPC 法是指过程决策程序图（process decision program chart）法,是一种用于风险管理和决策制定的工具。它可以在制订计划或进行系统设计时预测可能出现的不理想情况或结果,并制定多种对策方案,以引导过程朝着理想方向发展。与系统图类似,PDPC 法也是将为达到特定目标所需的各种手段、方法和措施按照系统方式展开。PDPC 法可以帮助团队预测可能出现的问题,制定相应的应对方案,并在实施前就进行风险评估和规划,从而提高项目的成功率。

3.2.3.1 PDPC 法的主要用途

(1) 制订目标管理计划

PDPC 法可以帮助团队制订实现目标的计划,并预测可能出现的问题和障碍,制定相应的对策和预案。

(2) 研制项目计划

PDPC 法可以帮助团队制订研制项目的计划,并预测可能出现的问题和障碍,制定相应的对策和预案。

(3) 预测和应对系统事故

PDPC 法可以帮助团队预测可能出现的系统事故,并制定相应的措施,以降低事故风险。

(4) 预防制造过程中的问题

PDPC 法可以帮助团队预测可能出现的制造过程问题,制定相应的措施和预案,以提高制造过程的质量和稳定性。

(5) 制定谈判对策

PDPC 法可以帮助团队在谈判过程中提出或选择对策,以实现最优结果。

3.2.3.2 PDPC 法的特点

① 以系统的动向为整体来处理,可以判断系统的全局情况,查明研究中是否存在重大漏洞或问题。

② 能够按时间序列描绘系统状态的变化情况,有助于分析系统的演变过程。

③ 以系统的动向为中心,可以揭示系统的输入和输出关系,列举出"不理想的状态"并找出其原因。同时,也可以从某个输入出发,依次追寻系统的动向,找到"不理想的状态"。

④ 以事物为中心,只要对系统有一个基本的理解就可以运用自如。尤其是在处理系统中人的因素和系统之间的复合干扰问题时,PDPC 法表现出了其优越性。

3.2.3.3 PDPC 法的步骤

① 召集所有相关人员讨论所要解决的问题。

② 从自由讨论中提出达到理想状态的手段、措施。

③ 对提出的手段和措施,要列举出可能的结果,行不通时,要提出相应的措施和方案。

④ 将各研究措施按紧迫程度、所需工时、实施的可能性及难易程度予以分类,明确首先应该做什么,并用箭条向理想的状态方向连接起来。

⑤ 决定各项措施实施的先后顺序,从一条线路得到的情报要研究对其他线路是否有影响。

⑥ 落实实施责任人及实施期限。

⑦ 不断修订 PDPC 图。

【例 3-10】 某企业的产品在运输过程中经常由于货物倒置而造成严重破损，企业每年都要为此支付大量的索赔款。为了解决这个问题，企业的运输部门决定采用 PDPC 法找出解决问题的方法。经过分析研究，设想出会产生货物倒置的三种可能性，并制定了相应的对策。所绘制的避免货物倒置的 PDPC 程序如图 3-13 所示。

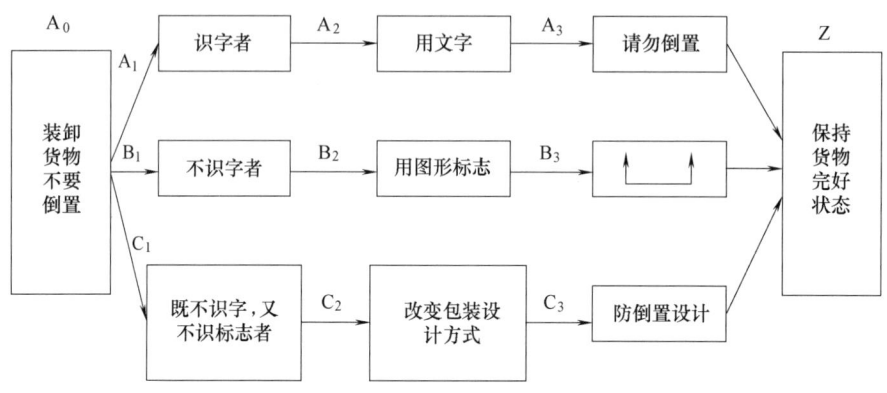

图 3-13 避免货物倒置的 PDPC 程序

方案 1：对于识字的搬运工人，可以用文字说明"请勿倒置"。

方案 2：对于不识字的搬运工人，可以用图形示意。

方案 3：对于既不识字，又不认识标志的，且工作不认真负责的工人，可以改变包装设计，使得货物不可能倒置。当然这种方案的经济性可能要差些。

如果经济和技术条件允许，可同时实施方案 1 和方案 2，也可三种方案同时实施。在实践过程中方案 1 和方案 2 同时实施的机会更多些。

3.2.4 箭条图法

箭条图法又称网络计划技术，是安排和编制最佳日程计划有效地实施进度管理的一种科学方法。一项任务或工程可以分解为许多作业，这些作业在生产工艺和生产组织上相互依赖、相互制约，用箭条图可以把各项作业之间的这种关系清晰地表示出来，通过箭条图，能找出影响工程进度的关键和非关键因素，统筹协调，合理利用资源，提高效率。箭条图法的工作步骤如下。

① 调查工作项目，把工作项目的先后次序，由小到大进行编号。

② 用箭条"→"代表某项作业过程，如"0→1""1→2"等。箭杆上方可标出该项作业过程所需的时间数，作业时间单位常以日或周表示。

可用经验估计法求出各项作业过程所需的时间。通常，作业时间按三种情况进行估计：乐观估计时间，用 a 表示；悲观估计时间，用 b 表示；正常估计时间，用 m 表示，则经验估计作业时间 $=(a+4m+b)/6$，这种经验估计法，又称三点估计法。

例如，对某一作业过程的时间估计 a 为 2 天，b 为 9 天，m 为 4 天，则用三点估计法求得的作业时间为 $(2+4\times4+9)/6=4.5$（天）。

③ 画出箭条图。

④ 计算最早开工时间：计算每个结合点上的最早开工时间，即从始点开始顺箭头方

向到该结合点的各条路线中时间最长的一条路线的时间之和。

⑤ 计算最晚开工时间：计算每个结合点上的最晚开工时间，即从终点逆箭头方向到该结合点的各条路线中时间差最小的时间。

⑥ 计算富余时间和找出关键路线：将在同一结合点上最早开工时间与最晚开工时间之间的时差，即富余时间进行计算。有富余时间的结合点对工程进度影响不大，属于非关键工序；无富余时间或富余时间最少的结合点则是关键工序。将所有的关键工序按照工艺流程的顺序连接起来，就是这项工程的关键路线。在箭条图中，关键路线通常用粗线标出。

3.2.5 亲和图

KJ 法是一种新的质量管理方法，由日本人川喜田二郎（Kawakita Jiro）总结归纳而来，因其名字缩写而得名。KJ 法是一种利用卡片对语言数据进行归纳整理的方法，在质量管理中得到广泛应用。KJ 法包括多种方法，如亲和图、A 型图、解近似图、解卡片法和分层图等。这些方法都可以帮助我们更好地组织和分析数据，识别问题的本质和原因，并采取相应的措施来解决问题和改进质量。

亲和图是一种用于分析和优化流程的工具。它可以帮助识别流程中各个环节之间的联系和关系，从而找出流程中的瓶颈和问题，并采取相应的措施来改进和优化流程。通常由一个中心问题或目标开始，然后列出与该问题或目标相关的各个环节或步骤。这些环节或步骤可以是任何与问题或目标相关的因素，例如生产过程中的各个步骤、员工的工作流程等，需要将这些环节或步骤之间的相互作用和关系表示出来。这些关系可以是正向的或负向的，可以是直接的或间接的。例如，我们可以发现生产过程中的某个步骤对另一个步骤有影响，或者员工的某个工作流程需要依赖于其他工作流程。

通过绘制亲和图，可以更好地了解流程中各个环节或步骤之间的联系和关系，从而识别出流程中的瓶颈和问题，并采取相应的措施来改进和优化流程。同时，亲和图也可以帮助我们进行有效的沟通和协作，以便更好地实现质量管理和改进的目标。

3.2.5.1 亲和图法的应用

任何一个事件都受到多种因素的影响，或多个事件受到多个因素的影响。为了理清这些关系，可以使用亲和图。亲和图可以用于以下情况。

① 掌握问题重点，并想出改善对策。

② 讨论未来问题时，希望获得整体性的架构，例如公司如何导入 TQM。

③ 讨论未曾经历过的问题时，吸收全体人员的意见，获知全貌，例如开发新产品、进行市场调查和预测。

④ 重新评估以往不太注意的问题，从新的角度出发。

⑤ 获取部属的心声并教育他们，贯彻公司方针。

3.2.5.2 亲和图法的制作步骤

亲和图的制作相对简单，没有复杂的计算。个人亲和图主要与人员有关，重点是列出所有项目，再进行整理。而团队亲和图需要发动所有成员的积极性，将问题和内容全部列出，再共同讨论整理。通常按以下九个步骤进行。

（1）确定主题

可以选定对杂乱无章的事物进行掌握、将自己或小组的想法整理出来、对杂乱思想进行综合归纳整理、打破原有观念重新整理新想法或新观念、整理读书心得或进行小组观念沟通等。

（2）收集语言资料

可以采用直接观察法、文献调查法、面谈调查法、个人思考法或团体思考法等方法。

（3）记录信息

将收集到的信息记录在语言资料卡片上，语言文字尽可能简单、精练、明了。

（4）混合卡片

将已记录好的卡片汇集后充分混合，再将其排列开来，务必一览无遗地摊开，由小组成员再次研读，找出最具亲和力的卡片，此时由主席引导效果更佳。

（5）制作亲和卡

小组感受资料卡所想表达的意思，将内容恰当地表现出来，写在卡片上，称此卡为亲和卡。

（6）分群

将亲和卡和资料卡一起处理，继续进行卡片的汇集、分群。

（7）配置排列

将卡片依次排在大张纸上，并将其粘贴固定。

（8）制作亲和图

将亲和卡和资料卡之间的相互关系，用框线连接起来。框线若改变粗细或用不同颜色描绘的话，会更加清楚。经过这8个步骤所完成的图，就是亲和图。

（9）共同讨论

完成亲和图后，所有相关人员共同讨论，进一步理清其关系，统一大家的认识，并指定专人撰写报告。

3.2.5.3 亲和图法的应用误区

（1）过于简单化

亲和图法的制作过程相对简单，但这并不意味着它可以替代其他更为复杂的工具和方法。在解决复杂问题时，需要结合其他工具和方法，进行更为全面和深入的分析。

（2）忽略数据

亲和图法主要关注问题之间的关系和联系，但这并不意味着可以忽略数据的重要性。在制作亲和图时，需要充分考虑数据的支持和反映，以便更好地分析问题和找出解决方案。

（3）缺乏结构化思维

亲和图法需要进行结构化思维和分析，但有些人可能没有养成这种思维方式，导致制作的亲和图缺乏条理性和逻辑性。

（4）忽略人员因素

亲和图法虽然可以帮助人们更好地协作和沟通，但有些人可能忽略了人员因素的影响，导致团队合作效果不佳。

（5）缺乏实践应用

亲和图法需要结合实践应用才能发挥最大效果，但有些人可能只停留在理论层面，缺乏实践应用，导致制作的亲和图无法真正解决问题。

【例3-11】 某公司经常发生交期不准事件，屡次受到外部顾客的抱怨。请利用亲和图法寻找原因出自何处。提示目前收集到以下语言资料：①包装错误；②锅炉故障；③机器老旧；④物料延误；⑤产品色泽太深；⑥经常停电；⑦停水；⑧机器保养不周；⑨原料贮存变质；⑩设备操作不当；⑪人员疲劳；⑫工作环境差；⑬人员不足；⑭人员流动高；⑮订单日期太近；⑯订单临时增加；⑰通知生产太近；⑱产品重量不符合，如图3-14所示。

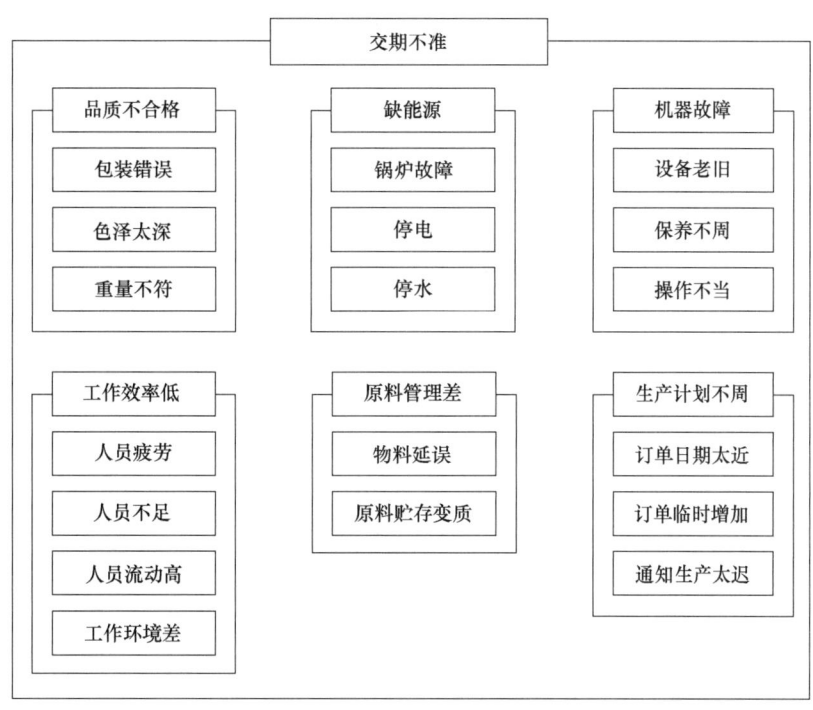

图3-14 交期不准亲和图分析法

3.2.6 矩阵图

矩阵图法是一种将与问题有对应关系的各个因素排列成矩阵图的形式，然后对矩阵图进行分析，找出关键因素，从而解决问题的方法。通过将数据进行分类和整理，制作成二维表格的形式，可以更加清晰地展现问题和相关因素之间的关系，从而帮助人们更好地分析和解决问题。通过对矩阵图中的数据进行分析和比较，可以找出问题的根本原因，然后制定有效的改进方案，以避免问题再次发生。总之，矩阵图法是一种简单而实用的工具，可以帮助企业和组织更好地管理和改进质量。

3.2.6.1 矩阵图特点

① 整合经验：通过制作和使用矩阵图，可以整合众人的经验，快速整理出问题的头绪或决策的重点，提高决策效率。

② 明确关系：矩阵图可以明确各种要素之间的关系，帮助人们更好地掌握全体要素的关系，便于进行问题分析和决策制定。

③ 显示潜在因素：矩阵图可以通过多元方式的观察，将潜在的各项因素显示出来，帮助人们更好地发现问题和改进方向，特别是在系统图、关联图、亲和图等手法已分析至极限时使用。

④ 避免过度抽象或详细：矩阵图基于行和列的要素分析，可以避免一边表现得太抽象，而另一边又太详细的情况发生，从而使分析结果更加准确和实用。

3.2.6.2 矩阵图的主要应用

（1）系列品研发

通过制作矩阵图，可以明确系列品的研发方向和关键要素，帮助企业和组织更好地制订研发计划和策略。

（2）材料质量控制

矩阵图可以用来分析材料的质量问题，找出问题的根本原因，并制定有效的质量控制方案。

（3）产品质量控制

矩阵图可以用来寻找产品的不良现象与原材料、设备、工艺等因素之间的关系，帮助企业和组织更好地控制产品质量。

（4）市场策略制定

矩阵图可以用来制定与市场相关联的产品战略方案，帮助企业和组织更好地了解市场需求和趋势，制定相应的产品策略和营销计划。

（5）质量特性管理

矩阵图可以用来确定产品质量特性与负责部门之间的关系，帮助企业和组织更好地管理和控制产品质量。

（6）工序管理优化

矩阵图可以用来明确用户质量要求与工序管理项目之间的关系，帮助企业和组织更好地优化工序管理，提高产品质量和生产效率。

3.2.6.3 矩阵图制作步骤

（1）确定问题

首先要明确需要组合哪些事项，并解决什么问题。如果目的或结果有两种以上，可以用矩阵图展开对应的手段和原因。

（2）选择因素群

选择与问题有关的属于同一水平的对应因素，例如质量问题现象与原因、质量特征与质量因素、成分与特性等。

（3）选择适用的矩阵图

根据因素群的数量选择适用的矩阵图，例如 L 型、T 型、Y 型或 X 型矩阵图等。

（4）分析确认评价关联关系

在对应因素群的交点上标志相应的关联程度，例如用"或"表示有密切关系、表示有关系、表示可能有关系。

（5）数据统计

在行列的终端对有关系或密切关系的符号做出数据统计，以明确解决问题的着眼点和重点。

（6）制定措施

根据分析报告制定措施，并加以实施。

【例3-12】 以L型矩阵图为例，针对"工厂利润降低"的问题来制作矩阵图，如图3-15所示。

① 针对"工厂利润降低"的问题，运用系统图，找出一次、二次、三次原因，并就第三次原因制定对策。

② 将第三次原因及对策列入L型矩阵图中。

③ 根据相关程度（即此项对策与每项原因的关联性）设定对应评比分数。

④ 各项对策分数加总后，取最高的三项，作为改善决策，并标出来，完成决策矩阵图。

图3-15 工厂利润降低矩阵图示例

3.2.7 矩阵数据分析法

矩阵数据分析法是一种用于解决问题和评价的方法，它适用于当矩阵图中的要素之间的关联程度可以用数据来表示时。该方法是新七种工具中唯一使用数据来分析问题的方法，但其结果仍需要用图表来表示。

类似于矩阵图法，矩阵数据分析法也将问题和因素进行矩阵排列，但不同的是它不是在矩阵图上填符号，而是填入数据，并进行计算和分析。通过对矩阵数据进行整理和计算，可以找出问题的主要矛盾，并制定相应的解决方案。

3.2.7.1 矩阵数据分析法的主要用途

① 通过市场调查的数据，分析产品的质量特性，以了解客户需求和市场趋势，帮助

团队制定相应的改进策略和产品规划。

② 在新产品规划中，对产品的感官特性进行分类整理，使其更加系统化和可操作化，以便更好地满足客户需求。

③ 在制造过程中，通过对复杂的数据资料进行分析，找出产生不良品的原因，并采取相应的措施进行改进。

④ 对于产品寿命循环中形成的复杂质量问题，进行综合评价，以确定问题的根本原因，并制定相应的改进措施。

3.2.7.2 矩阵数据分析法的使用步骤

① 收集数据并整理成矩阵表的形式。

② 计算各项目的平均值和标准偏差。

③ 对数据进行规范化，以便不同单位的评价项目进行相互比较。具体做法是将各项原始数据减去项目平均值，然后除以该项数据的标准偏差。

④ 计算相关系数。利用散布图中相关系数的计算公式，计算各项目的相关系数，并将其排列成矩阵的形式。

⑤ 计算特征值和特征向量。计算相关系数矩阵表中相关行列的特征值和特征向量，其中特征向量表示各项目的若干个主成分。

⑥ 计算因子负荷量。将特征向量矩阵中各特征向量乘以各主成分的特征平方根称为因子负荷量。

⑦ 计算主成分得分。将规范化数据矩阵表中相应的数据与特征向量矩阵中相应列的数据相乘，再相加即可得到主成分得分。

⑧ 对计算结果进行分析，得出分析结果。

【例 3-13】 以某软件为例，运用数据分析法分析影响其质量的因素。

第一步：首先确定需要分析的各个方面。通过亲和图得到以下几个方面，需要确定它们相对的重要程度：易于控制、易于使用、网络性能、和其他软件可以兼容、便于维护。

第二步：组成数据矩阵。用 Excel 或者手工做，把这些因素分别输入表格的行和列，如表 3-9 所示。

表 3-9　　　　　　　　矩阵分析表

变量	易于控制	易于使用	网络性能	软件兼容	便于维护	总分	权重
易于控制	0	4	1	3	1	9	26.2
易于使用	0.25	0	0.20	0.33	0.25	1.03	3.0
网络性能	1	5	0	3	3	12	34.9
软件兼容	0.33	3	0.33	0	0.33	4	11.6
便于维护	1	4	0.33	3	0	8.33	24.2

第三步：确定对比分数。自己和自己对比的地方都打 0 分。以"行"为基础，逐个和"列"对比，确定分数。"行"比"列"重要，给正分。分数范围从 9 到 1 分。打 1 分表示两个重要性相当。例如，第 2 行"易于控制"分别和 C 列"易于使用"比较，重要一些，打 4 分；和 D 列"网络性能"比较，重要性相当，打 1 分……如果"行"没有"列"重要，给反过来重要分数的倒数。例如，第 3 行的"易于使用"和 B 列的"易于控

制"前面已经对比过了,是4分,现在取倒数,1/4=0.25;与D列"网络性能"比,没有"网络性能"重要,反过来,"网络性能"比"易于使用"重要,打5分。现在取倒数,就是0.20。实际上,做的时候可以围绕以0组成的对角线对称填写对比的结果。

第四步:加总分。按照"行"把分数加起来,得到各行的"总分"。

第五步:计算权重分。把各行的"总分"加起来,得到"总分之和"。再把每行"总分"除以"总分之和"得到权重分数。权重分数越大,说明这个方面越重要,"网络性能"34.9分,其次是"易于控制"26.2分。

通过矩阵数据分析,可以直观清晰地判断出哪些是主要的影响因素。

4 设计质量管理

4.1 质量功能展开

质量功能展开（quality function deployment，QFD）是一种立足于在产品开发过程中最大限度地满足顾客需求的系统化、用户驱动式的质量保证与改进方法。它于20世纪70年代初起源于日本，由日本东京技术学院的 Shigeru Mizuno 博士提出。进入20世纪80年代以后逐步得到欧美各发达国家的重视并得到广泛应用。

为了保证产品能为顾客所接受，一个组织（企业）必须认真研究和分析顾客的需求，将顾客的需求转化为可以进行和实施产品设计的质量特性。因为产品质量可以用多种质量特性，比如物理特性、性能特性、经济特性、使用特性等来体现，只有将这些特性落实到产品的研制和生产的整个过程中，最终转换成产品特征，才能真正体现顾客提出的需求。QFD 要求产品承制者在听取顾客对产品的意见和需求后，通过合适的方法和措施将顾客需求进行量化，采用工程计算的方法将其一步步地展开，将顾客需求落实到产品的研制和生产的整个过程中，从而最终在研制的产品中体现顾客的需求，同时在实现顾客的需求过程中，帮助企业各职能部门制定出相应的技术要求和措施，使他们之间能够协调一致地工作。

QFD 是在产品策划和设计阶段就实施质量保证与改进的一种有效的方法，能够以最快的速度、最低的成本和优良的质量满足顾客的最大需求，已成为组织（企业）进行全面质量管理的重要工具和实施产品质量改进有效的工具。由于强调从产品设计的初期就同时考虑质量保证与改进的要求及其实施措施，QFD 被认为是先进生产模式及并行工程（concurrent engineering，CE）环境下质量保证与改进的最热门研究领域及 CE 环境下面向质量设计（design for quality，DFQ）的最有力工具，对企业提高产品质量、缩短开发周期、降低生产成本和增加顾客的满意程度有极大的帮助。丰田公司于20世纪70年代采用了 QFD 以后，取得了巨大的经济效益，其新产品开发成本下降了61%，开发周期缩短了1/3，产品质量也得到了相应的改进。从 QFD 的产生到现在五十多年来，其应用已涉及汽车、家用电器、服装、集成电路、合成橡胶、建筑设备、农业机械、船舶、自动购货系统、软件开发、教育、医疗等各个领域。

4.1.1 QFD 的定义与特点

QFD 是一种质量功能展开的方法，用于将顾客的需求、期望和偏好转化为设计和生产过程中的具体技术要求和控制要素。它通过将顾客需求与产品设计、制造和服务过程中的各个环节相连接，以确保产品或服务的质量满足顾客的期望。

QFD 的目标是将顾客需求作为产品设计和生产的核心驱动力，从而实现顾客满意度的最大化。它通过层次化和分解的方式，将顾客的需求和期望转化为具体的设计要求、工艺要求和控制要素，以指导产品或服务的开发和实施。

QFD 的核心思想是通过建立"房屋"的模型结构，将顾客需求、设计要求、技术指标和控制要素联系起来，这个模型被称为质量屋（house of quality，HOQ），它提供了一个系统性的方法，帮助团队理解顾客需求并将其转化为可操作的设计要求。QFD 的应用范围广泛，不仅适用于制造业，也适用于服务业和软件开发等领域。它能够帮助企业在产品开发过程中更好地理解顾客需求，提高产品质量和顾客满意度，并在市场竞争中获得竞争优势。

QFD 的主要特点体现在以下几个方面。

① QFD 的最显著的特点是要求企业不断地倾听顾客的意见和需求，并通过合适的方法、采取适当的措施在产品形成的全过程中予以体现这些需求。

② 将用户的要求变换成质量特性，确定产品的设计质量，然后经过各功能部件的质量，进而分析各部分的工序要素，对其中的关系进行系统的展开。

③ QFD 是在实现顾客需求的过程中，帮助在产品形成过程中所涉及的企业各职能部门制定出各自相应的技术要求的实施措施，并使各职能部门协同地工作，共同采取措施保证和提高产品质量。

④ QFD 的应用涉及了产品形成全过程的各个阶段，尤其是产品的设计和生产规划阶段，被认为是一种在产品开发阶段进行质量保证的方法。

4.1.2 QFD 瀑布式分解模型

调查和分析顾客需求是 QFD 的最初输入，而产品是最终的输出。这种输出是由使用他们的顾客的满意度确定的，并取决于形成及支持他们的过程的效果。由此可以看出，正确理解顾客需求对于实施 QFD 是十分重要的。顾客需求确定之后，采用科学、实用的工具和方法，将顾客需求一步步地分解展开，分别转换成产品的技术需求等，并最终确定出产品质量控制办法。相关矩阵（也称质量屋）是实施 QFD 展开的基本工具，瀑布式分解模型则是 QFD 的展开方式和整体实施思想的描述。

下面是几种典型的 QFD 瀑布式分解模型。

① 按顾客需求→产品技术需求→关键零件特性→关键工艺步骤，分解为 4 个质量屋矩阵，如图 4-1 所示。

② 按顾客需求→供应商详细技术要求→系统详细技术要求→子系统详细技术要求→制造过程详细技术要求→零件详细技术要求，分解为 6 个质量屋矩阵。

③ 按顾客需求→技术需求（重要、困难和新的产品性能技术要求）→子系统/零部件特性（重要、困难和新的子系统/零部件技术要求）→制造过程需求（重要、困难和新的制造过程技术要求）→统计过程控制（重要、困难和新的过程控制参数），分解为 5 个质量屋矩阵。

④ 按顾客需求→工程技术特性→应用技术→制造过程步骤→制造过程质量控制步骤→在线统计过程控制→成品的技术特性，分解为 7 个质量屋矩阵。

实施 QFD 的关键是将顾客需求分解到产品形成的各个过程，将顾客需求转换成产品开发过程具体的技术要求和质量控制要求。通过对这些技术要求和质量控制要求的实现来满足顾客的需求。

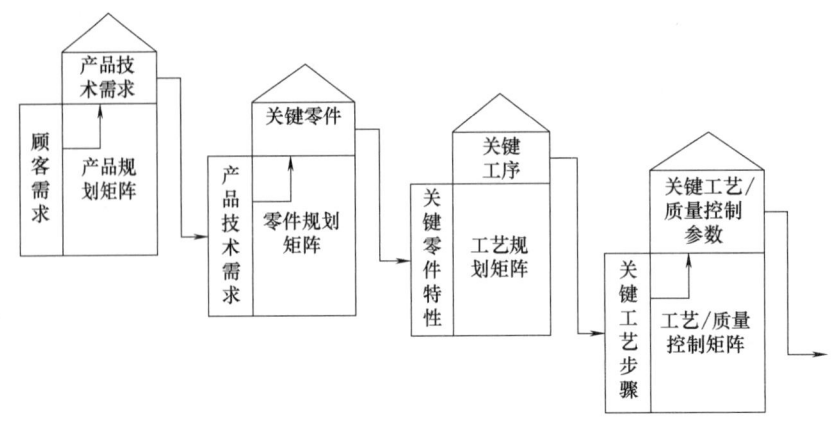

图 4-1　典型的 QFD 瀑布式分解模型

4.1.3　QFD 的分解步骤

顾客需求是 QFD 最基本的输入。顾客需求的获取是 QFD 实施中最关键也是最困难的工作。要通过各种先进的方法、手段和渠道搜集、分析和整理顾客的各种需求，并采用数学的方式加以描述。之后，进一步采用质量屋矩阵的形式，将顾客需求逐步展开，分层地转换为产品的技术需求、关键零件特性、关键工艺步骤和质量控制方法。在展开过程中，上一步的输出是下一步的输入，构成瀑布式分解过程。QFD 从顾客需求开始，经过 4 个阶段，即 4 步分解，用 4 个质量屋矩阵——产品规划矩阵、零件规划矩阵、工艺规划矩阵和工艺/质量控制矩阵，将顾客的需求配置到产品开发的整个过程。

(1) 确定顾客的需求

由市场研究人员选择合理的顾客对象，利用各种方法和手段，通过市场调查，全面收集顾客对产品的种种需求，然后将其总结、整理并分类，得到正确、全面的顾客需求以及各种需求的权重（相对重要程度）。在确定顾客需求时应避免主观想象，注意全面性和真实性。

(2) 产品规划

产品规划矩阵的构造在 QFD 中非常重要，Shewart 指出，满足顾客需求的第一步是尽可能准确地将顾客需求转换成为通过制造能满足这些需求的物理特性。产品规划的主要任务是将顾客需求转换成设计用的技术特性。通过产品规划矩阵，将顾客需求转换为产品的技术需求，也就是产品的最终技术性能特征，并根据顾客需求的竞争性评估和技术需求的竞争性评估，确定各个技术需求的目标值。

QFD 具体在产品规划过程中要完成下列一些任务。

① 完成从顾客需求到技术需求的转换。

② 从顾客的角度对市场上同类产品进行评估。

③ 从技术的角度对市场上同类产品进行评估。

④ 确定顾客需求和技术需求的关系及相关程度。

⑤ 分析并确定各技术需求相互之间的制约关系。
⑥ 确定各技术需求的目标值。

(3) 产品设计方案确定

依据上一步所确定的产品技术需求目标值,进行产品的概念设计和初步设计,并优选出一个最佳的产品整体设计方案。这些工作主要由产品设计部门及其工作人员负责,产品生命周期中各环节、各部门的人员共同参与,协同工作。

(4) 零件规划

基于优选出的产品整体设计方案,并按照在产品规划矩阵所确定的产品技术需求,确定对产品整体组成有重要影响的关键部件/子系统及零件的特性,利用故障模式及影响分析 (failure mode and effect analysis,FMEA)、故障树分析 (fault tree analysis,FTA) 等方法对产品可能存在的故障及质量问题进行分析,以便采取预防措施。

(5) 零件设计及工艺过程设计

根据零件规划中所确定的关键零件的特性及已完成的产品初步设计结果等,进行产品的详细设计,完成产品各部件/子系统及零件的设计工作,选择好工艺实施方案,完成产品工艺过程设计,包括制造工艺和装配工艺。

(6) 工艺规划

通过工艺规划矩阵,确定为保证实现关键产品特征和零部件特征所必须给予保证的关键工艺步骤及其特征,即从产品及其零部件的全部工序中选择和确定出对实现零部件特征具有重要作用或影响的关键工序,确定其关键程度。

(7) 工艺/质量控制

通过工艺/质量控制矩阵,将关键零件特性所对应的关键工序及工艺参数转换为具体的工艺/质量控制方法,包括控制参数、控制点、样本容量及检验方法等。

4.1.4 QFD 实施

QFD 的实施和应用也是一个符合 PDCA 循环的过程。为了有效地应用 QFD,必须按照 PDCA 循环的方法,认真解决好以下六方面的问题。

(1) 顾客需求的获得

是否能够及时地获取顾客需求即用户呼声 (voice of customer,VOC) 以及所获顾客需求是否全面、详尽、真实,是成功实施和应用 QFD 的基础。如果不能及时地获取顾客需求或所获取顾客需求欠全面、详尽、真实,很难想象采用 QFD 进行质量管理的效果会好。必须采用科学的方法指导 VOC 的获取和信息分析。功能分析法 (function analysis,FA)、KJ 法、因果图的方法、排列图的方法以及调查表方法等都是广泛用于顾客需求信息获取和分析的有效方法。VOC 获取后,如存在矛盾和冲突,需要通过合理的分析与综合,对矛盾和冲突进行仲裁、解决。具体的方法有专家仲裁、模糊分析和人工神经网络等。

(2) 确定瀑布分解模型

针对具体的产品和实例,并根据其质量控制要求,确定出它 QFD 的瀑布分解模型。QFD 瀑布分解模型是反映产品或实例的质量功能展开的整体规划,直接决定和指导着 QFD 的实施方案,并影响着 QFD 的应用效果。在设计和确定 QFD 的分解模型时,必须从产品质量控制的整体出发，对于质量控制的关键或薄弱环节，在进行瀑布分解模型设计时，可以考虑分解得细一些；反之，对于质量比较有保证的环节，在设计瀑布分解模型时，可以考虑分解得粗一些。具体分解为几个质量屋矩阵，视具体的产品和实例及其对质量控制的要求而定，不能一概而论。

（3）质量功能的分解与展开

QFD 各质量屋相关矩阵的配置，应该是在包括市场、设计、工艺、制造、质量和销售等部门人员的多功能工作小组（teamwork）的共同参与下协同完成的。矩阵的展开和分解要贯穿于产品开发过程的各个阶段。从 QFD 及基于 QFD 的质量控制的角度出发，应首先进行质量功能的展开和分解，进行质量屋的配置，然后进行产品及其零部件的方案设计、工艺过程设计、质量计划的制订等工作。这一点与 PDCA 循环的方法不矛盾。在产品研制与开发 PDCA 循环中，质量功能的展开是其计划制订，即 P 环节。在该环节，通过对产品质量要求及现状进行分析，找出质量保证与改进的关键及可能存在的问题；分析影响产品质量的因素，确定出主要原因，并制定相应的对策和执行计划。

（4）应用 QFD 及其质量屋配置，指导产品研制与开发工作

质量功能分解与展开完成之后，瀑布分解模型中的所有环节和工作，应该在 QFD 及其质量屋配置结果的指导下，开展产品的研制与开发工作。否则，就失去 QFD 进行质量控制的意义。对于一个具体产品或实例的质量管理，其 QFD 的分解及质量屋配置结果，是指导该产品研制与开发工作的法规性文件和行动指南，该产品的一切设计、制造工作，应以它的 QFD 分解及其质量屋的配置结果为依据。

（5）基于 QFD 及其质量屋配置，监控产品研制与开发工作

依据 QFD 的分解及其质量屋的配置，对产品研制与开发工作进行监控。检查这些工作是否按 QFD 的分解及其质量屋的配置结果实施。寻找并发现执行过程中的问题。问题将可能涉及两个主要方面，一是产品的研制与开发人员，没有按照 QFD 的分解及其质量屋的配置开展工作；二是在产品的设计和制造过程中，由于对质量管理认识的提高、设计和制造能力的提高，或者设计制造质量管理水平的变化等，使得当初所做的 QFD 的分解及其质量屋的配置已不再适合企业的现状。这时，必须及时对 QFD 的分解及其质量屋的配置进行实时优化、调整。

（6）改进

对存在的问题进行深入的剖析，确定原因，制定措施。在此基础上，对 QFD 的分解及其质量屋的配置结果进行改进。通过改进，使产品质量持续提高，使质量控制水平不断提高。

4.2 质量屋

质量屋是由美国学者 J. R. Hauser 和 Don Clausing 在 1988 年提出的。质量屋为将顾客需求转换为产品技术需求以及进一步将产品技术需求转换为关键零件特性、将关键零件特性转换为关键工艺步骤和将关键工艺步骤转换为关键工艺/质量控制参数等 QFD 的一系列瀑布式的分解提供了一个基本工具。

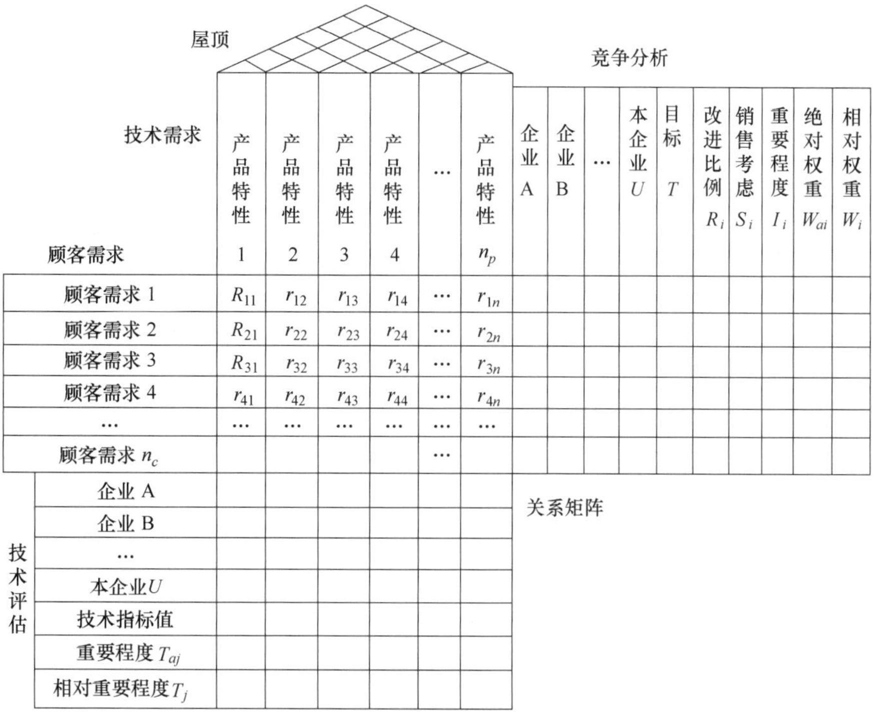

图 4-2 质量屋的基本结构

注：① 关系矩阵一般用"◎、○和△"表示，它们分别对应数字"9、3和1"，没有表示无关系，对应数字0。

② 销售考虑用"●和•"表示，"●"表示强销售考虑；"•"表示可能销售考虑，没有表示不是销售考虑，分别用对应数字1.5、1.2和1.0。

4.2.1 质量屋的构成

质量屋也称质量表（quality chart 或 quality table），是一种形象直观的二元矩阵展开图表。图 4-2 是在分析、比较、综合国外各种形式质量屋的基础上，结合国情，并根据我国自己的实践经验设计的中国化的质量屋方案。在大量工程应用中，该方案具有良好的适用性，基本结构完全相同，所不同的是顾客需求中的顾客已变成了广义的顾客，技术需求也进一步扩展为延伸了其他技术方面的需求，但仍是质量屋中的"什么"和"如何"。这时，QFD 瀑布式分解过程中的上一级质量屋，如产品规划矩阵，就变成了其下一级质量屋——零件规划矩阵的顾客，相应地，下一级质量屋——零件规划矩阵的技术需求也就具体地变为关键零件特性，以此类推。

4.2.2 质量屋中参数的配置及计算

4.2.2.1 顾客需求及权重

首先，对顾客需求按照性能（功能）、可信性（包括可用性、可靠性和维修性等）、安全性、适应性、经济性（设计成本、制造成本和使用成本）和时间性（产品寿命和及时交货)等进行分类,并根据分类结果将获取的顾客需求直接配置至产品规划质量屋中相应的位置。然后,对各需求按相互间的相对重要度进行标定。具体可采用1~9数字分9个级别标定各需求的重要度。数值越大,说明重要度越高;反之,说明重要度越低。

4.2.2.2 技术需求

在配置技术需求时,应注意满足以下三个条件。

① 针对性。即技术需求要针对所配置的顾客需求。

② 可测量性。为了便于实施对技术需求的控制,技术需求应可测定。

③ 宏观性。技术需求只是为以后的产品设计提供指导和评价准则,而不是具体的产品整体方案设计。对于技术需求,要从宏观上以技术性能的形成来描述。

4.2.2.3 关系矩阵

顾客需求与技术需求之间的关系矩阵直观地说明了技术需求是否适当地覆盖了顾客需求。如果关系矩阵中相关符号很少或大部分是"弱"相关符号,则表示技术需求没有满足顾客需求,应对它进行修正。关系矩阵中 n_c 和 n_p 分别指的是顾客需求和技术需求的个数,r_{ij}($i=1, 2, 3, \cdots, n_c; j=1, 2, 3, \cdots, n_p$)指的是第 i 个顾客需求与第 j 个技术需求之间的相关程度值。

4.2.2.4 竞争分析

通过分析其他企业情况以及本企业现状,并根据顾客需求的重要程度以及对技术需求的影响程度等,确定对每项顾客需求是否要进行技术改进以及改进目标。竞争能力用1~5五个数字表示,1表示最差,5表示最好。然后根据本企业现状和改进目标计算出对顾客需求的改进程度(比例),最后,再根据改进程度、重要性等计算出顾客需求的权重(绝对值和百分比)。

4.2.2.5 技术评估

技术评估的配置主要是完成对各技术需求的技术水平及其重要性的计算与评估,其任务之一是通过与相关外企业状况的比较,评估本企业所提出的这些技术需求的现有技术水平;任务之二是利用竞争分析的结果和关系矩阵中的信息,计算各项技术需求的重要程度(绝对值和百分比),以便作为制定技术需求具体技术指标或参数的依据。

技术需求的重要程度按下面两式计算:

重要程度 T_{aj} 的绝对值 $= \sum r_{ij} \cdot I_i$

重要程度 T_{aj} 的相对值 $= (T_{aj} / \sum T_{aj}) \times 100\%$

其中 i 表示顾客需求的编号,j 表示技术需求的编号,r_{ij} 是关系矩阵值,I_i 是顾客需求的权重。

4.2.2.6 屋顶

屋顶表示出了各技术需求之间的相互关系,这种关系表现为三种形式:无关系、正相关和负相关。

屋顶中的内容不需要计算,一般只是用单圆圈表示正相关,用符号 X 表示负相关,标注到质量屋顶的相应项上,作为确定各技术需求具体技术参数的参考信息。

4.2.3 质量屋的工作程序

质量屋的工作程序始于顾客需求调查,终于市场评价,分析产品对顾客需求满足程度，具体如下。

（1）调查顾客需求

这是建造质量屋的起点。为调查顾客需求，可采用询问法、观察法或实验法等。

（2）测评各项需求对顾客的重要度

达到或超过顾客的需求是产品设计的首要原则。各种需求对顾客的重要度不同，即对顾客满意的贡献不同，要对顾客进行广泛的调查。

（3）把顾客需求转换为技术要求

市场调查人员和工程技术人员共同把顾客的需求转换为对产品提出的技术要求。把顾客的语言转换成工程技术人员能够把握的语言，也就是由 what 到 how 的过程。

（4）确定技术要求的满意度方向

只有通过满足产品的技术要求来满足顾客需求。有的技术要求的指标值越大，顾客越满意，例如墨迹保持时间。有的技术要求的指标值越大，顾客越不满意，例如产品价格。

（5）填写关系矩阵表

技术与需求关系紧密程度，关系紧密用 9 表示、关系一般用 3 表示、关系微弱用 1 表示。

（6）计算技术重要度

通过矩阵表与各项需求对顾客的重要度的加权平均关注技术重要度指标值大的工程措施。

（7）设计质量规格

由工程技术人员和质量管理人员共同完成，在技术经济分析的基础上确定各项技术要求的理化指标。

（8）技术评价

各项技术要求满足顾客需求的能力，对比同市场上知名度较高的几个品牌产品技术竞争力指数。

（9）确定工程措施相关程度

首先理清正反强弱关系，把顾客满意度方向作量化处理，结果用于调整质量规格，提高技术评价等级。

（10）市场评价

评估产品满足各项顾客需求的能力，10 个步骤的每一步都考虑了顾客需求，体现了"充分倾听顾客声音"的核心理念。

4.2.4 质量屋的迭代

第一轮的质量屋编制完成后，通过实际运行，可能会发现 QFD 工作小组的认识和推断不符合或者不完全符合顾客的原意，从而导致一些顾客需求没有在质量屋中体现，或者没有正确地体现。另一方面，有些工程措施考虑不周，或者在实践中可能无法实现。有时顾客需求也并非都来自最终顾客，还需考虑包括协作单位、产品安装、运输、储存、销售、维修保障等各个环节的要求。为使产品满足最终顾客的需求（包括潜在需求），QFD 小组在产品的研制过程中，必须随时发现问题，并及时修改质量屋，使质量屋不断地得到迭代和完善，直到四个阶段的质量屋能够很好地满足产品设计、制定工艺、生产制造等全过程的需要。

【例 4-1】 一家服装零售商用质量功能展开计划改善他们的电话顾客服务质量。由客服代表、培训师、产品专家、电话中心经理、信息系统专家组成的格雷特话务小组构建了如图 4-3 所示的质量屋。

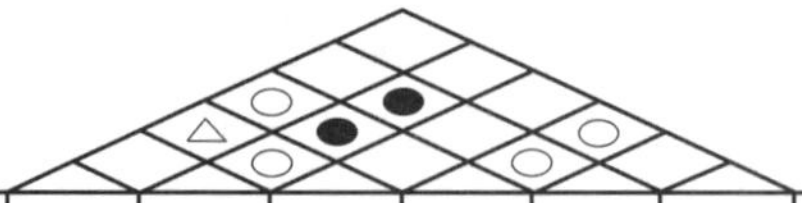

相关性 ● 强 5 ○ 中 3 △ 弱 1	重要性	客服代表的产品知识 +	客服代表的信息系统知识 +	客服代表的通话水平 +	通话时间 −	出错率 −	后续解决问题的权力 +	顾客竞争力的评估 1　2　3　4　5
愉快、友好的接线员	6		△	●			◇	◇　●　　□
问题的回答	7	●	○		△	△		□　◇　●
愉快的经历	9		△	●	○			◇　　　●　□
正确的订单	4	○			△			●□◇
问题被迅速解决	5	○	○		△		●	●　□　◇
衡量单位		1~100分	1~100分	1~100分	分钟	%	权威度	
标杆绩效评估	5 4 3 2 1	● ◇ □	◇ ● □	□ 　 ●◇	◇ □ 　 　 ●	◇ □ ●	◇ 　 　 ◇ ●	● 我方 □ 竞争者1 ◇ 竞争者2
目前水平		94	84	48	6	8	1	
权重		62	62	75	26	54	59	
目标		94	90	92	3.5	3	5	

图 4-3　电话顾客服务质量屋

这家公司的优势在于通过对有关新产品信息的电话代表的持续培训及一组产品专家的支持为顾客提供产品信息。他们有两个主要的竞争者。竞争者 1 以有顾客喜欢的友好电话代表而出名。这些代表被授权对有关顾客问题作决定，如批准无成本返回和换货。竞争者 2 以管理严格而出名，严格控制每个电话及错误率的成本。

经过头脑风暴、讨论以及列表削减法等分析后，他们确认了服务质量特性，并列于各列中。其中，"通话水平"的评定，是通过核对话务员有无使用列有诸如顾客的名字、关键用语等项目的列表来进行的。而项目小组分析发现，对于信息系统（IS）与"愉快、友好的接线员""愉快的经历"等顾客需求之间是否有相关性存在很大的分歧，相当多的人认为它们之间完全没有关联，顾客服务的代表就试图说服小组其他成员，他们声称整天与计算机系统折腾，很难保证提供令人愉悦和个性化的服务。同时，管理者则更为关注通话时长和错误率两个测量指标，显然，这两个指标与各项顾客需求呈负相关。

对各竞争者相应服务特性的评估是通过外包的市场调研中得到的，所得的结果和顾客的感受相符。竞争者 2 非常强调成本管理，其在缩减错误率方面表现出众，但同时也导致了其在话务水平方面的得分最低，由于该竞争者较为集权没有充分授权，严重影响了通话时长的这个指标。

通过分析，格雷特话务小组决定通过提高顾客服务代表的话务水平来获得最大的竞争优势。为此，他们计划提高代表们的后续解决问题的授权，并适度优化错误率和通话时长至目标水准。而在产品和信息系统知识支持方面已经是颇具优势了，所以对产品知识不必提出新的改善规划，对信息系统知识方面的改善也只需通过简化订购界面适当加以提高即可。随着这些改变，他们希望把自己的公司定位成向顾客提供最卓越的服务的一家服装销售公司。

【例 4-2】 优质圆珠笔质量屋构建。

圆珠笔是通用的书写工具，其书写的字迹质量与用碳素墨水钢笔的书写质量接近，字迹流畅、均匀、牢固、不褪色，适于长期或永久保留，因此可在任何正式的场合使用。为了提高国产圆珠笔质量，进军国际市场，采用质量功能展开的方法进行出口圆珠笔的开发。

（1）原始信息收集，构建质量屋

① 经过广泛调研，顾客对圆珠笔的要求主要有：书写要流利，字迹永不褪色，外形美观，使用方便，价格适中，有适当的耐用性。将这六条整理后作为顾客需求填入质量屋左墙。

② 从技术的角度出发，应针对顾客的需求，进行产品质量特性（设计要求）的展开（需要时可以把质量特性划分层次），按隶属关系整理成表格，形成质量屋中的天花板部分。

③ 圆珠笔的设计要求包括：笔尖组件设计，油墨浓度选择，油墨成分的确定，收放结构设计，外形设计，成本控制和材料。这七项要求没有层次上的隶属关系，作为同级工程措施并列填入质量屋的天花板。

④ 确定工程措施指标填入地板。

⑤ 市场竞争力和技术竞争力评估打分。

综上，构建优质圆珠笔的质量屋如图 4-4 所示。

（2）确定关键工程措施

关键措施的重要度应明显高于一般工程措施的重要度。例如，可将重要度高于所有工程措施的平均重要度 1.25 倍以上的工程措施列为关键措施。

图 4-4 为开发优质圆珠笔的质量屋。通过建立质量屋确定了两项关键措施：油墨成分和笔尖组件设计。

（3）市场竞争力分析

在该质量屋中，对新产品预期的竞争能力（市场竞争能力和技术竞争能力）也做了分析，帮助决策者了解产品的竞争态势。

关键措施从质量角度来说必须予以保证，并从严控制，但在技术上不一定难以实现。我们将现有技术很难解决的关键技术称为"瓶颈技术"，在质量功能展开的过程中必须找出瓶颈，并攻克瓶颈技术。

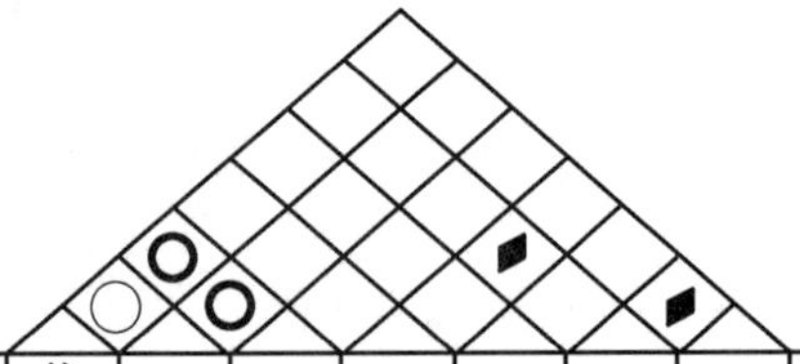

工程措施(第1级) / 顾客需求(第1级)	重要度 K_f	笔尖组件设计	油墨浓度	油墨成分	收放结构	外形设计	成本控制	材料	市场竞争能力 M_j			
									本产品	改进后	国内对手	国际对手
书写流利	5	9	5	5			1	2	4	5	4	
永不褪色	4		2	9			1		3	4	3	
外形美观	3	1			3	9	1	2	4	5	4	
使用方便	3	1			8	1			4	5	5	
价格适中	1	1		2	2		9		4	5		
适度耐用	2	2			3	1		7	5	5	5	
									0.78	0.96	0.81	
									市场竞争能力 M			
		圆珠与珠座间距适当	浓度目标值控制在某一百分比	选择合理的配方	收放简便,可无故障收放次数	美观大方,适合不同消费者	售价不高于1美元	选用合适的笔尖和笔杆材料				
工程措施重要度 K_j		56	33	63	41	30	23	30				
技术竞争能力 T_j	本产品	4	4	3	3	5	4	3	0.72	技术竞争能力指数 T		
	改进后	5	4	4	5	5	5	4	0.91			
	国内对手	4	4	3	4	5	4	4	0.78			
	国际对手	5	5	5	5	4	4	5	0.98			

图 4-4 优质圆珠笔的质量屋

5 正交试验设计

顾客在购买产品/服务时通常会考虑诸如价格、品牌、款式以及产品的特有功能等多个因素。那么在这些因素当中，每个因素对顾客的重要程度如何？在同样的机会成本下，产品具有哪些因素水平最能让顾客满意呢？对于同时考察 3 个或 3 个以上的试验因素，若进行全面试验，则规模很大（27 次），而且因条件的限制难于实施。需要考虑在多因素试验中，寻求最优水平组合的，以较少的人力物力消耗而取得较多较全面信息的高效率研究方案。

正交试验设计就是用于安排多因素实验并考察各因素影响大小的一种科学设计方法。它始于 1942 年，之后在各个领域里都得到很快的发展和广泛应用。这种科学设计方法是应用一套已规格化的表格——正交表来安排实验工作，其优点是适合于多种因素的试验设计，便于同时考查多种因素各种水平对指标的影响，通过较少的试验次数选出最佳的试验条件，即选出各因素的某一水平组成比较合适的条件，这样的条件就所考查的因素和水平而言，可视为最佳条件。另一方面，还可以帮助我们在错综复杂的因素中抓住主要因素，并判断那些因素只起单独的作用，那些因素除自身的单独作用外，它们之间还产生综合的效果。数理统计上的试验设计还能给出误差的估计。

5.1 试验设计概述

5.1.1 试验设计的定义

20 世纪 20 年代英国生物统计学家费希尔首次提出了"试验设计"的概念。20 世纪 50 年代，日本田口玄一博士大力推广了正交试验设计法的实际应用，并于 1957 年提出"信噪比设计"。20 世纪 50 年代，我国开始研究"试验设计"，通过对正交试验设计的观点、理论和方法上的研究，编制了一套较为适用的正交表。1978 年，我国王元教授和方开泰教授创立了均匀设计方法，在国内外的多个行业获得广泛应用。

试验设计是一种用于控制过程输入以便更好地理解对过程输出影响的试验技术，它是指为节省人力、财力，迅速找到最佳条件，揭示事物内在规律，根据试验中不同问题，在试验前利用数学原理科学编排实验的过程。试验设计方法是以概率论与数理统计学为理论基础，为获得可靠试验结果和有用信息，科学安排试验的一种方法论，它也是研究如何高效而经济地获取所需要的数据与信息的方法。

5.1.2 试验设计的基本用语

试验设计的基本用语有以下几个。

（1）试验设计

试验设计是关于试验的设计方法，即进行试验的计划与安排，包括确定试验的目的，选择因素与水平，以及对试验结果所得的数据进行分析与处理。

(2) 试验指标

试验中用来衡量试验结果的一个特征量，即要考核的项目或效果。产品的质量、成本、产量等都可以作为衡量试验效果的指标。能够用数量表示的试验指标称为定量指标，如重量、尺寸、速度、温度、性能、寿命、硬度、强度等。不能够用数量表示的试验指标称为定性指标，如颜色、外观、味道等，一般习惯用 y 表示。

(3) 因素与因子

对试验指标可能有影响的原因，也可称为因素，试验中要加以考察而改变状态的因素称为因子。试验中能够人为地加以控制和调节的因素统称为可控因素，如温度、时间、转速等。由于试验条件的限制，暂时还不能够人为地加以控制和调节的因素统称为不可控因素，如机床微小振动、刀具的微小磨损等。正交试验法在设计试验方案时，一般只适用于可控因素。

(4) 因素水平

在试验设计中，因素变化的各种状态和条件称为因素的水平。在试验中需要考察某因素的几种状态时，称该因素为几水平。如温度因素中选为 25℃、30℃、40℃ 三种状态，则称温度因素为三个水平的因素。

5.1.3 试验设计的种类

5.1.3.1 全面试验法

首先根据实验的目的，确定影响实验结果的各种因素，选择这些影响因素的试验点，进而拟出实验方案，之后按所拟方案进行实验并对实验结果作出评估。必要时再拟出进一步的实验方案，使实验工作更趋完善，所得结果也更为可靠。

如在研究某一显色反应时，为选择合适的显色温度、酸度和显色完全的时间，可做如下的试验安排。

首先确定上述三因素的实验范围：

显色温度：25~35℃（温度以因素 A 表示）

酸浓度：0.4~0.6mol/L（酸浓度以因素 B 表示）

显色时间：10~30min（时间以因素 C 表示）

其次确定每种因素在上述实验范围内各取的水平数（如各取三个水平）。

因素 A 的三个水平分别以 A_1、A_2、A_3 表示；

因素 B 的三个水平分别以 B_1、B_2、B_3 表示；

因素 C 的三个水平分别以 C_1、C_2、C_3 表示；

然后将显色试验的因素、水平列为下表。

水平	A 温度/℃	B 酸浓度/(mol·L^{-1})	C 时间/min
1	25	0.4	10
2	30	0.6	20
3	35	0.6	30

这是一个三因素三水平的试验问题，对这样的试验工作可做如下的安排。

$$A_1B_1C_1 \qquad A_2B_1C_1 \qquad A_3B_1C_1$$
$$A_1B_1C_2 \qquad A_2B_1C_2 \qquad A_3B_1C_2$$
$$A_1B_1C_3 \qquad A_2B_1C_3 \qquad A_3B_1C_3$$
$$A_1B_2C_1 \qquad A_2B_2C_1 \qquad A_3B_2C_1$$
$$A_1B_2C_2 \qquad A_2B_2C_2 \qquad A_3B_2C_2$$
$$A_1B_2C_3 \qquad A_2B_2C_3 \qquad A_3B_2C_3$$
$$A_1B_3C_1 \qquad A_2B_3C_1 \qquad A_3B_3C_1$$
$$A_1B_3C_2 \qquad A_2B_3C_2 \qquad A_3B_3C_2$$
$$A_1B_3C_3 \qquad A_2B_3C_3 \qquad A_3B_3C_3$$

三因素水平的试验共 27 种组合（$3^3 = 27$），按以上组合方式做完 27 次试验后自然可得出在所确定的因素和水平下的最佳显色条件。这种全面试验的方法，对事物的内部规律剖析得十分清楚，但却费时费事。假如还需要对实验精密度、试验误差的大小做出估计，则每一试验至少应重复一次，即应做 54 次实验。如果在讨论六因素而每种因素均取 5 个水平时，则全面试验的数目是 $5^6 = 15625$ 次，这里还未包括为了给出误差估计所需的重复试验次数，显然这是难以付诸实施的。

当考察的因素、水平数越多，在试验中所有可能的搭配也更多，要逐个地进行试验，显然是不可能的。这就提出了合理地设计和安排试验的问题，通过较少量的试验次数以获得理想的实验条件取得最佳的试验效果，并对试验结果做出科学评估的问题。

5.1.3.2 简单比较法

这种方法首先固定因素 A、B 为某一水平（如 A_1、B_1），改变 C 以获得在 A_1、B_1 时 C 的最佳水平（设为 C_2）。然后固定 A 为 A_1，C 为 C_2，改变 B 以获得在 A_1、C_2 时 B 的最佳水平（设为 B_3），再固定 B 为 B_3，C 为 C_2，改变 A 以获得在 B_3、C_2 时的最佳水平（设为 A_2）。这样可以认为 $A_2B_3C_2$ 为较佳的显色条件，即简单比较法经过 9 次试验也能获得较佳的试验条件，但却存在以下缺点。

当各因素之间交互影响较大时，$A_2B_3C_2$ 不认为是最佳试验条件。它未能保证三因素中任何两因素的不同水平之间相碰一次因而上不均衡的，它提供的信息也是不丰富的。在不做重复试验的情况下，不能给出误差的估计。如何保持这种方法试验次数少的优点而又能避免上述缺点呢，可采用正交设计的方法来解决。

在这 9 次试验中实际上有两次试验是在相同条件下的重复试验（$A_1B_3C_2$ 和 $A_1B_3C_2$），所以只有 7 次属不同条件下的实验，另一方面还可看出各因素、各水平出现的机会是不均衡的，其中 A_1、C_2 各出现了 7 次；B_3、C_1 各出现了 4 次；而 A_2、A_3、C_1、C_3、B_2 却只出现了一次，显然，它们出现的机会是很不均衡的。

简单比较法认为最佳的分析条件是 $A_2B_3C_2$，但在试验过程中 C_2 是在 A_1B_1 条件下与 C_1 和 C_3 相比，是最佳的一个条件水平，至于因素 A、B 取其他水平时是否也得出同样的结论，却未做过实验，也不能得出同样的结论，故上述的条件不能视为最佳的显色条件，而只能是最佳条件的一种估计。

导致上述几种问题的原因是简单比较法中各因素各水平的搭配不是均衡分散的，只能在同一批试验中做单因素比较，而在不同批数的试验之间却无法进行比较。

5.1.3.3 正交设计法

试验设计是数理统计中的一个重要内容，正交设计是利用预先编制好的正交表来合理安排多因素试验，以便通过少量的试验次数来获得满意的结果，同时对试验数据进行统计分析。

现在对三因素三水平的试验做如下的安排，首先只考虑 A、B 两因素，如果进行全面实验应做 9 次，如表 5-1 所示。

表 5-1   两因素全试验

A	B		
	B_1	B_2	B_3
A_1	A_1B_1	A_1B_2	A_1B_3
A_2	A_2B_1	A_2B_2	A_2B_3
A_3	A_3B_1	A_3B_2	A_3B_3

这时两因素的三水平相互各碰一次，它反映的情况全面，现在将因素 C 考虑进去，也同样希望在任何两个因素的不同水平之间各相碰一次而又不增加试验的次数，具体做法如表 5-2 所示。

表 5-2   考虑 C 因素试验

A	B			C
	B_1	B_2	B_3	
A_1	$A_1B_1C_1$	$A_1B_2C_2$	$A_1B_3C_3$	C_1
A_2	$A_2B_1C_2$	$A_2B_2C_3$	$A_2B_3C_1$	C_2
A_3	$A_3B_1C_3$	$A_3B_2C_1$	$A_3B_3C_2$	C_3

按表 5-2 安排的 9 次试验与简单比较法相比，试验次数相同但却克服了简单比较法的不均衡性，A 的每个水平和 B、C 的三个水平分别各碰一次，B 的每个水平和 A、C 的三个水平分别各碰一次，对 C 也是类似的情况，即三因素中任何两因素的不同水平均相碰一次因而试验是均衡的，上述 9 次试验可视为三因素三水平的全面试验的代表。为了书写方便，上述试验设计可简化为表 5-3。

表 5-3   正交试验

A	B			C
	1	2	3	
1	1	2	3	1
2	2	3	1	2
3	3	1	2	3

5.2 正交试验的特征

正交试验设计具有如下特征。

(1) 均衡分散性

在正交设计的试验安排中，各因素之间的搭配是均匀的，这种因素间搭配的均匀性——试验点分布的均衡性称为正交设计的均衡分散性。或者说，正交试验设计把各试验条件均衡地分散在排列完全的水平组合之中，使之更具有代表性，更易于通过最少的试验次数来寻求最佳的试验条件。正交设计的这种性质，可以从试验结果的平均值中消除由于非均衡所引起的误差，有利于提高测定结果的可靠性。

(2) 正交性

正交试验设计中，各因素各水平之间不仅搭配均匀，而且变化很有规律。在考虑某因素的每一水平的试验中，其他各因素各水平出现的次数都相同，所做的贡献也认为是一致的。这样在比较各因素的每一水平对指标生产的影响时，就能最大限度地排除其他因素的干扰，突出本因素的作用，也就将各因素的效应清楚地加以区别并估计其大小，这就是正交试验设计的正交性。凡具有这一特性的试验设计方法都称为正交设计法。正是由于正交试验设计最大限度地排除了其他因素的干扰并消除了非均匀分散性可能造成的误差，因而只要比较因素各水平的试验指标的平均值，就能估计各因素对试验指标的影响大小，这在后面将做具体的介绍。

5.3 正交试验设计及原理

5.3.1 正交表

试验设计用一张 n 行 p 列的表来表示，表的每一行对应一次试验，每列对应一个因素。若某因素有 q 个水平，则可用 1，2，…，q 表示该因素相应的水平。如果根据已定的 n、p、q，设计出满足一定条件的表格，则此表格为正交表。正交表是一种规格化的表格，通常用记号 $L_n(q^p)$ 表示，故也称 L 表。

$L_9(3^4)$，其中"L"表示正交表，"L"的下标"9"表示试验的次数，"3^4"表示应用此表最多可安排 3 水平 4 因素的试验，如表 5-4 所示。

"L"表示正交表，"9"是行数，在试验中表示试验的条件数，"4"是列数，在试验中表示可以安排的因子（因素）的最多个数，"3"是表的主体只有三个不同数字，在试验中表示每一因子可以取的水平数。

正交表具有如下特点。

表 5-4 $L_9(3^4)$

试验号	列号			
	1	2	3	4
1	1	1	3	2
2	2	1	1	1

续表

试验号	列号			
	1	2	3	4
3	3	1	2	3
4	1	2	2	1
5	2	2	3	3
6	3	2	1	2
7	1	3	1	3
8	2	3	2	3
9	3	3	3	1

（1）正交性

正交表中任意两列横向各数码搭配所出现的次数相同，这可保证实验的典型性。图 5-1 表示三因素两水平和三因素三水平正交性的几何描述。

（2）均衡性

任一列中不同水平个数相同，即任一列中每个数码出现的机会是均等的。

（3）独立性

没有完全重复的实验。任何两个实验间都有两个以上因素具有不同水平。

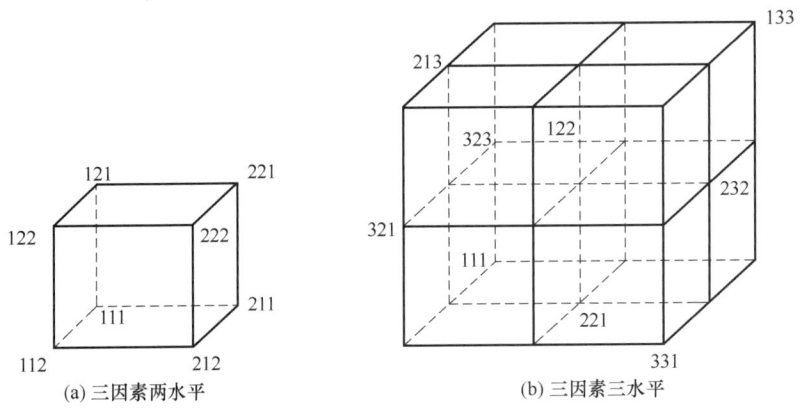

图 5-1 三因素两水平和三因素三水平正交性的几何描述

5.3.2 正交表的选择

选择正交表时可考虑以下几点。

① 根据试验目的确定要考查的因素，如对试验的变化规律有大致的了解，有把握判断出影响试验效果的主要因素，可少取些因素，也可多取些因素，总之不能将主要影响因素漏掉。

② 确定各因素的变化范围和水平数，每个因素的水平数可以相等，也可以不等，一般来说，重要因素或者特别希望详细考查的因素，其变化范围可宽些，水平数可多些，其余的因素所取水平数则可少。

③ 根据试验者进行试验时一次能平行完成的试验次数而选择正交表。

④ 选用正交表除考虑因素水平及试验条件外，还应考虑对试验结果精度的要求。当对试验结果的精度要求高时，宜取试验次数多的正交表，试验费用贵或试验周期长的，可取试验次数少的正交表。当存在交互作用时，应选用具交互作用的正交表。一般情况下，若因素全为二水平时，可选用 $L_4(2^3)$、$L_8(2^7)$、$L_{16}(2^{15})$ 等正交表；因素全是三水平时，可选用 $L_9(3^4)$、$L_{18}(2\times3^7)$、$L_{27}(3^{18})$ 等正交表；若因素全为四水平的，可选用 $L_{16}(4^5)$ 正交表；因素全为五水平的则选用 $L_{25}(5^6)$ 正交表。当因素取不同水平时，可直接套用 $L_8(4\times2^8)$、$L_{12}(3\times2^8)$、$L_{16}(4\times2^{12})$、$L_{18}(4^2\times2^9)$ 等混合水平正交表。在三水平实验中选 $L_{18}(2\times3^7)$，其中 2 水平所在的列，不做安排。三水平因素可在其他 7 列选用。

5.3.3 正交表表头设计

下面以具体实例来介绍正交表表头设计方法。

【例 5-1】 酸的浓度、反应时间、酸的当量及反应温度，是影响某化工厂产品质量的主要因素。根据经验以上因素选择两个水平，具体数据如表 5-5 所示。

表 5-5　　　　　　　　　　　　因素与水平

水平	因素			
	酸的浓度 A	反应时间 B	酸的当量 C	反应湿度 D
1	93%	30 分	45	70℃
2	87%	13 分	35	60℃

因为每个因素只有两个水平，故选择两水平 L 表。

（1）只考虑 A、B、C 三因素时：选 $L_4(2^3)$，表头如表 5-6 所示。

表 5-6　　　　　　　　　　　　三因素表头

列号	1	2	3
因素	A	B	C

（2）考虑 A、B、C、D 四个因素，且希望分析 A 与 B、C、D 的交互作用：选 $L_8(2^7)$，表头如表 5-7 所示。

表 5-7　　　　　　　　　　　　四因素表头

列号	1	2	3	4	5	6	7
因素	A	B	AB	C	AC	D	AD

（3）考虑 A、B、C、D 四个因素，及其两两的交互作用全部考虑，选 $L_{12}(2^{11})$，表头如表 5-8 所示。

表 5-8　　　　　　　　　　考虑交互作用四因素表头

列号	1	2	3	4	5	6	7	8	9	10
因素	A	B	AB	C	AC	BC	D	AD	BD	CD

5.4 正交试验设计及数据分析

从方法论看,正交试验设计可分为直观分析和方差分析,一次试验和分批试验。就试验结果指标而言,可分为单指标试验与多指标试验。从因素对指标影响的角度,又可分为无交互作用试验和有交互作用试验。

正交试验设计的一般步骤是:①明确试验的目标,确定试验指标;②挑因素,选水平;③选用正交表,表头设计;④确定试验计划方案;⑤分析试验结果,确定因素适宜的水平组合。下面通过实例说明正交试验设计的步骤。

5.4.1 无交互作用的正交试验设计及数据分析

【例 5-2】 磁鼓电机是彩色录像机磁鼓组件的关键部件之一,按质量要求其输出力矩应大于 $210g \cdot cm$。某生产厂过去这项指标的合格率较低,从而希望通过试验找出好的条件,以提高磁鼓电机的输出力矩。

(1) 确定试验目的与试验指标。试验目的为磁鼓电机的输出力矩,确定试验指标为输出力矩。

(2) 确定因子与水平。考虑的因子有充磁量,定位角度和定子线圈匝数 3 个因素,每个因素都考虑 3 个水平。具体如表 5-9 所示。

表 5-9　　　　　　　　　　　　　因素水平

因子	水平		
	一	二	三
A:充磁量/10^{-4}T	900	1100	1300
B:定位角度/$[(\pi/180)rad]$	10	11	12
C:定子线圈匝数/匝	70	80	90

(3) 选用正交表,表头设计。

首先根据因子的水平数,找出一类正交表,再根据因子的个数确定具体的表,把因子放到表的列上去,把放因子的列中的数字改为因子的真实水平,便成为一张试验计划表,每一行便是一个试验条件。在正交设计中 n 个试验条件是一起给出的,称为"整体设计",并且均匀分布在试验空间中,因此选择正交表为 $L_9(3^4)$。表头设计如表 5-10 所示。

表 5-10　　　　　　　　　　表头设计

列号	1	2	3
因素	A	B	C

(4) 试验方案及结果。如表 5-11 所示。

在进行试验时,要注意以下几点:
① 除了所考察的因子外的其他条件,尽可能保持相同。
② 试验次序最好要随机化。

表 5-11　　　　　　　　　　　试验方案及结果

试验号	因子			试验结果 y 输出力矩/(g·cm)
	充磁量	定位角度/ [(π/180)rad]	定子线圈匝数/ 匝	
1	(1)900	(1)10	(1)70	160
2	(1)900	(2)11	(2)80	215
3	(1)900	(3)12	(3)90	180
4	(2)1100	(1)10	(2)80	168
5	(2)1100	(2)11	(3)90	236
6	(2)1100	(3)12	(1)70	190
7	(3)1300	(1)10	(3)90	157
8	(3)1300	(2)11	(1)70	205
9	(3)1300	(3)12	(2)80	140

③ 必要时可以设置区组因子。

(5) 数据的直观分析

① 寻找最好的试验条件在 A_1 水平下进行了三次试验：#1、#2、#3，而在这三次试验中因子 B 的三个水平各进行了一次试验，因子 C 的三个水平也各进行了一次试验。在 A_2 水平下进行了三次试验：#4、#5、#6，在这三次试验中因子 B 与 C 的三个水平各进行了一次试验。在 A_3 水平下进行了三次试验：#7、#8、#9，在这三次试验中因子 B 与 C 的三个水平各进行了一次试验。

将全部试验分成三个组，那么这三组数据间的差异就反映了因子 A 的三个水平的差异，为此计算各组数据的和与平均：

$$T_1 = y_1 + y_2 + y_3 = 160 + 215 + 180 = 555$$
$$T_1(\text{平均}) = T_1/3 = 185$$
$$T_2 = y_4 + y_5 + y_6 = 168 + 236 + 190 = 594$$
$$T_2(\text{平均}) = T_2/3 = 198$$
$$T_3 = y_7 + y_8 + y_9 = 157 + 205 + 140 = 502$$
$$T_3(\text{平均}) = T_3/3 = 167.3$$

同理，对因子 B 与 C 将数据分成三组分别比较所有计算列在表 5-12 中。

② 各因子对指标影响程度大小的分析。

极差的大小反映了因子水平改变时对试验结果的影响大小。这里因子的极差是指各水平平均值的最大值与最小值之差，譬如对因子 A 来讲：

$R_A = 198 - 167.3 = 30.7$，其他的结果也列在表 5-12 中。

③ 各因子不同水平对指标的影响如图 5-2 所示。

由于正交表的特点，使试验条件均匀分布在试验空间中，因此使数据间具有整齐可比性，上述的直观分析可以进行。但是极差大到什么程度可以认为水平的差异确实是有影响的呢？

(6) 数据的方差分析

要把引起数据波动的原因进行分解，数据的波动可以用偏差平方和来表示。

表5-12　　　　　　　　　　　　直观分析计算表

表头设计	A	B	C	—	
试验号	因子				y
	1	2	3	4	
1	1	1	1	1	160
2	1	2	2	2	215
3	1	3	3	3	180
4	2	1	2	3	168
5	2	2	3	1	236
6	2	3	1	2	190
7	3	1	3	2	157
8	3	2	1	3	205
9	3	3	2	1	140
T_1	555	485	555		
T_2	594	656	523		
T_3	502	510	573		
T_1(平均)	185	161.7	185		
T_2(平均)	198	218.7	174.3		
T_3(平均)	167.3	170	191		
R	30.7	57	16.7		

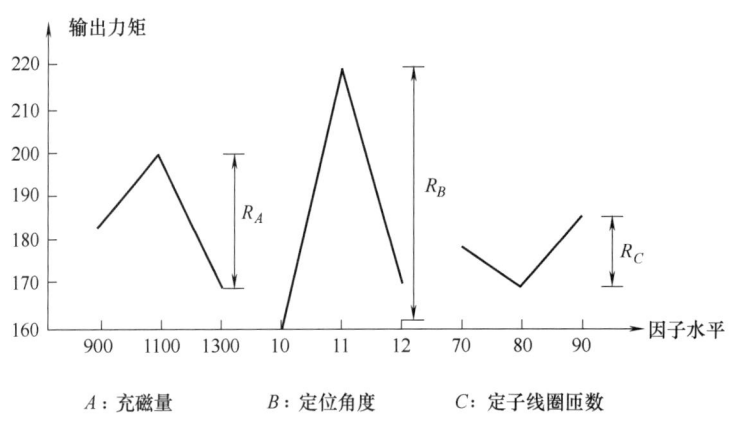

图5-2　各因子不同水平对指标的影响图

① 正交表总的偏差平方和为

$$SST = \sum_{i=1}^{n}(y_i - \bar{y})^2$$

其中 n 是正交表的行数，正交表的每行确定一个实验处理，每个处理得到一个实验数据，共有 n 个实验数据，记为 $y_1, y_2, \cdots, y_n$，$\bar{y}$ 是 n 个实验数据的平均值。

② 因素的离差平方和：因素 A 的离差平方和为

$$SSA = \sum_{i=1}^{n} n_i(\bar{T_i} - \bar{y})^2$$

其中 n_i 是在第 i 水平下所做实验的次数。

③ 误差平方和 SSE 为

$$SSE = SST - SSA - SSB - SSC$$

误差平方和=总离差平方和-各因素离差平方和之和

正交设计方差分析与计算如表 5-13、表 5-14、表 5-15 所示。

表 5-13　　　　　　　　　　　正交设计方差分析表

项目	平方和	自由度	均方 MS	F 值
因素 A	SSA	$a-1$	SSA/$(a-1)$	MSA/MSE
因素 B	SSB	$a-1$	SSB/$(a-1)$	MSB/MSE
因素 C	SSC	$a-1$	SSC/$(a-1)$	MSC/MSE
误差	SSE	$a-1$	SSE/$(a-1)$	—
总和	SST	$n-1$		

表 5-14　　　　　　　　　　　方差分析计算表

表头设计	A	B	C	—	
试验号	因子				y
	1	2	3	4	
1	1	1	1	1	160
2	1	2	2	2	215
3	1	3	3	3	180
4	2	1	2	3	168
5	2	2	3	1	236
6	2	3	1	2	190
7	3	1	3	2	157
8	3	2	1	3	205
9	3	3	2	1	140
T_1	555	485	555	536	$T=1651$
T_2	594	656	523	562	$\sum y_i^2 = 310519$
T_3	502	510	573	553	$S_T = 7652.2$
R	1421.6	5686.9	427.6	116.2	

表 5-15　　　　　　　　　　　方差分析表

项目	平方和	自由度	均方和 V	F 比
因素 A	1421.6	2	710.8	12.23
因素 B	5686.9	2	2843.4	48.94
因素 C	427.6	2	213.8	3.68
误差 e	116.2	2	58.1	—
T	7652.2	8	$F_{0.90}(2,2)=9.0, F_{0.95}(2,2)=19.0$	

(7) 最佳条件的选择

对显著因子应该取最好的水平。

对不显著因子的水平可以任意选取，在实际中通常从降低成本、操作方便等角度加以选择。

上面的例子中对因子 A 与 B 应该选择 A_2B_2，因子 C 可以任选，例如为节约材料可选择 C_1。

(8) 验证试验

对 $A_2B_2C_1$ 进行三次试验，结果为：234、240、220，平均值为 231.3，此结果是满意的。

5.4.2 有交互作用的正交试验设计及数据分析

所谓交互作用是指一个因子的水平好坏或好坏的程度受另一因子水平制约的情况，称为因子 A 与 B 的交互作用。

【例 5-3】 某轴承厂为提高轴承质量，降低成本，决定用正交试验设计改进回火工艺，以改变因退火后轴承圈硬度过大，回炉率高 15% 的状况。经技术分析，影响退火后轴承圈硬度的因素及相应的水平表如表 5-16 所示，且已知三因素两两之间有交互作用。试确定最佳工艺条件。

表 5-16　　　　　　　　　因素与水平表

水平	因素		
	上升温度/℃ A	保温时间/h B	出炉温度/℃ C
1	800	6	400
2	825	8	300

解：(1) 采用合格率作为试验指标：选用 $L_8(2^7)$，表头如表 5-17 所示。

表 5-17　　　　　　　　　表头设计

因素	A	B	AB	C	AC	BC	—
列号	1	2	3	4	5	6	7

选表：首先根据因子的水平数，找出一类正交表，再根据因子的个数及交互作用个数确定具体的表。

把因子放到表的列上去，但是要先放有交互作用的两个因子，并利用交互作用表，标出交互作用所在列，以便于今后的数据分析。

把放因子的列中的数字改为因子的真实水平，便成为一张试验计划表。

(2) 试验方案与试验指标结果如表 5-18 所示。

表 5-18　　　　　　　　　试验方案与试验指标结果

表头设计	A	B	C	试验指标合格率
试验号	因子			
	1	2	3	
1	800	6	400	60
2	800	6	400	95
3	800	8	500	80

续表

表头设计	A	B	C	试验指标合格率
试验号	因子			
	1	2	3	
4	800	8	500	70
5	825	6	500	85
6	825	6	500	75
7	825	8	400	90
8	825	8	400	45

（3）正交分析结果如表 5-19 所示。

表 5-19　　　　　　　　正交分析结果

表头设计	A	B	AB	C	AC	BC	—	合格率 y_i
试验号	因子							
	1	2	3	4	5	6	7	
1	1	1	1	1	1	1	1	60
2	1	1	1	2	2	2	2	95
3	1	2	2	1	1	2	2	80
4	1	2	2	2	2	1	1	70
5	2	1	2	1	2	1	2	85
6	2	1	2	2	1	2	1	75
7	2	2	1	1	2	2	1	90
8	2	2	1	2	1	1	2	45
K_1	305	315	290	315	260	260	295	
K_2	295	285	310	285	340	340	315	$\sum y_i = 600$
$\bar{K}_1$	76.25	78.75	72.5	78.75	65	65	73.75	
$\bar{K}_2$	73.75	71.25	77.5	71.25	85	85	78.75	
R	2.5	7.5	5.0	7.5	20.0	20.0	5.5	

（4）进行二元分析，如表 5-20 所示。

表 5-20　　　　　　　　二元分析

—	—	C_1	C_2
A	A_1	70	82.5
	A_2	87.5	60
	R_A	17.5	22.5
B	B_1	72.5	85
	B_2	85	57.5
	R_B	13.5	27.5

(5) 结论：最优的工艺条件为 $B_1A_1C_2$。

避免混杂现象——表头设计的原则：①在进行表头设计时一列上只能放一个因子或放一个交互作用；②若在一列上有两个因子或两个交互作用或一个因子一个交互作用称为混杂，混杂应该避免，否则数据分析要产生问题。

在用正交表安排试验时要求：①因子与所在列的自由度相等；②交互作用与所占列的自由度的和相等，所以二水平因子应该用二水平正交表，三水平因子应该用三水平正交表。二水平因子的交互作用的自由度为1，所以在二水平正交表上占一列。三水平因子的交互作用的自由度为2，所以在三水平正交表上占两列。

选择正交表时必须满足下面一个条件："所考察的因子与交互作用自由度之和≤$n-1$"，其中 n 是正交表的行数。不过在存在交互作用的场合，这一条件满足时还不一定能用来安排试验，所以这是一个必要条件。

【例5-4】 给出下列试验的表头设计：①A、B、C、D 为二水平因子，同时考察交互作用 $A\times B$，$A\times C$；②A、B、C、D 为二水平因子，同时考察交互作用 $A\times B$，$C\times D$；③A、B、C、D、E 为三水平因子，同时考察交互作用 $A\times B$。它们分别要用 $L_8(2^7)$、$L_{16}(2^{15})$、$L_{27}(3^{13})$。

解：(1) 由于因子均为二水平的，故选用二水平正交表，又因子与交互作用的自由度之和为

$$f_A+f_B+f_C+f_D+f_{A\times B}+f_{A\times C}=1+1+1+1+1+1=6$$

故所选正交表的行数应满足：$n\geq 6+1=7$，所以选 $L_8(2^7)$，表头设计如表5-21所示。

表 5-21　　　　　　　　　　表头设计

表头设计	A	B	$A\times B$	C	$A\times C$	D	—
列号	1	2	3	4	5	6	7

(2) 由于因子均为二水平的，故仍选用二水平正交表，又因子与交互作用的自由度之和为6，故所选正交表的行数应满足：$n\geq 6+1=7$，但 $L_8(2^7)$ 无法安排这四个因子与两个交互作用，因为不管四个因子放在哪四列上，两个交互作用或一个因子与一个交互作用总会共用一列，从而产生混杂，如表5-22所示。

表 5-22　　　　　　　　考虑交互作用的表头设计

表头设计	A	B	$A\times B$ $C\times D$	C	—	—	D
列号	1	2	3	4	5	6	7

因此选用 $L_{16}(2^{15})$，表头设计如表5-23所示。

表 5-23　　　　　　　　基于 $L_{16}(2^{15})$ 表头设计

表头设计	A	B	$A\times B$	C	—	—	—	D	—	—	—	$C\times D$	—	—	—
列号	1	2	3	4	5	6	7	8	9	10	11	12	13	14	15

(3) 由于因子均为三水平的，故选用三水平正交表，又因子与交互作用的自由度之和为

$$f_A+f_B+f_C+f_D+f_E+f_{A\times B}=2+2+2+2+2+4=14$$

故所选正交表的行数应满足：$n \geqslant 14+1=15$，所以选 $L_{27}(3^{13})$，表头设计如表 5-24 所示。

表 5-24　　　　　　　　　　基于 $L_{27}(3^{13})$ 表头设计

表头设计	A	B	A×B	C	D	E	—	—	—	—	—	—	—
列号	1	2	3	4	5	6	7	8	9	10	11	12	13

5.5　常用正交表

常用正交表见表 5-25 至表 5-33。

（1）$L_4(2^3)$

表 5-25　　　　　　　　　　　　$L_4(2^3)$

试验号	列号		
	1	2	3
1	1	1	1
2	1	2	2
3	2	1	2
4	2	2	1

（2）$L_8(2^7)$

表 5-26　　　　　　　　　　　　$L_8(2^7)$

试验号	列号						
	1	2	3	4	5	6	7
1	1	1	1	1	1	1	1
2	1	1	1	2	2	2	2
3	1	2	2	1	1	2	2
4	1	2	2	2	2	1	1
5	2	1	2	1	2	1	2
6	2	1	2	2	1	2	1
7	2	2	1	1	2	2	1
8	2	2	1	2	1	1	2

（3）$L_8(4\times 2^4)$

表 5-27　　　　　　　　　　　　$L_8(4\times 2^4)$

试验号	列号				
	1	2	3	4	5
1	1	1	1	1	1
2	1	2	2	2	2

续表

试验号	列号				
	1	2	3	4	5
3	2	1	1	2	2
4	2	2	2	1	1
5	3	1	2	1	2
6	3	2	1	2	1
7	4	1	2	2	1
8	4	2	1	1	2

(4) $L_{12}(2^{11})$

表 5-28 $L_{12}(2^{11})$

试验号	列号										
	1	2	3	4	5	6	7	8	9	10	11
1	1	1	1	1	1	1	1	1	1	1	1
2	1	1	1	1	1	2	2	2	2	2	2
3	1	1	2	2	2	1	1	1	2	2	2
4	1	2	1	2	2	1	2	2	1	1	2
5	1	2	2	1	2	2	1	2	1	2	1
6	1	2	2	2	1	2	2	1	2	1	1
7	2	1	2	2	1	1	2	2	1	2	1
8	2	1	2	1	2	2	2	1	1	1	2
9	2	1	1	2	2	2	1	2	2	1	1
10	2	2	2	1	1	1	1	2	2	1	1
11	2	2	1	2	1	2	1	1	1	2	2
12	2	2	1	1	2	1	2	1	2	2	1

(5) $L_{16}(2^{15})$

表 5-29 $L_{16}(2^{15})$

试验号	列号														
	1	2	3	4	5	6	7	8	9	10	11	12	13	14	15
1	1	1	1	1	1	1	1	1	1	1	1	1	1	1	1
2	1	1	1	1	1	1	1	2	2	2	2	2	2	2	2
3	1	1	1	2	2	2	2	1	1	1	1	2	2	2	2
4	1	1	1	2	2	2	2	2	2	2	2	1	1	1	1
5	1	2	2	1	1	2	2	1	1	2	2	1	1	2	2
6	1	2	2	1	1	2	2	2	2	1	1	2	2	1	1
7	1	2	2	2	2	1	1	1	1	2	2	2	2	1	1
8	1	2	2	2	2	1	1	2	2	1	1	1	1	2	2

续表

试验号	列号														
	1	2	3	4	5	6	7	8	9	10	11	12	13	14	15
9	2	1	2	1	2	1	2	1	2	1	2	1	2	1	2
10	2	1	2	1	2	1	2	2	1	2	1	2	1	2	1
11	2	1	2	2	1	2	1	1	2	1	2	2	1	2	1
12	2	1	2	2	1	2	1	2	1	2	1	1	2	1	2
13	2	2	1	1	2	2	1	1	2	2	1	1	2	2	1
14	2	2	1	1	2	2	1	2	1	1	2	2	1	1	2
15	2	2	1	2	1	1	2	1	2	2	1	2	1	1	2
16	2	2	1	2	1	1	2	2	1	1	2	1	2	2	1

(6) $L_{16}(4^5)$

表 5-30　　$L_{16}(4^5)$

试验号	列号				
	1	2	3	4	5
1	1	1	1	1	1
2	1	2	2	2	2
3	1	3	3	3	3
4	1	4	4	4	4
5	2	1	2	3	4
6	2	2	1	4	3
7	2	3	4	1	2
8	2	4	3	2	1
9	3	1	3	4	2
10	3	2	4	3	1
11	3	3	1	2	4
12	3	4	2	1	3
13	4	1	4	2	3
14	4	2	3	1	4
15	4	3	2	4	1
16	4	4	1	3	2

(7) $L_{20}(2^{19})$

表 5-31　　$L_{20}(2^{19})$

试验号	列号																		
	1	2	3	4	5	6	7	8	9	10	11	12	13	14	15	16	17	18	19
1	1	1	1	1	1	1	1	1	1	1	1	1	1	1	1	1	1	1	1
2	2	2	1	1	2	2	2	2	1	2	1	2	1	1	1	1	2	2	1

续表

试验号	列号																		
	1	2	3	4	5	6	7	8	9	10	11	12	13	14	15	16	17	18	19
3	2	1	1	2	2	2	2	1	2	1	2	1	1	1	1	2	2	1	2
4	1	1	2	2	2	2	1	2	1	2	1	1	1	2	2	1	2	2	
5	1	2	2	2	2	1	2	1	2	1	1	1	2	2	1	2	2	1	
6	2	2	2	2	1	2	1	2	1	1	1	2	2	1	2	2	1	1	
7	2	2	2	1	2	1	2	1	1	1	2	2	1	2	2	1	1	2	
8	2	2	1	2	1	2	1	1	1	2	2	1	2	2	1	1	2	2	
9	2	1	2	1	2	1	1	1	2	2	1	2	2	1	1	2	2	2	
10	1	2	1	2	1	1	1	2	2	1	2	2	1	1	2	2	2	2	
11	2	1	2	1	1	1	2	2	1	2	2	1	1	2	2	2	2	1	
12	1	2	1	1	1	2	2	1	2	2	1	1	2	2	2	2	1	2	
13	2	1	1	1	2	2	1	2	2	1	1	2	2	2	2	1	2	1	
14	1	1	1	2	2	1	2	2	1	1	2	2	2	2	1	2	1	2	
15	1	1	2	2	1	2	2	1	1	2	2	2	2	1	2	1	2	1	
16	1	1	2	2	1	2	2	1	1	2	2	2	2	1	2	1	2	1	1
17	1	2	2	1	2	2	1	1	2	2	2	2	1	2	1	2	1	1	
18	2	2	1	2	2	1	1	2	2	2	2	1	2	1	2	1	1	1	
19	2	1	2	2	1	1	2	2	2	2	1	2	1	2	1	1	1	2	
20	1	2	2	1	1	2	2	2	2	1	2	1	2	1	1	1	2	2	

（8）$L_9(3^4)$

表 5-32　　$L_9(3^4)$

试验号	列号			
	1	2	3	4
1	1	1	1	1
2	1	2	2	2
3	1	3	3	3
4	2	1	2	3
5	2	2	3	1
6	2	3	1	2
7	3	1	3	2
8	3	2	1	3
9	3	3	2	1

（9） $L_{27}(3^{13})$

表 5-33　　　　　　　　　　　　　　　　$L_{27}(3^{13})$

试验号	列号												
	1	2	3	4	5	6	7	8	9	10	11	12	13
1	1	1	1	1	1	1	1	1	1	1	1	1	1
2	1	1	1	1	2	2	2	2	2	2	2	2	2
3	1	1	1	1	3	3	3	3	3	3	3	3	3
4	1	2	2	2	1	1	1	2	2	2	3	3	3
5	1	2	2	2	2	2	2	3	3	3	1	1	1
6	1	2	2	2	3	3	3	1	1	1	2	2	2
7	1	3	3	3	1	1	1	3	3	3	2	2	2
8	1	3	3	3	2	2	2	1	1	1	3	3	3
9	1	3	3	3	3	3	3	2	2	2	1	1	1
10	2	1	1	3	1	2	3	1	2	3	1	2	3
11	2	1	2	3	2	3	1	2	3	1	2	3	1
12	2	1	3	3	3	1	2	3	1	2	3	1	2
13	2	2	1	1	1	2	3	2	3	1	3	1	2
14	2	2	2	1	2	3	1	3	1	2	1	2	3
15	2	2	3	1	3	1	2	1	2	3	2	3	1
16	2	3	1	2	1	2	3	3	1	2	2	3	1
17	2	3	2	2	2	3	1	1	2	3	3	1	2
18	2	3	3	2	3	1	2	2	3	1	1	2	3
19	3	1	3	2	1	3	2	1	3	2	1	3	2
20	3	1	3	2	2	1	3	2	1	3	2	1	3
21	3	1	3	2	3	2	1	3	2	1	3	2	1
22	3	2	1	3	1	3	2	2	1	3	3	2	1
23	3	2	1	3	2	1	3	3	2	1	1	3	2
24	3	2	1	3	3	2	1	1	3	2	2	1	3
25	3	3	2	1	1	3	2	3	2	1	2	1	3
26	3	3	2	1	2	1	3	1	3	2	3	2	1
27	3	3	2	1	3	2	1	2	1	3	1	3	2

6 质量检验

6.1 质量检验概述

在早期的生产经营活动中,生产和检验本来是合二为一的,生产者就是检验者。后来随着生产的发展,劳动专业分工的细化,检验逐渐从生产过程中分离出来,成为一个独立的过程。生产和检验是一个有机的整体,检验是生产中不可缺少的环节。例如,在企业的流水线和自动线生产中,检验本身就是工艺链中的一个重要工序,没有检验,生产过程就无法进行。

现代工业生产是一个极其复杂的过程,由于主观和客观因素的影响,特别是客观存在的随机波动,要绝对避免不合格品的产生是难以做到的。不论是实行零缺陷管理还是全面质量管理,残次品依然存在,企业对产品质量的控制重点虽然已经转移至生产前的设计、工艺过程和物料采购阶段,但质量检验仍然是各类质量体系中必不可少的重要环节。

6.1.1 质量检验的基础知识

6.1.1.1 质量检验的概念

在国际标准 ISO 9000:2000《质量管理体系——基础和术语》中将"检验"定义为"通过观察和判断,适当时结合测量、试验所进行的符合性评价"。英国标准(BS)将"检验"定义为"使用要求来测量、检查、试验、计量或比较一个项目的一种或多种特性的过程"。

总之,质量检验是指借助某种手段和方法,对产品和质量特性进行测定,并将测得的结果同规定的产品质量标准进行比较,从而判断其合格或者不合格。符合标准的产品为合格品,予以通过;不符合标准的产品为不合格品,根据具体情况予以返修、报废或者降级使用。

6.1.1.2 质量检验的目的

质量检验的目的包括以下三点:①使企业获得合格的原材料,外购件及外协件;②使工艺过程处于受控状态并生产合格的产品;③向用户提供合格的产品,其中工艺过程的要求需要满足以下四点:a. 不合格原材料不投产;b. 不合格半成品不转序;c. 不合格零件不装配;d. 不合格产品不出厂。

6.1.1.3 质量检验的职能

检验的定义是从长期的生产实践中概括总结出来的,如果将检验的定义分解为检验活动,那么检验就具有以下功能。

(1)定标

熟悉和掌握技术标准,制订质量检验计划,并把有关的技术标准整理成具体、明确的质量要求，确定检验的手段和方法。

（2）抽样

采用科学合理的抽样方案，使样本能够充分代表总体（全数检验除外）。

（3）度量

采用试验、测量、测试、化验、分析以及官能检验等方法，度量产品的质量特性。

（4）比较

将测量的结果与有效的质量标准进行比较，观察质量特性值是否符合规定的标准。

（5）判定

根据比较的结果，判定被检验的产品检验项目、产品或批产品是否符合质量标准。

（6）处理

根据相关标准规定对不合格品做出相应处理，涉及重要的不合格品管理工作。例如，某单件产品是否可以流入下道工序，或者某单件产品（某批产品）是否准予出厂，以及对某批产品决定是否接收/拒收，或者决定是否重检/筛选等，并向有关部门领导进行报告。

（7）记录

记录有价值的数据，作出分析报告，为企业自我评价和不断改进提供信息和依据。

6.1.1.4 质量检验的依据

质量检验的重要功能之一是将测试结果同质量标准进行比较，以便作出合格与否的判断。因此，质量标准是质量检验的主要判据。不同水平的质量标准对同一批产品，可能作出不同的判断。所以，可以说离开质量标准而言的质量检验是没有实际意义的。从这一点出发，质量检验的过程就是质量标准执行的过程。

质量检验依据主要有以下几类标准。

（1）技术标准

① 产品标准。产品标准是指为保证产品的适用性，对产品必须达到的某些或全部要求所制定的标准，通常包括对产品结构、规格、质量和检验方法所作的技术规定。产品标准是在一定时期和一定范围内具有约束力的技术准则，包括对产品结构、性能等质量方面的要求，以及对生产过程有关检验、试验、包装、储存和运输等方面的要求。所以，在一定意义上，产品标准也是生产、检验、验收、使用中的维护、合作贸易和质量仲裁的技术依据。

② 基础标准。基础标准是指在一定范围内作为其他标准的基础，具有通用性和广泛指导意义的标准。例如，在技术标准中，基础标准包括通用技术语言标准，即技术文件、图纸等所用的术语和符号等。也包括精度和互换性标准，如公差配合，还包括计量标准、环境条件标准和技术通则标准等。

③ 安全、卫生与环境标准。包括环境条件、卫生安全和环境保护等方面。

（2）检验标准

检验标准主要包括检验指导书、检验卡、验收抽样标准等。

（3）管理标准

管理标准是指企业为了保证和提高产品质量和工作质量，完成质量计划和达到质量目标，企业员工共同遵守的准则。例如，质量手册和检验人员工作守则、检验工作流程中的规则和制度、检验设备和工具的使用、维护制度、有关工序控制的管理制度和管理标准、有关不合格品的管理制度、有关质量检验的信息管理制度等。

6.1.2 质量检验的方式

质量检验按照检验方式的不同主要分为以下五种。

6.1.2.1 按检验的数量划分

（1）全数检验

全数检验是指对一批待检验的产品100%进行检验。这种方式一般比较可靠，同时能提供较完整的检验数据，获得较全面的质量信息。如果希望得到100%的合格品，那就必须进行全数检验，而且是一次以上的全检。同时，还要考虑漏检和错检的可能。通常，全数检验的缺点是：①检验的工作量大；②检验的周期长；③检验的成本高；④要求检验人员和设备较多；⑤不可避免的漏检和错检。

由于长期重复检验的人员疲劳，以及技术检验水平的限制，可能导致较大的漏检率和错检率。据国外统计，全检的漏检率和错检率有时达10%~15%。全检不适用于破坏性检验项目。通常，全检适用于下面几种情况：①精度要求较高的产品或零部件；②对下道或后续工序影响较大的关键部位；③手工操作相对密度大、质量不够稳定的工序；④小批量且质量没有可靠保证的产品（包括零部件）和工序；⑤采用挑选型抽样方案，对于不合格交验的一批产品，要进行100%的重检和筛选。

（2）抽样检验

抽样检验（简称抽检）是指根据数理统计原理预先制定的抽样方案，从交验的一批产品中，随机抽取部分样品进行检验，根据样品的检验结果，按照规定的判断准则，判定整批产品是否合格，并决定是接收还是拒收该批产品，或采取其他处理方式。抽样检验的主要优点是，明显节约了检验工作量和检验费用，缩短了检验周期，减少了检验人员和检验设备。特别是进行破坏性检验时，只能采取抽样检验的方式。抽样检验适用于下面几种情况：①进行破坏性检验的产品或工序；②某些生产效率高、检验时间长的产品或工序；③检验成本较高的产品或工序；④漏检少量不合格品不会引起重大损失的产品或工序。

在质量管理中往往需要解决的是如何确定和选取合适的抽样验收方案，以确保生产方和消费方的双方利益。本章后续内容详细讲解抽样检验的原理。

抽验检验方法又可以分为调整型与非调整型两大类。调整型是由几个不同的抽检方案与转移规则联系在一起，组成一个完整的抽检体系，然后根据各个批产品质量变化情况，按转移规则更换抽检方案即正常、加严或放宽抽检方案的转换，ISO 2859、ISO 3951和GB 2828标准都属于这种类型，调整型抽检方法适用于各个批质量有联系的连续批产品的质量检验。非调整型的单个抽样检查方案不考虑产品批的质量历史，使用中也没有转移规则，因此它比较容易为质检人员所掌握，但只对孤立批的质量检验较为适宜。无论哪种抽样方法，它们都具有以下三个共同的特点：①产品必须以"检查批"（简称"批"）形式出现，检查批分为连续批和孤立批，连续批是指一批与一产品批之间产品质量关系密切或连续生产并连续提交验收的批，否则就是孤立批；②抽样检验只是保证产品整体的质量，而不是保证每个产品的质量。检查批合格，不一定检查批中每个产品都合格，检查批不合格也不一定说明批中每个产品都不合格；③样本的不合格品率不等于提交检查批的不合格率。

6.1.2.2 按质量特性值划分

衡量产品质量的特征量称为产品的质量指标。质量指标可以按其测量特性分为计量指标和计数指标两类。计量指标是指如材料的纯度、加工件的尺寸、钢的化学成分、产品的寿命等定量数据指标。计数指标又可分为计件指标和计点指标两种，前者以不合格品的件数来衡量，后者则指产品中的缺陷数，如 $1m^2$ 布料上的外观疵点个数，一个铸件上的气泡和砂眼个数等。产品质量检验的抽样检查方法分成计数抽检和计量抽检方法两类。

① 计数抽检方法是从批量产品中抽取一定数量的样品（样本），检验该样本中每个样品的质量，确定其合格或不合格，然后统计合格品数，与规定的"合格判定数"比较，决定该批产品是否合格的方法。

② 计量抽检方法是从批量产品中抽取一定数量的样品数（样本），检验该样本中每个样品的质量，然后与规定的标准值或技术要求进行比较，以决定该批产品是否合格的方法。

有时，也可混合运用计数抽样检查方法和计量抽样检查方法。如选择产品某一个质量参数或较少的质量参数进行计量抽检，其余多数质量参数则实施计数抽检方法，以减少计算工作量，又能获取所需质量信息。

6.1.2.3 按检验性质划分

（1）理化检验

理化检验是指借助物理、化学的方法，使用某种测量工具或仪器设备，如千分尺、千分表、验规、显微镜等所进行的检验。理化检验通常能测得具体的数值，人为的误差小，因而有条件时，要尽可能采用理化检验。

（2）官能检验

官能检验是指根据人的感觉器官对产品的质量进行评价和判断。如对产品的形状、颜色、气味、伤痕、老化程度等，通常是依靠人的视觉、听觉、触觉和嗅觉等感觉器官进行检查，并且判断质量的好坏或产品是否合格。

6.1.2.4 按检验后检验对象的完整性划分

（1）破坏性检验

有时，某些产品的检验是破坏性的，产品被检查以后本身就不复存在或不能再使用了。如军工非电产品或某些产品的寿命试验、布匹或材料的强度试验等，都属于破坏性检验。这类检验只能采用抽样检验的方式，要想实现可靠性和经济性的统一，就要寻求既保证一定的可靠性又使检验数量最少的抽样方案，这也是优化抽样方案的目的。

（2）非破坏性检验

当成品（大型机器）很贵重，做破坏性检验显得太浪费，我们就会使用到非破坏性检验。它是指检验对象被检查以后仍然完整无缺，不影响其使用性能。随着现代科技的快速发展和无损检查的研究和应用，非破坏性检验的范围在不断扩大。

6.1.2.5 按检验的目的划分

（1）验收检查

验收检查的目的是判断被检验的产品是否合格，从而决定是否接收该件或该批产品。验收检查是广泛存在的方式，如原材料、外购件、外协件的进厂检验，半成品入库前的检验，产成品的出厂检验等都属于验收性检验。

（2）监控检查

监控检查的直接目的，不是为了判定被检验的产品是否合格，从而决定是接收或拒收一批产品，而是为了控制生产过程的状态，也就是要检定生产过程是否处于稳定的状态。所以这种检查也称作过程检查，其目的是预防大批不合格品的产生。如生产过程中的巡回抽检、使用控制图的定时抽检，都属于这类检验。其结果只是作为一个监控和反映生产过程状态的信号，以便决定是继续生产还是要对生产过程采取纠正调节的措施。

6.2 抽样检验

6.2.1 抽样检验的基本术语

抽样检验是指根据数理统计原理预先制定的抽样方案，从交验的一批产品中，随机抽取部分样品进行检验，根据样品的检验结果，按照规定的判断准则，判定整批产品是否合格，并决定是接收还是拒收该批产品，或采取其他处理方式。既然是以样本数据表征检验对象——一批产品的质量特征，那么就存在一定风险，合格批的产品不等于其中产品全部合格，不合格批的产品不等于其中产品全部不合格。在质量管理中往往需要解决的是如何确定和选取合适的抽样验收方案，以确保生产方和消费方的双方利益，为此首先明确一下抽样检验中的几个常用的术语。

6.2.1.1 单位产品和样本大小

单位产品是为了实施抽样检查而对产品划分的单位量。它是抽样检验的基本单位，如单件产品、一个部件、一定长度或一定重量的产品，它与采购、销售、生产和运输过程中的单位产品可以一致也可以不一致。不合格品的定义、批量的确定、不合格品率的计算都以单位产品为基础。

样本是由一个或多个单位产品构成的，通常将样本大小记作 n。

6.2.1.2 批和批量

批也指交验批。它是为实施抽样检查汇集起来的、在一致条件下生产的产品。所谓"一致条件"是指"稳定的生产过程、相同的生产条件和相近的生产时间"。

批量指交验批所包含的单位产品数量。在抽样检验中构成了"总体"，通常用字母 N 表示。批量小，可节约一些抽检费用，但是批量过小会影响抽检的代表性，而且一旦被拒收时其经济损失过大。

6.2.1.3 合格判定数

在抽样方案中，预先规定的判定批产品合格的样本中最大允许不合格数，记作 Ac 或 C。

6.2.1.4 不合格判定数

在抽样方案中，预先规定的判定批产品不合格的样本中最小不合格数，记作 Re。

6.2.1.5 不合格产品率

它是不合格产品数 D 占整个批量 N 的百分比，即

$$p = \frac{D}{N} = \frac{\text{批中不合格产品数}}{\text{批量}} \times 100\%$$

6.2.1.6 过程平均不合格品率

它指连续批产品的平均不合格品率,一般用各批的不合格品率的平均值表示。假设有 k 批产品,其批量分别为 $N_1, N_2, \cdots, N_k$,则过程平均不合格品率为

$$\bar{p} = \frac{\sum_{i=1}^{k} p_i}{k} = \frac{\sum_{i=1}^{k} D_i}{\sum_{i=1}^{k} N_i} \quad (k \geq 20)$$

在实际工作中,常以各批样本的平均不合格品率来代替上式,假设有 k 批产品,其批量分别为 $n_1, n_2, \cdots, n_k$,各批中相应的不合格品数为 $d_1, d_2, \cdots, d_k$,则过程平均不合格率为

$$\bar{p} = \frac{\sum_{i=1}^{k} p_i}{k} = \frac{\sum_{i=1}^{k} d_i}{\sum_{i=1}^{k} n_i} \tag{6-1}$$

式(6-1)中,k 取正整数。计算过程平均不合格品率是为了了解交验批产品的整体质量水平,这对设计合理的抽样方案、保证验收产品的质量以及保护生产方和消费方利益都是重要的。

6.2.1.7 合格质量水平

合格质量水平也称为可接收质量水平,是对连续交验批产品规定的可接收的过程平均不合格品率的上限值。它是生产方能够保证稳定达到的实际质量水平指标,也是消费方所能接受的产品质量水平。

6.2.1.8 批最大允许不合格品率

这是指用户能够接受的产品批的极限不合格品率值。该值的合理确定直接影响消费方的利益。

6.2.1.9 生产风险 α

生产方所承担的合格批被判为不合格批的风险,记作 α。

6.2.1.10 消费风险 β

消费方所承担的不合格批被判为合格批的风险,记作 β。

6.2.2 检验方案的种类

6.2.2.1 一次抽样方案

从批量为 N 的交验产品中只抽取一个样本 n 进行检验。如果 n 中不合格品数小于等于预先规定的一个合格判定数 C,即 $d \leq C$ 时判定批产品合格,予以接收;如果 $d > C$,则判定批产品不合格,予以拒收,其操作程序如图 6-1 所示。

【例 6-1】 当 $N=100$,$n=10$,$C=1$ 时,一次抽样方案表示为(100, 10, 1),其含义为从批量 100 件的交验产品中,随机抽取 10 件样本检验。如果发现这 10 件产品中有 2 件(包括 2 件)以上不合格品,则判定该产品不合格,予以拒收,其操作程序如图 6-2 所示。

6.2.2.2 二次抽样方案

从交验批中先后抽取两个样本,其抽样方案包括五个参数,即 $(N, n_1, n_2; C_1, C_2)$ 或 $(N, n_1, n_2; Ac_1, Re_1; Ac_2, Re_2)$,其中 n_1 表示抽取的第一个样本大小;n_2 表示抽取的第二个样本大小;C_1 表示抽取第一个样本时不合格判定数;C_2 表示抽取第二个

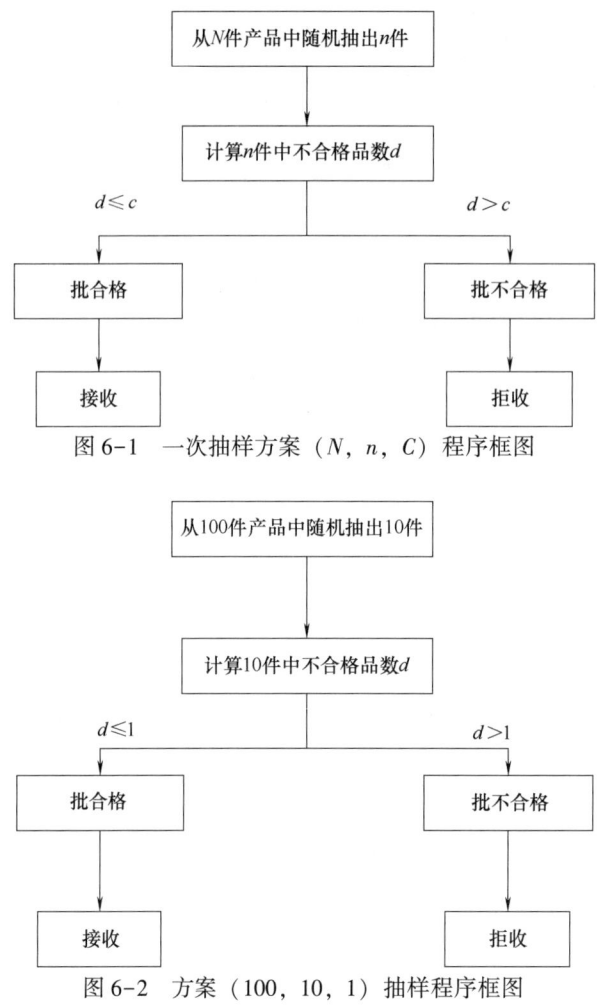

图 6-1 一次抽样方案（N，n，C）程序框图

图 6-2 方案（100，10，1）抽样程序框图

样本时不合格判定数，其操作程序如图 6-3 所示。

【例 6-2】 某企业生产的电器元件，有些性能测试成本较高，该厂和用户协商，为减少检查样本数量，采用二次抽样方案（2500,80,80；2,5；6,7）。已知批量 $N = 2500$，产品合格质量水平 $AQL=1.5\%$，其操作程序如图 6-4 所示。

6.2.2.3 多次抽样方案

需要经过三次以上的抽样与判断才能定出批质量是否合格的抽查方案称为多次抽样方案。表 6-1 是一个五次抽样方案，其操作程序如图 6-5 所示。

表 6-1　　　　　　　　　　五次抽样方案表

样本编号 i	样本大小 n_i	$\sum_i n_i$	接收数 C_i	拒收数 R_i
1	20	20	*	2
2	20	40	0	3
3	20	60	1	3
4	20	80	2	4
5	20	100	3	4

注：* 表示该方案不允许抽查第一个样本之后做出接收的决定。

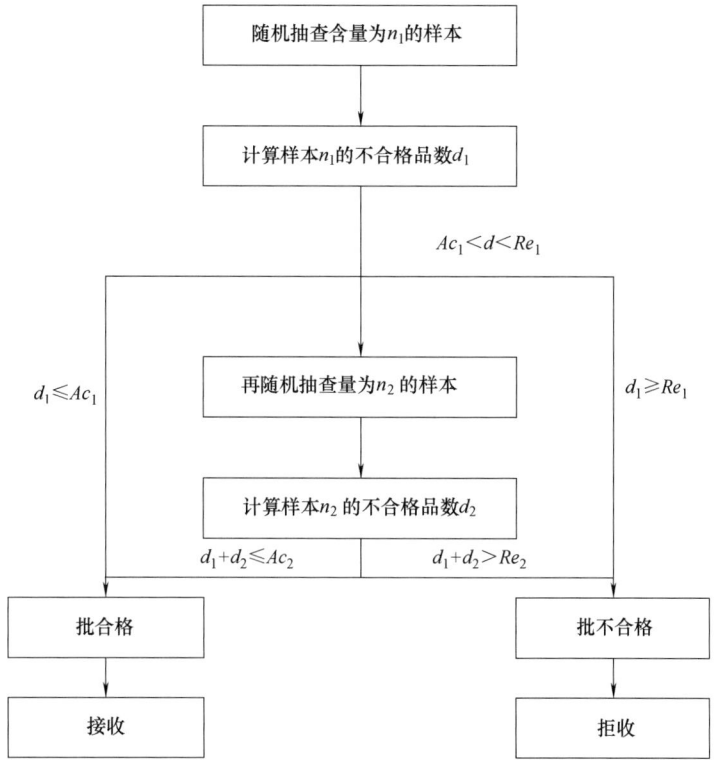

图 6-3　二次抽样方案程序框图

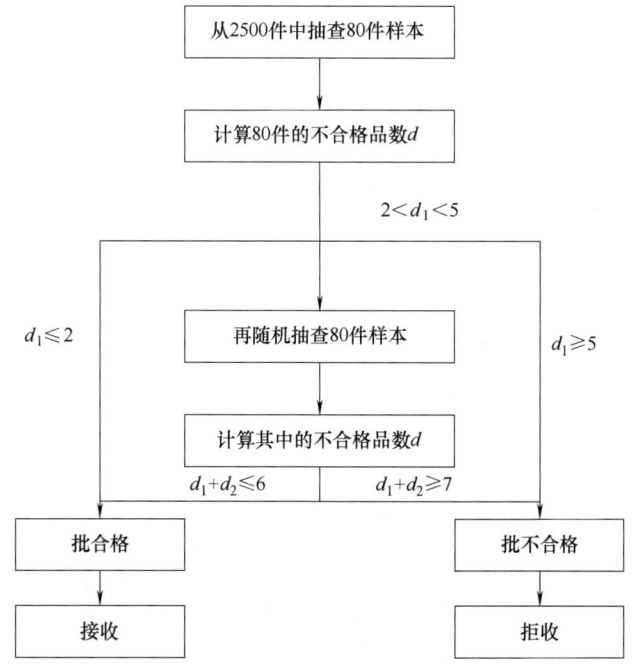

图 6-4　抽样方案（2500，80，80；2，5；6，7）程序框图

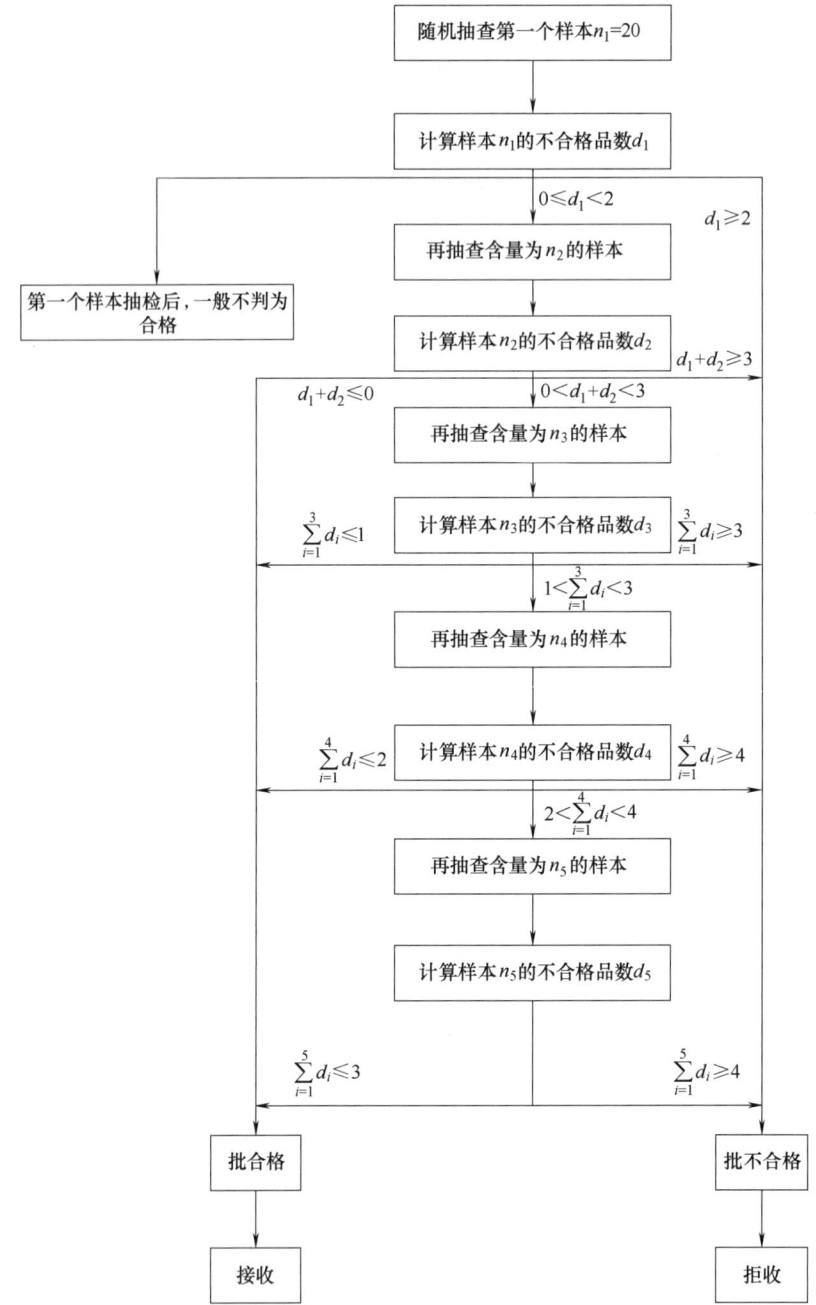

图 6-5　五次抽样方案程序框图

6.3　计数抽样检验

计数抽样检验是指在判断批产品是否可接收时，只利用样本中不合格品数目或者缺陷数目的抽检方法。该方法计算工作量少，检验管理也比较简单，而且能把产品多种质量特性作为整体规定为一个质量标准。

6.3.1 统计分析

6.3.1.1 接收概率 $L(p)$

设产品的批量为 N，不合格品率为 P，一次抽样方案 (N,n,C)，则称随机事件"$d \leq C$"的概率为接收概率，记作 $L(p)$，即

$$L(p) = P\{d \leq C\}$$

6.3.1.2 接收概率的计算

设产品的批量为 N，不合格品率为 p，则该批产品中的不合格品数 $D = N \cdot p$。现从 N 件中任取 n 件，其中恰好有 d 件不合格品的概率为

$$\frac{C_D^d \cdot C_{N-D}^{n-d}}{C_N^n}, \quad d = 0,1,2,\cdots,\min(D,n)$$

上式称为超几何分布，若合格判定数为 C，则接收概率 $L(p)$ 为

$$L(p) = \sum_{d=0}^{C} \frac{C_D^d \cdot C_{N-D}^{n-d}}{C_N^n} \tag{6-2}$$

当 N 很大，$\frac{n}{N} < 0.1$ 时，超几何分布可用二项分布 $B(d;n,p)$ 近似。当 $n \leq D$ 时，有

$$L(p) = \sum_{d=0}^{C} C_n^d p^d (1-p)^{n-d} \tag{6-3}$$

其中，$p = \frac{D}{N}$。当 $n > D$ 时，有

$$L(p) = \sum_{d=0}^{C} C_n^d f^d (1-f)^{D-d} \tag{6-4}$$

其中，$f = \frac{n}{N}$。

当 N 很大，$\frac{n}{N} < 0.1$ 且 $p < 0.1$ 时，超几何分布可用泊松分布 $p(d;\lambda)$ 近似，即

$$L(p) = \sum_{d=0}^{C} \frac{\lambda^d}{d!} e^{-\lambda} \tag{6-5}$$

其中，$\lambda = n \cdot p$。

【例 6-3】 设批量 $N = 100$，不合格品率 $p = 0.02$，采用抽样方案 $(N,n,C) = (100, 10, 0)$，求接收概率。

解 用超几何分布计算接收概率 $L(p)$

$$L(p) = \sum_{d=0}^{C} \frac{C_D^d \cdot C_{N-D}^{n-d}}{C_N^n} = \frac{C_2^0 C_{98}^{10}}{C_{100}^{10}} = \frac{90 \times 89}{100 \times 99} = 0.8091$$

【例 6-4】 设批量 $N = 1000$，不合格品率 $p = 0.04$，采用抽样方案 $(N,n,C) = (1000, 30, 1)$，求接收概率。

解 $\frac{n}{N} = \frac{30}{100} = 0.03 < 0.1$，$D = N \cdot p = 100 \times 0.04 = 40$

（1）用二项分布计算

$$L(p) = \sum_{d=0}^{C} C_n^d p^d (1-p)^{n-d} = 0.96^{30} + C_{30}^1 \times 0.04 \times 0.96^{29} = 0.6612$$

（2）用泊松分布计算，$\lambda = np = 30 \times 0.04 = 1.2$

$$L(p) = \sum_{d=0}^{C} \frac{\lambda^d}{d!} e^{-\lambda} = e^{-1.2} + 1.2 e^{-1.2} = 0.6626$$

6.3.2 抽样方案的特性曲线——OC 曲线

对于具有不同的不合格率 p_i 的交验批产品，采用抽样方案 (N, n, C) 都可以画出一条曲线，这条曲线可以表示这一抽样方案的操作特性，简称 OC 曲线（operation characteristic curve）。

对于给定抽样方案，OC 曲线是唯一确定的。OC 曲线的变化依赖三个参数：批量大小 N，样本大小 n，合格判定数 C，三个参数有任何一个改变时，OC 曲线的形状也随之改变，方案的性能也发生变化。

6.3.2.1 当样本大小 n 和合格判定数 C 一定时，批量 N 对 OC 曲线的影响

如图 6-6 所示，三条 OC 曲线代表三个单次抽样方案 (N, n, C)。它们尽管是三个不同的抽样方案，但其 OC 曲线十分接近。这说明批量 N 的大小对 OC 曲线的影响很小。因此，常常只用 (n, C) 两个参数来表示一个单次抽样方案。事实上，如果将单次抽样方案 $(\infty, 90, 0)$ 的 OC 曲线绘在图 6-6 中，会发现尽管 $N = \infty$，但该抽样方案的 OC 曲线与抽样方案 $(900, 90, 0)$ 的 OC 曲线几乎重合。

6.3.2.2 当批量 N 和样本大小 n 一定时，合格判定数 C 对 OC 曲线的影响

如图 6-7 所示，用实线表示的三条 OC 曲线代表三个不同的单次抽样方案 (N, n, C)。随着 C 的变化，OC 曲线在水平位置和曲线倾斜率两方面都发生了变化。当 C 变小时，OC 曲线左移，而且曲线变陡，这说明抽样方案的性能发生了变化。对于同一批交验产品，其不合格率为 p，不合格判定数 C 越小的方案，其接收概率也越低，说明抽样方案变得严格了。具体方案严格的程度和合理性，应该从实际出发，根据用户的质量要求和生产者的平均质量水平，对不同的抽样方案的 OC 曲线进行比较分析，确定合理的样本大小 n 和合格判定数 C。另一方面，随 C 的变大，接收概率在同一 p 水平也增大，说明抽样方案变宽

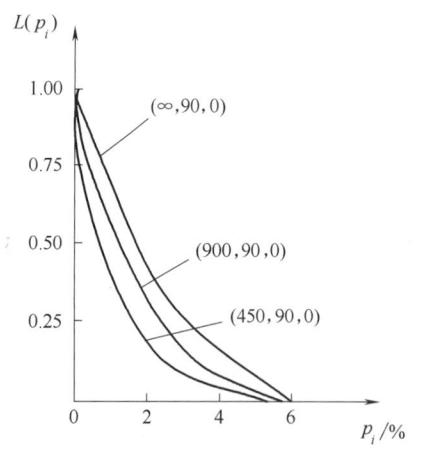

图 6-6 n 和 C 固定，N 对 OC 曲线的影响

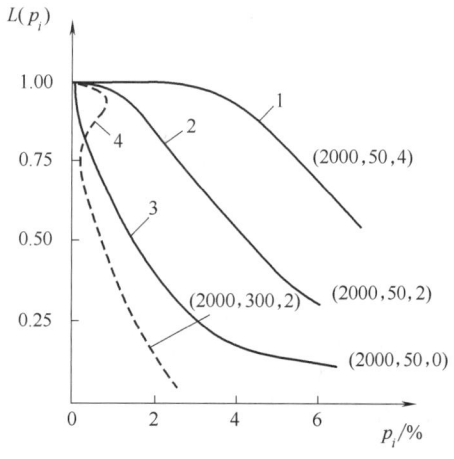

图 6-7 N 和 n 固定，C 对 OC 曲线的影响

松了。现将图6-7中虚线表示的OC曲线4和OC曲线2作一比较，显然，OC曲线4所代表的单次抽样方案比OC曲线2所代表的单次抽样方案严格得多，上述两个方案的 N 和 C 相同，但 n 不同，说明样本大小 n 越大，方案越严格，这一点在感性上也是容易理解的，因为 n 最大可以取到 n 趋近于 N，此时相当于全检了，检验比例越大，越容易发现不合格品，方案也就变得严格了。

6.3.2.3 当批量 N 和合格判定数 C 一定时，样本大小 n 对OC曲线的影响

如图6-8所示，代表三个单次抽样方案 (N,n,C)。随着 n 变大，OC曲线变陡，抽样方案变严格了。反之，随着 n 变小，OC曲线倾斜度逐渐变缓，方案变宽松。

例如，当 $p=0.02$ 时，方案1、方案2和方案3的接收概率相差悬殊，利用式(6-5)计算的结果见表6-2。

当 $p=0.02$ 时，样本大小 n 从250减少到25，则接收概率从0.041增大到0.910，可见，对 $p=0.02$ 的同一批交验产品，由于采用样本大小不同的两个抽样方案，其接收概率却差0.869，这是特别应该引起注意的。由此，我们可以通过样本大小 n 的变化研究采用合理的验收抽样方案。

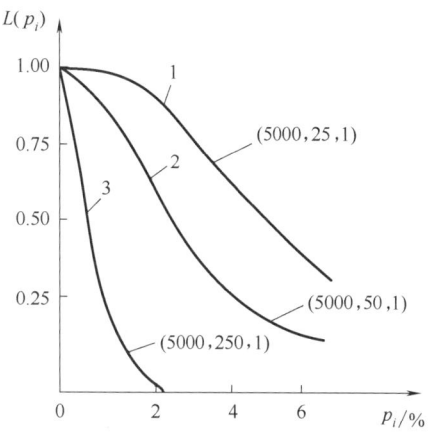

图6-8　N 和 C 固定，n 对OC曲线的影响

表6-2　　　　　　　　　不同抽样方案的接收概率

p_i	C	np_i	$L(p_i)$
0.02	1	25×0.02=0.5	0.910
0.02	1	50×0.02=1.0	0.736
0.02	1	250×0.02=5.0	0.041

6.3.3　生产方风险和消费方风险

6.3.3.1　理想的OC曲线

抽样方案总是涉及消费者和生产者双方的利益，对生产者来说，希望达到用户质量要求的产品批能够高概率被接收，特别要防止优质的产品批被错判拒收；而对消费者来说，则希望尽量避免或减少接收质量差的产品批，一旦产品批质量不合格，应以高概率拒收。假设用户认为可接收质量水平（AQL）为1.5%，那么，理想的OC曲线应该是当产品批的不合格率 $p≤1.5\%$ 时，对交验的产品批100%接收，而当批不合格率 $p>1.5\%$ 时，对交验的产品批100%拒收，即：若 $p≤1.5\%$，则 $L(p_i)=1$；若 $p>1.5\%$，则 $L(p)=0$。这种垂直线型OC曲线只有在全数检验情况下才能得到，所以，也称为理想的OC曲线。但如前所述，全数检验往往是不现实或没有必要的，那么，抽样检验就成为必然。尽管全数检验的OC曲线是不现实的，但它为我们寻找现实、合理的OC曲线指出了方向，那就是遵循消费者和生产者的利益平衡原则。

6.3.3.2 现实的 OC 曲线

根据概率论与数理统计原理所设计的验收抽样方案，其主要特点之一就是它的风险性。由于是用样本推断总体，当然难免犯小概率错误，推断中四种可能判断如表 6-3 所示，所以就引起了产生风险的可能性。如前所述，其风险可分为生产方风险和消费方风险两类。

表 6-3　　　　　　　　　抽样检查四种可能判断（一次抽样）

批的真实质量	抽样数据	判断	评价
$p \leqslant p_0$	$d \leqslant A_c$	接收该批	正确
$p \leqslant p_0$	$d > A_c$	拒收该批	犯第一类错误
$p > p_0$	$d \leqslant A_c$	接收该批	犯第二类错误
$p > p_0$	$d > A_c$	拒收该批	正确

（1）生产方风险

它是指因采用验收抽样方案使生产方承担将合格批产品错判为不合格而拒收的风险。生产方风险概率 α（犯第一类错误概率）一般在 0.01~0.10 取值，实际中常取 $\alpha=0.05$，其含义是如果供需双方认可，那么在 100 批合格的交验产品中，生产方要承担的风险是平均有 5 批被错判为不合格而拒收，这是一个统计概念。

（2）消费方风险

它是指在抽样验收时，使消费方承担将不合格批产品错判为合格批产品而接收的风险，一般消费方风险概率（犯第二类错误概率）常取 $\beta=0.10$，其含义是如果供需双方认可，那么在 100 批不合格的交验产品中，消费方要承担的风险是平均有 10 批被错判为合格而接收。

如图 6-9 所示，是一个 $N=4000$，$n=300$，$C=4$ 的抽样方案的 OC 曲线，其中包含了四个重要参数，即：$\alpha=0.05$，$\beta=0.10$，$AQL=0.7\%$，$LTPD=2.6\%$。由此可作如下分析：

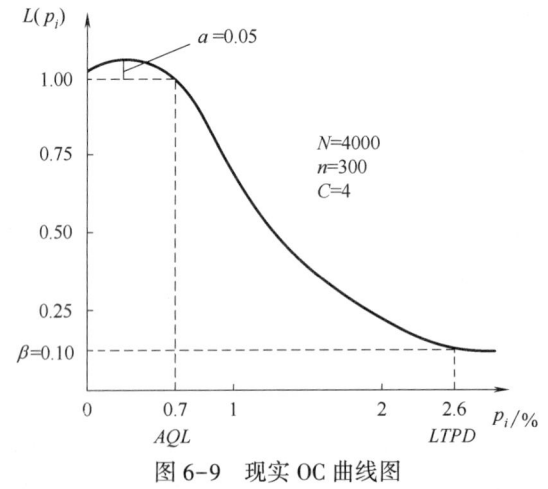

图 6-9　现实 OC 曲线图

当 $p_i < 0.7\%$ 时，$L(p_i) > 0.95$；

当 $p_i > 0.7\%$ 时，$L(p_i)$ 急剧减小；

当 $p_i>2.6\%$ 时，$L(p_i)<0.1$。

在实际中，AQL 通常代表了生产方和消费方协商后共同认可的批产品不合格品率，也是在正常情况下生产方能够达到的过程平均不合格品率，它代表了生产方的平均质量水平。因此，AQL 成为抽样方案的重要参数，这个思路的一般性描述为：

当 $p_i<AQL$ 时，$L(p_i)>1-\alpha$；

当 $p_i>AQL$ 时，$L(p_i)<1-\alpha$。

批最大允许不合格品率（LTPD）代表了消费方能够接收的批不合格品率的极限。因此，LTPD 也成为抽样方案的重要参数，这个思路的一般性描述为：

当 $p_i>LTPD$ 时，$L(p_i)<\beta$。

总之，AQL 和 LTPD 是验收抽样检查理论中的两个重要概念，也是设计抽样方案的重要参数，它们代表了抽样方案的特性，也代表了消费方和生产方双方的利益。

6.3.4 百分比抽样的不合理性

所谓百分比抽样，就是不论批量大小如何，都按相同的百分比从批中抽取样本，且合格判定数相同。百分比抽样貌似公正合理，实际上是很不科学的抽样方法。下面的例子将使我们看得更加清楚。设产品批量分别为：$N_1=1000$，$N_2=2000$，$N_3=4000$。按百分比抽样，抽取 0.5% 的样本，合格判定数 $C=0$，由此得三种不同的抽样方案：（5，0）；（10，0）；（20，0）。为直观起见，将三种方案的接收概率列出，如表 6-4 所示。

表 6-4　　　　　　　　　三种抽样方案的接收概率表

(n, C)	L(p)							p
	0.01	0.02	0.05	0.10	0.15	0.20	0.25	
(5, 0)	0.951	0.904	0.774	0.590	0.444	0.328	0.237	
(10, 0)	0.904	0.817	0.599	0.349	0.197	0.107	0.056	
(20, 0)	0.818	0.668	0.358	0.122	0.039	0.102	0.003	

由表 6-4 不难看出，采用百分比抽样，当批质量相同时，其接收概率有很大差异，这种差异表明，百分比抽样将造成对大批过严，对小批过宽。正是由于这点，使得生产方乐于以小批交付验收。从接收概率的计算公式看，当 N 很大，$p<0.10$ 时，批量 N 的大小对接收概率的影响甚微，但样本大小 n 对接收概率的影响较大。所以，百分比抽样在理论上是没有科学依据的。

6.4　计数抽样方案设计

6.4.1　标准型抽样方案

标准型抽样方案是指所选定的抽样方案能同时满足生产方和消费方的质量保证要求，一般不需要抽样的历史资料，因此，此方案适用于孤立批产品的检验。当给定接收上限 $AQL=p_0$，拒收下限 $LTPD=p_1$，以及生产方风险 α、消费方风险 β，对产品批的不合格品率

p,标准型抽样方案指优质产品批满足 $p \leq p_0$ 时,以不低于 $1-\alpha$ 的概率接收;劣质产品批满足 $p \geq p_1$ 时,以不超过 β 的概率接收。对于待定的合格判定数 C,和样本中的不合格品数 d,为设计抽样方案 (n, c),选择 (α, p_0),(β, p_1) 两点,构建以下方程。

$$\begin{cases} L(p_0) = 1 - \alpha \\ L(p_1) = \beta \end{cases} \tag{6-6}$$

若样本中的合格品数的概率服从泊松分布,则上述式(6-6)为

$$\begin{cases} \sum_{d=0}^{C} \dfrac{(np_0)^d}{d!} e^{-np_0} = 1 - \alpha \\ \sum_{d=0}^{C} \dfrac{(np_1)^d}{d!} e^{-np_1} = \beta \end{cases} \tag{6-7}$$

式中,p_0、p_1、α、β 为预先给定的已知数,由两个方程可以得到唯一确定的 n 和 C 值。

为应用方便,本节提供标准型抽样方案查表方式。

当 $\alpha=0.05$,$\beta=0.10$ 时,对任意给定的一对 p_0 和 p_1,利用国家标准 GB/T 13262—2008 设计的《不合格品率的计数标准型一次抽样检查程序及抽样表》,可以查到满足式 6-7 的 n 和 C 值,于是得到所需要的抽样方案 (n, C)。

【例 6-5】 已知 $p_0=0.095\%$,$\alpha=0.05$;$p_1=0.95\%$,$\beta=0.10$,试求一次抽样方案。

解 查国家标准 GB/T 13262—2008,由 $p_0=0.095\%$ 行和 $p_1=0.95\%$ 列相交,其交点为 (395, 1),即抽样方案:

$$\begin{cases} n = 395 \\ C = 1 \end{cases}$$

6.4.2 挑选型抽样方案

挑选型抽样检查是以不合格品率表示产品批的质量,用预先规定的抽样方案对产品批进行检查,合格的批直接被接收,不合格的批需要经过全数检查将其中的不合格产品换成合格产品后再被接收。显然,该种抽样检查不适用于不能全部检查的场合,大都应用于下述非破坏性场合:①连续生产的产品一批接一批入库时;②各工序间的半成品交接时;③向指定消费方连续供货时。

制定挑选型抽样方案的准则是:控制消费方风险 β,使平均检查件数最少;或者控制检后平均不合格品率 AOQL,使平均检验件数最少。对于一次计数挑选型抽样方案,制定挑选型抽样方案[道奇-罗米格(Dodge-Roming)抽样方案]的过程如下。

6.4.2.1 确定平均检验件数

设有一批产品,其批量为 N。假定此种产品的过程平均不合格品率为 $\bar{p}$,则产品总体不合格品率 $\bar{p}$ 的公式为

$$\bar{p} = \frac{d_1 + d_2 + \cdots + d_k}{n_1 + n_2 + \cdots + n_k} \quad (k \geq 20) \tag{6-8}$$

其中,n_i 为第 i 批产品的样本大小;d_i 为第 i 批样本中的不合格品数,$i=1, 2, \cdots, k$。不妨将 $\bar{p}$ 看作此种产品总体的不合格品率,从每批产品中抽取的样本都可看作此产品总体中的样本,再将此产品总体看作是无限的。如果采用一次抽样方案 (n, C),则接收

概率为

$$L(\bar{p}) = P \ (d \leq C)$$

其中，d 为 n 个样本中不合格品总数，拒收概率为 $1-L(\bar{p})$。

按照均值的概念，挑选型一次抽样方案的平均检验件数为

$$\bar{I} = n\sum_{d=0}^{C} B(d;n,\bar{p}) + N[1 - \sum_{d=0}^{C} B(d;n,\bar{p})]$$

$$= n + (N-n)[1 - \sum_{d=0}^{C} B(d;n,\bar{p})]$$

当 n 较大，$\dfrac{n}{N} \leq 0.10$，$\bar{p} \leq 0.10$ 时，上式可用泊松分布形式表示为

$$\bar{I} = n + (N-n)[1 - \sum_{d=0}^{c} P(d;n\bar{p})] \tag{6-9}$$

6.4.2.2 一次极限质量抽样方案的确定方法

规定一个极限不合格品率 p_i。当 n 较大，$\dfrac{n}{N} \leq 0.10$，$\bar{p} \leq 0.10$ 时，有

$$L(p_i) = \sum_{d=0}^{C} P(d;np_i) \tag{6-10}$$

挑选型一次极限质量抽样方案的准则，就是在 $L(p_i) = 0.10$ 的条件下，对任意给定的 N 和 $\bar{p}$，求 C 与 n 的值，使得式（6-8）给出的 $\bar{I}$ 值最小。为说明道奇-罗米格的一次极限质量抽样表，请看下例。

【例 6-6】 已知 $N=1000$，$p_i = 5\%$，$\bar{p} = 0.5\%$，$L(p_i) = 0.10$，求 n 与 C 的值，并使平均检验件数 $\bar{I}$ 最小。

解 由 $L(p_i) = 0.10$ 得

$$\sum_{d=0}^{C} \frac{\lambda^d}{d!} e^{-\lambda} = 0.10$$

上式中，当 C 给定时，可求出对应的 λ，且 $\lambda = np_i$，由 np_i/p_i 求出 n 值，见表 6-5。

表 6-5　　　　　　　　　　挑选型抽样方案的抽样数量

C	np_i	$n = np_i/p_i$
0	2.3	46
1	3.9	78
2	5.3	106
3	5.7	114
4	8.0	160
5	9.2	184

比较表 6-5 中六对 (n, C) 决定的平均检验件数 $\bar{I}$，见表 6-6。

表 6-6　　　　　　　　　　挑选型抽样方案的平均检验件数

C	n	$\overline{np}$	$L(\bar{p})$	$1-L(\bar{p})$	$\bar{I}$
0	46	0.23	0.80	0.20	237
1	78	0.39	0.94	0.06	133
2	106	0.53	0.98	0.02	124
3	114	0.57	0.995	0.005	138
4	160	0.80	0.998	0.002	162
5	184	0.92	0.9995	0.0005	184

由表 6-6 可知，使平均检验件数最小的方案是 $n=106$，$C=2$。

6.4.3　调整型抽样方案

6.4.3.1　抽样方案的设计

调整型抽样方案指对于一系列的连续批产品，根据对样本的检验结果，按照抽样程度的规定，从一个抽样方案转移到另一个严格程度不同的抽样方案，具体的抽样方案加转移规则，构成了调整型抽样方案的抽样计划。显然该方案适用于连续批的检验。

制定调整型抽样方案的准则：控制生产方风险，并通过抽样方案严格程度的调整，保证产品使用质量。一般情况采用正常抽样方案，若批质量显著变好，可以采用放宽抽样方案；若批质量变坏，则采用加严抽样方案。

我国标准化工作者参照国际标准 ISO 2859，制定了我国的抽样标准 GB/T 2828.1—2003。它适用于连续批的计数抽样逐批检查，是以合格质量水平（AQL 值）为质量指标的抽样标准，其设计过程如下。

（1）确定合格质量水平（AQL 值）

确定合格质量水平（AQL 值）是调整型抽检方案的基本参数，也是选择方案时依据的质量标准。合格质量水平是指在抽样检验中，供需双方共同认为满意的判定批合格或不合格的过程平均不合格品率［式（6-1）］的上限值。

确定 AQL 值一般采用以下几种方法。

① 按用户要求的产品质量决定 AQL 值。当用户根据使用要求和经济条件，提出必须保证的质量水平（不合格品率或百单位缺陷数）时，则应将其质量要求定为 AQL 值。若提供的产品质量低劣，为达到用户要求的质量水平，交货时，对不合格批往往要进行全数检验，因而应注意检验时间和成本。

② 根据缺陷级别决定 AQL 值。按照致命缺陷、重缺陷、轻缺陷或致命不合格品、重不合格品和轻不合格品，分别规定 AQL 值。越是重要的检验项目，验收后的不合格品所造成的损失越大，AQL 值应更严格。

③ 考虑检验项目数的多少决定 AQL。若同检验项目有多个，如缺陷检验项目有 3 个，则 AQL 值可取得稍大一些。

④ 依据过程平均来确定 AQL 值。此种方法，多用于单一品种大批量生产，且已掌握

大量质量情报的场合。

⑤ 与供应商协商确定 AQL 值。为使用户要求的质量与供应商的生产能力协调，供、购双方可直接协商确定 AQL 值。由于是协商确定的，既可使 AQL 值确定得合理，又可减少双方的纠纷。此法多用于新产品检验等质量情报少的场合。

(2) 确定抽检水平

抽检水平用来反映批量与样本量之间关系的等级。GB/T 2828.1—2003 标准中规定检查水平有 7 级：一般检查水平Ⅰ、Ⅱ、Ⅲ三级和特殊检查水平 S-1、S-2、S-3、S-4 四级。一般检查水平Ⅱ是标准检验水平，无特殊要求时采用水平Ⅱ。而四种特殊检查水平适用于破坏性检验或检验费用高的情况，由于抽取样本大小比较小，又称小样本检验。

在三个一般检查水平中，当批量给定后，样本大小随检查水平而变化。水平Ⅱ需要抽取样本大小比水平Ⅰ大；而水平Ⅲ又比水平Ⅱ大。一般地，检查水平Ⅰ、Ⅱ、Ⅲ样本大小的比例为 0.4:1:1.6。选择抽检水平时，一般应考虑下列因素：产品的复杂程度与价格、检验费用、是不是破坏性检查、保证 AQL 的重要性、生产的稳定性、批产品之间质量差异程度及批内产品质量波动的大小等。

(3) 宽严程度的转换规则

宽严程度的转换规则是判断批质量变化以及确定方案宽严程度的尺度，有以下规则。

① 从正常检查转换为加严检查。一般首批检查从正常检查开始。当进行正常检查时，只要初次检查（即第一次提交检查，而不是不合格批经过返修或挑选后再次提交检查）连续 5 批或不到 5 批中有两批不合格，从下一批开始转为加严检查。

② 从加严检查转换为正常检查。进行加严检查时，若连续 5 批合格，则从第 6 批恢复正常检查。

③ 从正常检查转换为放宽检查。下列条件同时满足，方可转入放宽检查：a. 连续 10 批（不包括再次提交检验批）正常检查合格；b. 连续的 10 批中抽取的样本，其中不合格品总数（或缺陷总数）是在放宽检查界限以下；c. 生产稳定；d. 检查员或主管者认为可以转入放宽检查。

④ 从放宽检查转换为正常检查。出现下列任何一种情况，都应从下一批开始将放宽检查转换为正常检查：a. 一批产品不合格；b. 生产不稳定或生产中断；c. 检查员或主管者认为有必要恢复正常检查。

⑤ 暂停检查。自加严检查开始，连续 10 批均停留在加严检查时，原则上应暂停检查，待生产方采取了改进产品质量的措施后，才能恢复加严检查。

综上所述，放宽检查是非强制性的，即使生产方提供的产品非常好，如果不经检查员许可，仍然不能采用放宽检查。但是，由正常检查转为加严检查，却是带有强制性的，这是调整型抽样体系的重要原则。

6.4.3.2 抽样方案的确定

按照以上调整型抽样方案的设计过程，计数调整型一次、二次和七次抽样方案的确定过程如下。

① 读取样本字码。根据产品的批量 N 和检查水平，从 GB/T 2828.1—2003《样本大小字码表》中（表 6-7）读取字码，找到批量大小所在的行及指定检查水平所在的列，从相交栏可得样本大小的字码。

表 6-7　　　　　　　　　　　　样本大小字码表

批量 N 范围	特殊检查水平				一般检查水平		
	S-1	S-2	S-3	S-4	Ⅰ	Ⅱ	Ⅲ
1~8	A	A	A	A	A	A	A
9~15	A	A	A	A	A	A	B
16~25	A	A	A	A	A	B	C
26~50	A	A	B	B	B	C	D
51~90	A	B	B	C	C	D	E
91~150	B	B	C	C	C	E	E
151~280	B	C	D	E	E	G	H
281~500	B	C	D	F	F	H	J
501~1200	C	C	E	G	G	J	K
1201~3200	C	D	E	H	H	K	L
3201~10000	C	D	F	J	J	L	M
10001~35000	C	D	F	K	K	M	N
35001~150000	D	E	G	L	L	N	P
150001~500000	D	E	G	M	M	P	Q
≥500001	D	E	H	N	N	Q	R

② 选用确定的抽样方案。根据样本大小字码、合格质量水平（AQL 值抽样方案的形式以及宽严程度，在本书表 6-8~表 6-11 中选取）。

③ 查表确定抽样方案。在所选用的抽样方案表中，根据得到的样本大小字码水平，向右，在样本大小栏内读出样本大小 n，再从这一字码所在行和所指定的 AQL 值所在列的相交栏，读出合格判定数 Ac 和不合格判定数 Re，得到抽样方案（n；Ac，Re）。

如果相交栏是箭头，则沿箭头方向，读出箭头所指的第一个合格判定数 Ac 和不合格判定数 Re，然后，由此判定数组所在行向左，在"样本大小"栏读出相应的样本大小 n。

如果按上述查表方法，对不同类别的不合格品和不同类别的缺陷，得到不同的样本大小时，可以采用样本大小的最大者所对应的抽样方案。

【例 6-7】　某机械零件的出厂检验中采用 GB/T 2828.1—2003，规定 $AQL=1.0\%$，一般检查水平 IL=Ⅱ，求 $N=2000$ 时，正常检查一次抽样方案。

解　（1）从表 6-7 查 $N=2000$ 所在行，与 IL=Ⅱ 所在列的相交处，读出样本大小字码 K；

（2）在表 6-8 中，由样本大小字码 K 所在行，与 $AQL=1.0\%$ 所在列的相交处，读出判定数组 [3，4]；同时，在样本大小栏内读出 $n=125$。

所求的正常检查一次抽样方案为 [125；3，4]。

【例 6-8】　某电子元件的验收检验中采用 GB/T 2828.1—2003，规定 $AQL=0.65\%$，

一般检查水平 IL=I，求 N=1000 时，加严检查一次抽样方案。

解 （1）由表 6-7 读出样本大小字码为 G；

（2）在表 6-9 中，由样本大小 G 所在行，与 AQL=0.65% 所在列的相交处，读出 [ ]，这表明应使用箭头上的第一个方案 [32；0，1]，应当注意，在订货方同意的情况下，可以使用判定数组为 [1，2] 的一次抽样方案代替判定数组为 [0，1] 的方案。在本例中，若需要将判定数组 [0，1] 的一次方案改为判定数组 [1，2] 的一次方案，则可用加严检查一次抽样方案 [125；1，2]。

【例 6-9】 已知 AQL=4.0%，一般检查水平 IL=Ⅱ，求 N=3000 放宽检查一次抽样方案。如放宽检查不合格，再求相应的特宽检查一次抽样方案。

解 （1）由表 6-7 查得样本大小字码为 K；

（2）在表 6-10 中，查得的判定数组 [5，6]，对应的样本大小 $n=50$，故求出抽样方案为 [50；5，6]。如果放宽检查不合格，则相应的特宽检查一次抽样方案（表 6-11），抽样方案为 [50；7，8]。

表 6-8　　　　　　　　　GB/T 2828.1—2003 一次正常抽样方案

样本大小字码	样本大小	合格质量水平(AQL)																			
		0.010		0.015		0.025		0.040		0.065		0.10		0.15		0.25		0.40		0.65	
		Ac	Re	Ac	Re	Ac	Re	Ac	Re	Ac	Re	Ac	Re	Ac	Re	Ac	Re	Ac	Re	Ac	Re
A	2																				
B	3																				
C	5																				
D	8																				
E	13																				
F	20																			0	1
G	32																	0	1	↑	
H	50															0	1	↑		↓	
J	80													0	1	↑		↓		1	2
K	125											0	1	↑		↓		1	2	2	3
L	200									0	1	↑		↓		1	2	2	3	3	4
M	315							0	1	↑		↓		1	2	2	3	3	4	5	6
N	500					0	1	↑		↓		1	2	2	3	3	4	5	6	7	8
P	800			0	1	↑		↓		1	2	2	3	3	4	5	6	7	8	10	11
Q	1250	0	1			↓		1	2	2	3	3	4	5	6	7	8	10	11	14	15
R	2000	↑		↑		1	2	2	3	3	4	5	6	7	8	10	11	14	15	21	22

续表

样本大小字码	样本大小	合格质量水平（AQL）											
		1.0	1.5	2.5	4.0	5.5	10	15	25	40	65	100	⋯
		Ac Re	Ac Re	Ac Re	Ac Re	Ac Re	Ac Re	Ac Re	Ac Re	Ac Re	Ac Re	Ac Re	⋯
A	2	↓	↓	↓	↓	0　1	↓	↓	1　2	2　3	3　4	5　6	
B	3	↓	↓	↓	0　1	↑	↓	1　2	2　3	3　4	5　6	7　8	
C	5	↓	↓	0　1	↑	↓	1　2	2　3	3　4	5　6	7　8	10　11	
D	8	↓	0　1	↑	↓	1　2	2　3	3　4	5　6	7　8	10　11	14　15	
E	13	0　1	↑	↓	1　2	2　3	3　4	5　6	7　8	10　11	14　15	21　22	
F	20	↑	↓	1　2	2　3	3　4	5　6	7　8	10　11	14　15	21　22	↑	
G	32	↓	1　2	2　3	3　4	5　6	7　8	10　11	14　15	21　22	↑		
H	50	1　2	2　3	3　4	5　6	7　8	10　11	14　15	21　22				
J	80	2　3	3　4	5　6	7　8	10　11	14　15	21　22					
K	125	3　4	5　6	7　8	10　11	14　15	21　22						
L	200	5　6	7　8	10　11	14　15	21　22							
M	315	7　8	10　11	14　15	21　22								
N	500	10　11	14　15	21　22									
P	800	14　15	21　22										
Q	1250	21　22	↑										
R	2000	↑											

表 6-9　　GB/T 2828.1—2003 一次加严检查抽样方案

样本大小字码	样本大小	合格质量水平（AQL）									
		0.010	0.015	0.025	0.040	0.065	0.10	0.15	0.25	0.40	0.65
		Ac Re	Ac Re	Ac Re	Ac Re	Ac Re	Ac Re	Ac Re	Ac Re	Ac Re	Ac Re
A	2										
B	3										
C	5										
D	8										
E	13										
F	20										↓
G	32									↓	0　1
H	50								↓	0　1	↓
J	80							↓	0　1	↓	
K	125						↓	0　1	↓	1　2	
L	200					↓	0　1	↓	1　2	2　3	
M	315				↓	0　1	↓	1　2	2　3	3　4	
N	500			↓	0　1	↓	1　2	2　3	3　4	5　6	
P	800		↓	0　1	↓	1　2	2　3	3　4	5　6	8　9	
Q	1250	↓	0　1	↓	1　2	2　3	3　4	5　6	8　9	12　13	
R	2000	0　1	↓	1　2	2　3	3　4	5　6	8　9	12　13	18　19	
S	3150	↑	1　2	↑	↑	↑	↑	↑	↑	↑	

续表

样本大小字码	样本大小	合格质量水平(AQL)																			
		1.0		1.5		2.5		4.0		5.5		10		15		25		40		65		100
		Ac	Re	Ac	Re	Ac	Re	Ac	Re	Ac	Re	Ac	Re	Ac	Re	Ac	Re	Ac	Re	Ac	Re
A	2	↓		↓		↓		↓		↓		↓		↓		1	2	2	3	3	4
B	3							0	1			↓		1	2	2	3	3	4	5	6
C	5					0	1			↓		1	2	2	3	3	4	5	6	8	9
D	8					0	1			1	2	2	3	3	4	5	6	8	9	12	13
E	13	↓		0	1			↓		1	2	2	3	3	4	5	6	8	9	12	13	18	19
F	20	0	1			↓		1	2	2	3	3	4	5	6	8	9	12	13	18	19	↑	
G	32			↓		1	2	2	3	3	4	5	6	8	9	12	13	18	19	↑	
H	50	↓		1	2	2	3	3	4	5	6	8	9	12	13	18	19	↑	
J	80	1	2	2	3	3	4	5	6	8	9	12	13	18	19	↑	
K	125	2	3	3	4	5	6	8	9	12	13	18	19	↑	
L	200	3	4	5	6	8	9	12	13	18	19	↑	
M	315	5	6	8	9	12	13	18	19	↑	
N	500	8	9	12	13	18	19	↑	
P	800	12	13	18	19	↑	
Q	1250	18	19	↑	
R	2000	↑	
S	3150		

表 6-10　　　　　GB/T 2828.1—2003 一次放宽检查抽样方案

样本大小字码	样本大小	合格质量水平(AQL)																			
		0.010		0.015		0.025		0.040		0.065		0.10		0.15		0.25		0.40		0.65	
		Ac	Re	Ac	Re	Ac	Re	Ac	Re	Ac	Re	Ac	Re	Ac	Re	Ac	Re	Ac	Re	Ac	Re
A	2																				
B	2																				
C	2																				
D	3																				
E	5																				
F	8																	↓		0	1
G	13															↓		0	1	↑	
H	20													↓		0	1	↑		↓	
J	32											↓		0	1	↑		↓		0	1
K	50									↓		0	1	↑		↓		0	1	1	2
L	80							↓		0	1	↑		↓		0	1	1	2	1	2
M	125					↓		0	1	↑		↓		0	1	1	2	1	2	2	3
N	200			↓		0	1	↑		↓		0	1	1	2	1	2	2	3	3	4
P	315	↓		0	1	↑		↓		0	1	1	2	1	2	2	3	3	4	5	6
Q	500	0	1	↑		↓		0	1	1	2	1	2	2	3	3	4	5	6	7	8
R	800	↑				0	1	1	2	1	2	2	3	3	4	5	6	7	8	10	11

续表

样本大小字码	样本大小	合格质量水平(AQL)											
		1.0	1.5	2.5	4.0	5.5	10	15	25	40	65	100	...
		Ac Re	Ac Re	Ac Re	Ac Re	Ac Re	Ac Re	Ac Re	Ac Re	Ac Re	Ac Re	Ac Re	...
A	2	↓	↓	↓	↓	0 1		↓	1 2	2 3	3 4	5 6	
B	2		↓	↓	0 1	↑	↓	0 1	1 2	2 3	3 4	5 6	
C	2		↓	0 1	↑	↓	0 1	1 2	1 2	2 3	3 4	5 6	
D	3	↓	0 1	↑	↓	0 1	1 2	1 2	2 3	3 4	5 6	7 8	
E	5	0 1	↑	↓	0 1	1 2	1 2	2 3	3 4	5 6	7 8	10 11	
F	8	↑	↓	0 1	1 2	1 2	2 3	3 4	5 6	7 8	10 11	↑	
G	13	↓	0 1	1 2	1 2	2 3	3 4	5 6	7 8	10 11	↑		
H	20	0 1	1 2	1 2	2 3	3 4	5 6	7 8	10 11	↑			
J	32	1 2	1 2	2 3	3 4	5 6	7 8	10 11	↑				
K	50	1 2	2 3	3 4	5 6	7 8	10 11	↑					
L	80	2 3	3 4	5 6	7 8	10 11	↑						
M	125	3 4	5 6	7 8	10 11	↑							
N	200	5 6	7 8	10 11	↑								
P	315	7 8	10 11	↑									
Q	500	10 11	↑										
R	800	↑											

表 6-11　GB/T 2828.1—2003 一次特宽检查抽样方案

样本大小字码	样本大小	合格质量水平(AQL)									
		0.010	0.015	0.025	0.040	0.065	0.10	0.15	0.25	0.40	0.65
		Ac Re	Ac Re	Ac Re	Ac Re	Ac Re	Ac Re	Ac Re	Ac Re	Ac Re	Ac Re
A	2										
B	2										
C	2										
D	3										
E	5										↓
F	8									↓	0 1
G	13								↓	0 1	↑
H	20							↓	0 1	↑	↓
J	32						↓	0 1	↑	↓	1 2
K	50					↓	0 1	↑	↓	1 2	2 3
L	80				↓	0 1	↑	↓	1 2	2 3	3 4
M	125			↓	0 1	↑	↓	1 2	2 3	3 4	4 5
N	200		↓	0 1	↑	↓	1 2	2 3	3 4	4 5	5 6
P	315	↓	0 1	↑	↓	1 2	2 3	3 4	4 5	5 6	7 8
Q	500	0 1	↑	↓	1 2	2 3	3 4	4 5	5 6	7 8	9 10
R	800	↑		1 2	2 3	3 4	4 5	5 6	7 8	9 10	12 13

6 质量检验

续表

样本大小字码	样本大小	合格质量水平(AQL)																				
		1.0		1.5		2.5		4.0		5.5		10		15		25		40		65		100
		Ac	Re	Ac	Re	Ac	Re	Ac	Re	Ac	Re	Ac	Re	Ac	Re	Ac	Re	Ac	Re	Ac	Re	Ac Re
A	2	↓		↓						0	1	↓				3	4	4	5	5	6	7 8
B	2							0	1	↑				2	3	3	4	4	5	5	6	7 8
C	2			↓		0	1	↑		↓		1	2	2	3	3	4	4	5	5	6	7 8
D	3	↓		0	1	↑		↓		1	2	2	3	3	4	4	5	5	6	7	8	9 10
E	5	0	1	↑		↓		1	2	2	3	3	4	4	5	5	6	7	8	9	10	12 13
F	8	↑		↓		1	2	2	3	3	4	4	5	5	6	7	8	9	10	12	13	↑
G	13	↓		1	2	2	3	3	4	4	5	5	6	7	8	9	10	12	13	↑		
H	20	1	2	2	3	3	4	4	5	5	6	7	8	9	10	12	13	↑				
J	32	2	3	3	4	4	5	5	6	7	8	9	10	12	13	↑						
K	50	3	4	4	5	5	6	7	8	9	10	12	13	↑								
L	80	4	5	5	6	7	8	9	10	12	13	↑										
M	125	5	6	7	8	9	10	12	13	↑												
N	200	7	8	9	10	12	13	↑														
P	315	9	10	12	13	↑																
Q	500	12	13	↑																		
R	800	↑																				

7 质量成本管理

7.1 质量成本

7.1.1 质量成本的基本概念和发展过程

当谈到质量成本时，通常指的是企业或组织为确保产品或服务质量而投入的资源和费用。质量成本包括在生产过程中直接与产品或服务质量相关的费用（包括预防和鉴定质量等问题所需的费用），以及间接因低质量而导致的额外开支（包括由于质量问题而引起的补救措施成本）。质量成本管理的目标是确保产品或服务符合特定的质量标准，以满足客户的需求和期望，并减少因质量问题而造成的损失。

不同时期学者对质量成本的理解也有所不同。质量管理的先驱之一——日本的石川馨（Kaoru Ishikawa）在20世纪50年代末提出了质量控制圈（QC circle）的概念，强调员工参与质量管理的重要性。在他的观点中，质量成本不仅包括检验和维护成本，还包括预防和改进成本。他认为通过培训员工，建立质量控制小组以及改进生产过程，企业可以降低质量成本，提高产品质量。

到了20世纪70年代，质量成本的研究进一步深化。学者费根鲍姆（Armand V. Feigenbaum, 1961）提出了"全面质量控制"（total quality control, TQC）的概念，将质量的管理范围从仅仅关注产品质量扩展到整个组织。他还指出质量成本不仅是与产品质量相关的费用，还包括了与质量规划、质量控制、质量改进等方面相关的成本。学者菲利普·克劳士比（Philip B. Crosby, 1962）提出了"零缺陷"（zero defects）的理念，他认为质量成本可以通过完全消除缺陷和错误而降低。他强调预防成本的重要性，主张通过强调责任和零缺陷的目标来实现质量的提升。此外，他还强调质量成本不仅仅是直接可见的费用，也包括了隐藏的成本，如客户不满、信誉损失等。

进入21世纪，质量成本的理解与实践持续发展。学者们意识到质量成本不仅是企业内部的问题，还与供应链的各个环节紧密相关。因此，现代学者开始强调供应链质量管理和合作伙伴之间的协调。另外，随着数字化和信息技术的快速发展，学者们还开始探讨如何利用数据分析和智能技术来降低质量成本、提高质量效率。总体而言，不同时期的学者对质量成本的理解在强调要素、范围和实施方法上存在不同。然而，他们的共同目标是通过降低质量成本，提高产品和服务的质量，从而使企业在市场竞争中取得优势。质量成本的概念和实践持续演变，始终是质量管理和业务运营中重要的研究领域。

质量成本测量是一种关键的管理工具，用于评估和分析企业在质量管理方面的投入和产出。通过量化不同类型的质量成本，企业可以更好地了解质量管理对业务的影响，并采取针对性的措施来改进产品或服务的质量。以下是质量成本测量的主要用途。

① 决策支持。质量成本测量可以提供给组织决策者关于质量管理投资的重要信息。
② 持续改进。质量成本测量可以为持续改进提供指导。
③ 绩效评估。质量成本测量是评估质量管理绩效的一种方法。
④ 沟通和报告。质量成本测量结果可以作为一种有效的沟通工具,用于向内部和外部利益相关者报告组织的质量管理情况。
⑤ 竞争优势。优秀的质量管理和有效的质量成本控制可以帮助企业建立竞争优势。
⑥ 符合标准。在某些行业,对质量管理的要求可能受到法律法规或行业标准的约束。

7.1.2 质量成本的分类

7.1.2.1 预防成本

预防成本是为了预防质量问题而进行的花费,以确保通过采取预防措施来减少缺陷的发生率。预防成本包括质量管理过程的执行和维持、培训员工、开发质量管理系统、制定标准操作程序、执行供应商审核、对消除缺陷与损失来源的根本原因进行分析等。

7.1.2.2 检查成本

检查成本是用于检查、评估和检测产品或服务质量的费用。检查成本旨在及早发现潜在的质量问题,以便及时采取纠正措施。这些成本可能包括检验及测试产品、质量审查、设备校准、执行质量审计和监控等。

7.1.2.3 内部故障成本

内部故障成本是由于在生产过程中发现的质量问题而导致的花费,其涉及不合格品的处理、返工、废品处理、生产停工等。

7.1.2.4 外部故障成本

外部故障成本是由于产品或服务在交付给客户后出现质量问题而导致的成本。外部故障成本可能包括退货、保修、客户投诉处理、声誉损失等。

对质量成本进行分类可以帮助组织更好地了解和管理质量成本,以在实践中提高产品或服务的质量水平。上述四类质量成本的详细项目名称、内容及费用支出范围如表7-1所示。

表7-1 质量成本项目内容费用支出范围

类别	成本项目	内容	费用支出范围
预防成本	质量培训	为提升员工在质量管理方面的知识、技能和意识而进行的培训,目的是确保员工能够在工作中达到或超越预定的质量要求	场地费用 授课人员工资 有关书籍、学习资料、文具的费用
	质量管理活动	为确保产品、服务或流程达到既定的质量标准和客户需求所举办的活动,目的是确保组织能够持续提供高质量的产品和服务,满足客户的期望	举办各类活动的实际费用 活动工作人员工资 质量管理部门的办公费

续表

类别	成本项目	内容	费用支出范围
预防成本	质量改进	质量改进旨在持续对产品、服务进行识别、分析和消除问题、缺陷和不足,以提高其质量水平和绩效	相关设备购置费用 科研创新研究费用 购买竞争产品进行比较分析的费用 进行改进措施的实施费用 检测手段的改进费用
预防成本	质量审核	质量审核旨在审查和评估本部门的产品质量和质量管理体系,以确保其符合既定的质量标准、法规、合规要求和内部政策	评审前期准备的资料费、办公费及相关费用 进行评审所需支付的费用
预防成本	供应商选择、评估及管理	供应商选择、评估及管理旨在选择合适的供应商、持续评估其绩效,并有效地管理与供应商的合作关系,确保产品和服务的质量、可靠性和可持续性	相关工作的会务费 第三方评估费
预防成本	其他费用	实际操作中除上述项目外的支出	—
鉴定成本	原料检验	为防止不合格的原料进入生产流程,而对所采购的原材料、零部件或其他输入物品进行的检验和测试	原料进行检验的费用 工作人员的工资 检验过程所需的场地费及相关费用
鉴定成本	生产过程的质量检验	为确保产品在每个生产阶段都保持一致的质量水平,减少不合格品率,而在产品制造过程中进行的一系列检查和测试	生产线检查工作人员工资
鉴定成本	产成品质量检验	对最终成品进行的一系列检查、测试和评估,旨在确认产品是否符合预定的质量标准、规范和客户要求(包括破坏样品、可靠性试验、现场安装试验)	损耗的物料费用 相关工作人员的工资
鉴定成本	检测设备的维修费、校准费和折旧费	维修费、校准费和折旧费都是检测设备使用周期中产生的费用	相关工作人员工资 设备折旧费、维护费、校准费、修理费
鉴定成本	市场抽查费用	市场抽查费用是企业为了监督市场上的产品质量、合规性以及市场反馈而进行的一系列活动所产生的费用	工作人员工资及差旅费
鉴定成本	委托检测费用	委托检测费用是指企业将其产品或材料送交给专业检测机构或实验室进行测试、检验、分析或评估所产生的费用	委托检测的费用 委托检测过程中损耗的物料费用 检测产品的物流费用
鉴定成本	认证费用	认证费用是指企业为了获得特定认证、标准或资格而支付的费用	申请工作中产生的费用 定期的认证费 工作过程中产生的办公费用
鉴定成本	其他费用	实际操作中除上述项目外的支出	—

续表

类别	成本项目	内容	费用支出范围
内部损失成本	报废损失	报废损失指企业因为产品、原材料、设备或其他资产不符合质量标准、无法修复或不再有用而遭受的经济损失	产品报废损失 原材料报废损失 设备报废损失 过期库存报废损失
	返修	返修是将已经生产或销售出去的产品,因为质量问题、性能不符合要求等原因,被退回生产线进行修复和返工的过程	修理所需的物料费 返修工人工资
	停工时间损失	停工时间损失是指在生产过程中,由于机器、设备故障、维护、技术问题或其他突发事件导致生产线或工作流程暂时中断,从而造成生产线停止运行的损失	停工期间 设备紧急维修成本 订单延误造成的损失 额外的员工工资
	其他费用	实际操作中除上述项目外的支出(包括降级使用损失、故障分析损失等)	—
外部损失成本	退货损失费	退货损失费是指企业因为客户对产品不满意或产品质量问题等原因,需要接受客户退回的产品,并因此产生的经济损失	产品包装损失费 产品运输损失费
	索赔费用	索赔费用是指企业因为产品或服务质量问题,客户或相关方提出的索赔要求而需要支付的费用	赔偿金 律师费用或诉讼费用
	折价损失	折价损失是指企业为了促销、清仓或处理质量未达标或滞销产品而在售价上降低的金额,从而导致销售收入减少的经济损失	销售差价损失
	逾期交货赔偿	逾期交货赔偿是指供应商未按照合同约定的交货日期将产品或货物按时交付给买方,从而导致买方提出的索赔要求所产生的费用	滞纳金 额外补偿费用 律师费用或诉讼费用
	其他费用	实际操作中除上述项目外的支出(包括派往各地区志愿服务的损失、因售后原因导致公司信用受损造成后续问题所产生的费用等)	—

7.2 质量成本分析

7.2.1 质量成本分析的内容

质量成本分析是质量成本管理的重点环节之一。通过质量成本核算的数据,量化分析质量管理过程中预防、评估和故障成本的各个方面，找出质量存在的问题和管理上的薄弱环节，以帮助企业更好地理解质量问题的经济后果，并制定相应的改进策略。

7.2.1.1 质量成本总额分析

质量成本总额分析是对组织在特定时期内所投入的所有质量成本进行综合分析和评估的过程。主要是比较选定时期各类质量成本总额与上期质量成本总额，以衡量质量问题对组织的经济影响，并提供对质量管理的综合评估以及发展趋势。

7.2.1.2 质量结构比例分析

分别计算内部损失成本、外部损失成本、鉴定成本以及预防成本各自在总质量成本中所占的比例。这些质量成本项目的比例分析可以更深入地了解组织质量问题的经济影响以及得到质量管理的综合评估，以便进一步提升产品或服务质量的水平。

7.2.1.3 质量成本与比较基数的比较分析

将质量成本与事先设定的比较基数进行对比和分析。例如将预防成本总额与利润收入总额比较，计算百元利润收入预防成本率，其反映了产品预防成本投入对企业利润收入的影响程度。此外，在实际情况中，可以按照分析对象的不同对质量成本项目以及基数进行选择。

7.2.2 质量成本分析方法

7.2.2.1 指标分析法

指标分析法是一种基于各种指标数据进行定量分析的方法，用于评估和分析特定领域或对象的性能、效果和影响。该方法通过对指标数据的收集、整理和分析，揭示出问题的关键因素、趋势和潜在机会，从而为决策和改进提供科学依据。

(1) 价值指标

质量成本价值指标是用于衡量和评估质量管理活动对企业价值创造影响的量化指标。这些指标一般包括质量成本总额、预防成本、鉴定成本、内部损失成本或外部损失成本（以及上述四项目的子项目），目的是帮助企业理解质量管理投资和实践对经济绩效、客户满意度、声誉和市场份额等方面的影响。质量成本价值指标帮助企业更好地理解质量投资的回报，并支持决策制定。

(2) 目标指标

质量成本目标指标是将质量成本总额或其包含项目报告期相较于基期的变化值或增减率，用于衡量企业在质量管理领域中成本目标的量化标准。这些指标帮助企业明确质量成本的控制和优化目标，以及在质量管理方面取得可持续改进的进程。质量目标指标包括以下几个。

$$质量成本总额减少量 = 基期质量成本总额 - 报告期质量成本总额$$
$$预防成本减少量 = 基期预防成本 - 报告期预防成本$$
$$鉴定成本减少量 = 基期鉴定成本 - 报告期鉴定成本$$
$$内部损失成本减少量 = 基期内部损失成本 - 报告期内部损失成本$$
$$外部损失成本减少量 = 基期外部损失成本 - 报告期外部损失成本$$
$$内外部损失成本减少量 = 基期内外部损失成本 - 报告期内外部损失成本$$

(3) 基数比例指标

反映质量成本占各种基数的比例关系，其基数主要有总产值、产品销售收入、产品销售利润、产品总成本等。

  百元产值质量成本＝质量成本总额/总产值
  百元销售收入质量成本＝质量成本总额/产品销售收入
  百元利润质量成本＝质量成本总额/产品销售利润
  百元利润内部损失成本＝内部损失成本/产品销售利润
  百元销售收入外部损失成本＝外部损失成本/产品销售收入
  百元总成本损失成本＝内外部损失成本/产品总成本

（4）结构指标

结构指标是指预防成本、鉴定成本、内部损失成本或外部损失成本四个项目在质量总成本的占比。目的是帮助企业了解不同类型的质量成本在整体质量管理中的比例，从而更好地了解质量管理活动的焦点和效果。

7.2.2.2 质量成本特性曲线

质量成本特性曲线（quality cost curve）是一种呈现质量成本中四大项目费用数量与产品质量水平关系的图形工具，有助于组织决策者在质量成本管理中找到质量成本曲线的最低点，以实现质量管理的经济效益最大化。

在传统的质量成本特性曲线中，质量成本存在一个最优点，该点的质量水平不能过高也不能过低，要想质量成本最低企业需要接受一个不合格率，显然这与如今的零缺陷生产相悖。

新的质量成本特性曲线如图 7-1 所示，随着质量水平提高，从 4σ 水平提升至 6σ 水平的过程中，损失成本不断降低，同时鉴定成本和预防成本曲线在不断下移（σ 值越高差错率越低），进而各个水平的最优总成本（两曲线交点处）也呈下降趋势。从新的质量成本特性曲线可以得出：质量的提高有利于降低成本。这是因为产品的高质量可以减少返工的费用来节约成本，以及吸引订货商和投资方，这有利于企业分摊部分成本。

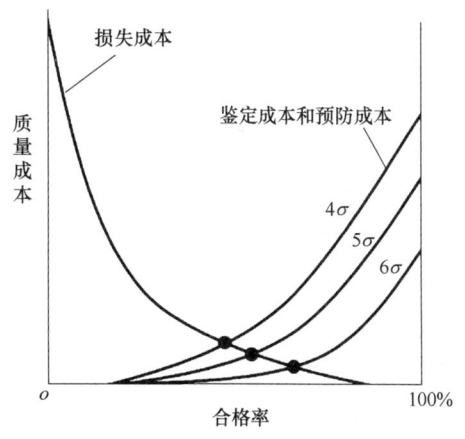

图 7-1 新的质量成本特性曲线

7.2.2.3 质量成本趋势分析

质量成本趋势分析是指通过跟踪和分析质量成本在一定期限内的变化趋势，以评估和改进产品或服务的质量表现的一种方法。例如一年里各月间的变动趋势或 5 年内各年间的变动趋势。

8 可靠性研究

8.1 可靠性概述

8.1.1 可靠性发展概述

可靠性理论是一门跨学科领域，涉及基础科学、技术科学和管理科学的许多领域，专注于研究和提高系统、产品和服务的可靠性。它的发展历史可以追溯到 20 世纪初，以下是可靠性学科发展的一些关键历史阶段。

（1）20 世纪初至 20 世纪中期

可靠性的概念最早源自工业革命和军事应用。在工业生产和军事操作中，出现不可靠的机械设备和武器会导致严重的问题。这期间，人们开始重视制造工艺的控制、材料的质量和设备的可靠性。

（2）1939—1945 年

第二次世界大战期间，军事需求迫使可靠性工程得到更多的关注。军方在飞机、坦克、通信设备等领域实施了可靠性工程原则，以提高军事设备的可靠性和耐用性。

（3）20 世纪中期

20 世纪中期，质量控制和质量管理成了制造业中的主要关注领域。质量控制方法，如质量统计和质量管理体系，逐渐在工业中推广，以确保产品的可靠性和一致性。

（4）20 世纪中期—至今

航空航天工业一直是可靠性工程的重要领域。在这个领域，可靠性工程原则得到广泛应用，以确保飞行器的安全和可靠性。

（5）20 世纪中后期

20 世纪中后期，可靠性工程逐渐发展为独立学科，包括了更广泛的应用领域，如电子、计算机、医疗设备、汽车工业和能源系统。这一时期，出现了可靠性工程的专业组织和学术期刊。

（6）21 世纪

随着计算机技术和数据分析方法的发展，现代可靠性工程更加依赖于数据驱动的方法。大数据分析、机器学习和人工智能等技术用于预测和改进系统的可靠性。

总的来说，可靠性学科的发展历史与工业、军事、航空航天等领域的需求和技术进步密切相关。它已经成为确保各种系统和产品在其寿命内可靠运行的关键学科，为提高安全性、降低成本、提高质量和满足客户需求提供了重要工具和方法。

8.1.2 可靠性的定义

8.1.2.1 狭义定义

GB/T 2900.13—2008 将可靠性定义为：产品在规定的条件下和规定的时间内完成规定功能的能力。由此可见，可靠性有以下基本要素。

（1）规定的时间

"规定的时间"是指产品完成规定功能的预计时间，一般是指"任务时间"。可靠性涉及的时间是广义的，一般指时间，也可以是与时间相当的工作次数（如舰炮的发射次数）、距离（如汽车的里程数）等。由于可靠性是反映产品的性能在实际使用过程中的"保持性"，因此，时间因素是可靠性概念的首要问题，"规定的时间"是可靠性定义的核心。

（2）规定的条件

"规定的条件"是指预先规定的产品应经受的全部作用条件，包括操作条件、环境条件、维护条件、使用条件等。操作条件涉及系统或产品在正常操作时的运行参数，例如电压、电流、负载、速度、压力等。系统必须在这些操作条件下能够稳定执行其功能。环境条件包括温度、湿度、振动、气压等，这些条件会对系统或产品的性能和可靠性产生影响。系统必须能够在这些环境条件下运行而不失效。维护条件指定了系统或产品所需的维护和保养程序，包括定期检查、清洁、更换零部件等。它们有助于保持系统的可靠性。使用条件指定了系统或产品的实际用途和方式，以及用户的操作行为，这包括使用的频率、负载情况、停机时间等。

规定的条件是可靠性评估的基础，例如，实验室条件与现场使用条件就不一样，它们的可靠性有时可能相近，有时会相差几倍至几十倍，所以不在规定的条件下谈论可靠性，就失去比较产品质量的前提。

（3）规定的功能

"规定的功能"是指在特定操作条件下，系统、产品或服务被设计和预期执行的特定任务或功能。这些规定的功能是由系统或产品的设计者或制造者明确定义的，它们构成了系统或产品的核心目标和期望的性能特征。

例如，对于一台计算机，规定的功能可能包括执行特定的计算任务、运行特定的操作系统和软件应用程序，以及提供特定的性能水平，如处理速度、存储容量等；对于一辆汽车，规定的功能可能包括提供安全的交通工具、运行在特定速度范围内、提供舒适的乘坐体验以及满足排放标准等；对于一台医疗设备，规定的功能可能包括准确测量生理参数、进行特定类型的诊断或治疗、确保患者安全等。

（4）能力

"能力"是指产品在规定条件、规定时间的制约下，达到规定功能的可能性的大小。可用可靠度（R）或平均故障间隔时间（$MTBF$）等指标定量地描述产品可靠性的程度，作为提高产品可靠性及比较同类产品可靠性的依据。由于产品在工作中发生故障带有偶然性，所以在可靠性定义中的"能力"就具有统计学意义。例如，产品在规定的时间内和规定的条件下，平均无故障时间越长，其可靠性也就越高。由于可靠性研究的产品的广泛性和多样性，故度量产品可靠性"能力"亦具有多样性。因此，"能力"通常指各种可靠性指标，常用的指标有"可靠度""平均寿命""失效率"等，这些指标构成了可靠性的基本概念。

由上可见，可靠性就是在上述三个规定下，研究产品发生失效的统计规律性，从而为排除故障，提高可靠性提供数量上的依据。

8.1.2.2 广义可靠性

广义可靠性是指"产品在规定条件下，在整个寿命周期内完成规定功能的可能性"。广义可靠性包括了狭义可靠性，还包括了产品进行维修时，保持或恢复其性能的可能性（概率），即产品的"维修性"。

8.1.3 可靠性研究的内容

可靠性研究涉及的学科体系是一个综合性的体系，包括多个学科领域，这些学科共同协作以评估和改进系统、产品或服务的可靠性。以下是涉及的主要学科领域和它们在可靠性研究中的角色。

8.1.3.1 可靠性数学

可靠性数学提供了建模、仿真和优化的数学工具，以评估系统的可靠性性能。概率论、统计学、数值分析和数学建模在可靠性研究中发挥着重要作用。

8.1.3.2 可靠性物理

可靠性物理又称为失效物理，研究失效的物理原因、数学物理模型、检测方法以及纠正措施，是将可靠性工程从数理统计发展到以理化分析为基础的失效分析方法。该方法探索产品不可靠的机理，从本质上研究产品不可靠的因素，为研制、生成高可靠性产品提供科学的依据。

8.1.3.3 可靠性工程

可靠性工程是一个跨学科领域，旨在确保系统、产品或服务在其整个生命周期内保持可靠性，以满足性能要求并减少失效风险，它包括对零件、部件和系统等产品的可靠性数据的收集与分析，可靠性设计、预测、分配、管理、控制和评价。

数据是可靠性设计和可靠性研究的基础。因此，应重视收集与交换现场使用的数据和试验数据。许多国家建有各种数据库，可进行全国性的数据收集与交换。因为在整个可靠性工程中，都是通过可靠性数据和信息反馈来改进产品可靠性的。

可靠性设计是可靠性工程的一个重要分支，因为产品的可靠性在很大程度上取决于设计的正确性。在可靠性设计中要规定可靠性和维修性的指标，并使其达到最优。

可靠性预测是可靠性设计的重要内容之一，它是一种预报方法，在设计阶段即从所得的失效率数据预报零部件和系统实际可能达到的可靠度。预报这些零件、部件和系统在规定的条件下和规定的时间内完成规定功能的概率。在设计的初期，完成可靠性预测工作，可以了解该设备中各零件、部件之间可靠度的相互关系，找出提高整个设备可靠度的有效途径。

可靠性分配也称可靠性优化设计，是可靠性设计的另一重要内容。可靠性分配是指将一个系统或产品的可靠性要求分配给组成系统的各个组件或子系统的过程。这是为了确保整个系统满足其可靠性目标，在可靠性分配中，可靠性目标根据系统的功能、设计和性能要求分配给不同的部分，以确保整个系统在其整个生命周期内能够达到可接受的可靠性水平。在可靠性设计中采用最优化方法进行系统的可靠性分配，是当前可靠性研究的重要方向之一。

8.1.4 可靠性研究的重要性及意义

8.1.4.1 可靠性研究的重要性
随着科学技术的发展，可靠性工作日益重要，这是由于以下五点原因。

(1) 日益复杂的技术系统

现代技术系统变得越来越复杂，包括航空航天、汽车、电子设备、通信系统、医疗设备等。这些系统的性能和可靠性要求非常高，因此需要更多的可靠性研究来确保其正常运行。

(2) 安全性要求

随着人们对安全性的关注增加，可靠性研究变得更为重要。可靠性工程可以帮助降低系统的故障率，减少事故和灾害的风险，从而提高安全性。

(3) 生产效率和成本效益

可靠性研究有助于降低系统的维护成本、减少停机时间和提高生产效率。这对于制造业和服务行业来说是经济效益的关键因素。

(4) 竞争压力

市场竞争激烈，消费者对产品的质量和性能要求越来越高。通过提供可靠的产品和服务，企业可以获得竞争优势，并提高客户满意度。

(5) 互联网和大数据

互联网和大数据技术使得组织能够更轻松地收集、存储和分析大量的数据。这为可靠性研究提供了更多的数据和分析工具，从而加强了可靠性分析和预测的能力。

总之，可靠性研究在现代社会中愈发重要，因为它有助于确保系统和产品在复杂和竞争激烈的环境中能够满足高要求的性能、安全性和可靠性标准。这有助于提高生产效率、降低成本、提高安全性、增加环境可持续性，并提供创新的机会。

8.1.4.2 可靠性研究的意义
可靠性研究具有重要的意义，它对各个领域的工程、科学和技术应用产生积极影响，具体意义包括以下几点。

(1) 产品质量和性能提升

可靠性研究有助于提高产品的质量和性能，减少产品缺陷和故障率。这有助于满足客户的需求和提高客户满意度。

(2) 安全性改善

通过减少系统和产品的故障概率，可靠性研究有助于提高安全性，降低事故和灾害的风险。这对于关键基础设施、医疗设备和交通系统等领域尤为重要。

(3) 经济效益

可靠性研究有助于降低维护成本、减少停机时间和提高生产效率。这有助于降低成本，提高竞争力，增加盈利能力。

(4) 安全和国防

在军事和国防领域，可靠性研究对于确保军事装备和武器系统的可靠运行至关重要，以维护国家安全。

(5) 飞行安全

航空航天领域的可靠性研究对于确保飞行器的安全性和可用性至关重要，以防止飞行事故。

（6）医疗保健

医疗设备的可靠性研究对于确保医疗设备在医疗保健领域的可靠运行非常重要，以确保患者安全和治疗效果。

总之，可靠性研究的意义在于提高产品质量、提高安全性、提高经济效益、促进环境可持续性、鼓励创新和确保国家安全。这是现代工程、科学和技术应用不可或缺的一部分，对社会的各个方面都产生着积极影响。

8.2 可靠性特征量

描述产品可靠性的指标称为可靠性的特征量，特征量可以是定量的也可以是定性的。可靠性的数值指标就是可靠性的尺度。有了统一的可靠性尺度或评价产品可靠性的数值指标，就可在设计产品时计算和预测其可靠性，用实验方法来考核和评定其可靠性。

常用的可靠性尺度有：可靠度、失效率、平均寿命、寿命方差和寿命标准差，可靠寿命、中位寿命及特征寿命，有效寿命与更换寿命等可靠性寿命尺度，维修度、平均修理时间、修复率、有效度和重要度等指标。

8.2.1 可靠性的概率度量

可靠性是产品在给定的时间内，在预期的应用中完成规定功能的能力。产品丧失规定功能称为"失效"或发生"故障"。虽然"失效"是指不可修产品丧失规定功能，而"故障"是指可修产品，但实际问题中往往难以明确加以区分，故将"失效"和"故障"看作同义词。

8.2.1.1 可靠度

产品的寿命与其需要完成的功能有关，当产品因失效（即丧失规定功能）而被废弃时，其寿命也将终止。对同一型号的产品，由于生产过程中所用的材料、元器件存在差异，操作者、设备、生产条件的不同，包装、运输、储存、使用和维护过程中各种因素的影响，产品寿命也各不相同，以致无法事先确定每一产品发生故障的时间。但对生产稳定的一批产品而言，发生故障的时间遵循一定的统计规律，即产品发生故障的时间（即产品的寿命）X 是随机变量。假定产品规定的时间为 t，随机变量 X 的分布函数为

$$F(t) = P\{X \leq t\}, \quad t \geq 0 \tag{8-1}$$

$F(t)$ 是产品失效的概率函数，称为故障分布函数，也称故障概率，失效函数或不可靠度，描述产品的寿命分布。由于产品正常运行与发生故障是对立事件，因此产品在规定时间 t 内不发生故障的概率为

$$P\{X > t\} = 1 - F(t) = \bar{F}(t), \quad t \geq 0 \tag{8-2}$$

通常称其为无故障概率，或称可靠度函数，简称可靠度，记为 $R(t)$，即

$$R(t) = 1 - F(t) = \bar{F}(t) \tag{8-3}$$

显然，可靠度和故障分布函数之和恒等于 1，即有

$$R(t) + F(t) = 1 \tag{8-4}$$

作为随机变量，可靠度 $R(t)$ 与故障分布函数 $F(t)$ 具有以下四个性质。

① $R(0)=1$,$F(0)=0$,表示产品在开始时处于良好的状态。

② $R(t)$ 是非负的递减函数,$F(t)$ 是非负的递增函数,说明随着时间的增加产品发生故障或失效的可能性增大,可靠度变小。

③ $R(\infty)=0$,$F(\infty)=1$,表示只要时间充分长,产品终究都会失效。

④ $0\leq R(t)\leq 1$,$0\leq F(t)\leq 1$,即可靠度和故障分布函数之值介于 0 和 1 之间。

可靠度 $R(t)$、故障分布函数 $F(t)$ 与时间 t 的关系如图 8-1 所示。

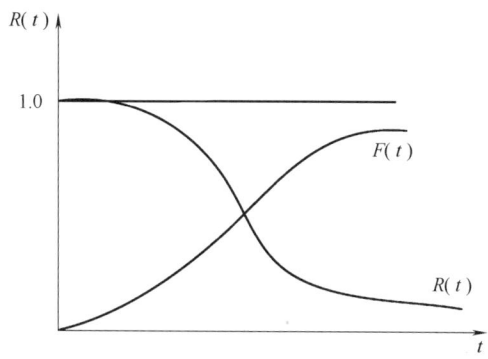

图 8-1　可靠度 $R(t)$、故障分布函数 $F(t)$ 与时间 t 的关系

【例 8-1】　假设某电子元件的寿命 X 服从指数分布,其分布密度

$$f(t)=\begin{cases}\lambda e^{-\lambda t},&t\geq 0\\0,&t<0\end{cases}$$

其中 $\lambda=1/1000$,求该元件在 50h、100h、1000h 的工作时间内的可靠度。

解　元件的可靠度为

$$R(t)=\int_t^\infty f(x)\mathrm{d}x=1-\int_0^t\lambda e^{-\lambda x}\mathrm{d}x=e^{-\lambda t}=e^{-t/1000}$$

所以,元件在 50h 的工作时间内的可靠度为

$$R(50)=e^{-50/1000}=e^{-0.05}=0.951$$

元件在 100h 的工作时间内可靠度为

$$R(100)=e^{-100/1000}=e^{-0.1}=0.905$$

元件在 1000h 的工作时间内可靠度为

$$R(1000)=e^{-1000/1000}=e^{-1}=0.368$$

在实际应用中,当产品的批量相当大时,可采用以下经验计算可靠度及经验故障分布函数。设有产品的批量为 N_0,从开始使用到时刻 t,有 $r(t)$ 件产品发生故障,其余 $N_s(t)=N_0-r(t)$ 件产品仍能正常工作。假定产品发生故障后,没有替换,则有

$$N_s(t)+r(t)=N_0 \tag{8-5}$$

于是有经验可靠度

$$R(t)=\frac{N_s(t)}{N_0}=\frac{N_0-r(t)}{N_0} \tag{8-6}$$

$$F(t)=\frac{r(t)}{N_0} \tag{8-7}$$

分别表示从时刻 t_0 开始至时刻 t 内,产品正常工作及发生故障的频率。当 N_0 很大时,可用频率代替概率,即

$$\lim_{N_0 \to \infty} \frac{N_s(t)}{N_0} = R(t) \tag{8-8}$$

$$\lim_{N_0 \to \infty} \frac{r(t)}{N_0} = F(t) \tag{8-9}$$

而当 N_0 很小时，则不能用频率代替经验可靠度及经验故障分布函数。

实际工作中常常需要研究，产品在正常运行一定时间后再正常运行一段时间的可靠度。这类问题的可靠度，实际上是计算在已正常工作时间 t 的条件下再正常工作时间 Δt 的条件概率，也就是

$$R(t+\Delta t | t) = \frac{P(X \geq t+\Delta t, X \geq t)}{P(X \geq t)} = \frac{P(X \geq t+\Delta t)}{R(t)} = \frac{R(t+\Delta t)}{R(t)} \tag{8-10}$$

当 N_0 相当大时，可采用经验可靠度 $R(t) = N_s(t)/N_0$，若已知 $N_s(t)$ 和 $N_s(t+\Delta t)$，则

$$R(t+\Delta t | t) = \frac{N_s(t+\Delta t)/N_0}{N_s(t)/N_0} = \frac{N_s(t+\Delta t)}{N_s(t)} \tag{8-11}$$

【例 8-2】 在某批产品 N_0 个中，已有 88 个正常工作 2400h，再继续工作 800h，还有 66 个能正常工作，问在这 800h 中的可靠度是多少？

解 因为 $N_s(t) = N_s(2400) = 88$

$$N_s(t+\Delta t) = N_s(2400+800) = 66$$

所以
$$R(2400+800 | 2400) = \frac{N_s(2400+800)}{N_s(2400)} = \frac{66}{88} = 75\%$$

8.2.1.2 故障分布密度函数

可靠度是可靠性的主要数量特征之一，它反映产品在一定时间内完成任务的可能性的大小。虽然 $R(t)$ 给出产品可靠性的大小及随时间递减的性质，但不易看出可靠性随时间变化的速度。鉴于可靠度从故障发生的概率入手，故我们分析时刻 t 后单位时间发生故障的概率，并称其为故障分布密度函数。根据概率论，故障分布函数的导数是故障分布密度函数，即

$$f(t) = F'(t) \tag{8-12}$$

根据定义，若已知故障分布函数，求其导数即可得故障分布密度函数。例如，

$$F(t) = 1 - e^{-\lambda t}$$

则
$$f(t) = \lambda e^{-\lambda t}$$

如果已知故障数据，且产品数 N_0 相当大，则可求出每个时间间隔 Δt 内的故障数 $\Delta r(t)$，从而得到平均经验故障密度为

$$\hat{f}(t) = \frac{\Delta r(t)}{N_0 \Delta t} = \frac{\Delta F(t)}{\Delta t} \tag{8-13}$$

8.2.1.3 经验故障密度函数直方图

为了研究产品失效的规律常常需要分析故障数据的分布，绘制经验故障密度的直方图。以下结合实例说明绘制经验故障密度的直方图的步骤。

【例 8-3】 根据测得某型号的 $N_0 = 110$ 个集成电路块的失效时间（从开始工作到失效之间的时间）数据，绘制经验故障密度直方图。

解 (1) 数据如表 8-1 从小到大的顺序排序。

表 8-1 110 个集成块的失效时间数据 单位：h

160	200	260	300	350	390	450	460	480	500
510	530	540	560	580	600	600	610	630	640
650	650	670	690	700	710	730	730	750	770
770	780	790	800	810	830	840	840	850	860
870	880	900	920	920	930	940	950	970	980
990	1000	1000	1010	1030	1040	1050	1070	1070	1080
1100	1100	1130	1130	1140	1150	1180	1180	1190	1200
1200	1210	1220	1230	1240	1240	1260	1260	1270	1290
1290	1340	1350	1390	1405	1430	1470	1495	1505	1520
1530	1550	1570	1590	1640	1700	1730	1750	1790	1800
1820	1870	1890	2050	2070	2180	2250	2380	2750	3100

(2) 用斯特林经验公式。

$$k = 1 + 3.3 \lg N_0$$

估计组数。因为 $k = 1 + 3.3 \lg 110 = 7.737$，故将表 8-1 数据分为 8 组。

(3) 组的区间长度 Δt_i 可相等也可不等，通常取相等区间。

$$\Delta t = \Delta t_i = \frac{t_{\max} - t_{\min}}{k} = \frac{3100 - 160}{8} = 367.5$$

为便于计算，取区间长为 $\Delta t = 400$。

(4) 计算每组中的失效数据的个数（称为频数）Δr_i，再除以总数 N_0，求得该组的频率 f_i^*。

(5) 由经验故障密度公式

$$\hat{f}_i = \frac{\Delta r_i}{N_0 \Delta t} = \frac{f_i^*}{\Delta t} \tag{8-14}$$

计算各组的经验故障密度（表 8-2）。

表 8-2 失效数据的频数的频率分布表

组号	区间	组中值 t_i	频数 Δr_i	频率 f_i^*	累积频率 F_i	故障密度 $f_i \times 10^5$
1	5~404	205	6	0.05	0.05	12.5
2	405~804	605	28	0.25	0.30	62.5
3	805~1204	1005	37	0.34	0.64	85.0
4	1205~1604	1405	23	0.21	0.85	52.5
5	1605~2004	1805	9	0.08	0.93	20.0
6	2005~2404	2205	5	0.05	0.98	12.5
7	2405~2804	2605	1	0.01	0.99	2.5
8	2805~3205	3005	1	0.01	1.00	2.5
合计			110	1.00		

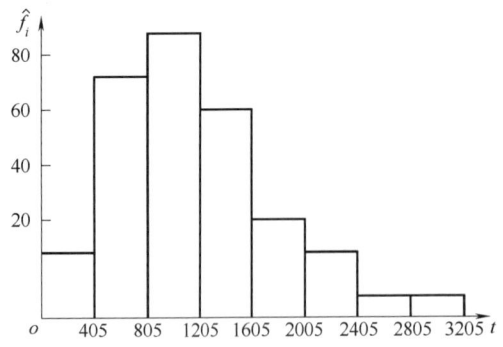

图 8-2 故障密度函数直方图（一）

(6) 根据表的数据，画出 t_i-$\hat{f}_i$ 直方图（图 8-2）。直方图的全部矩阵面积的总和为 1。由直方图可见：①分布范围是从 5h 到 3205h；②分布集中在 1005h 左右；③每个小的区间所占整个分布的比例不等。

由上，绘制经验故障密度直方图的步骤：

① 数据整理排序。

② 确定组数。数据分组必须适当，分组太少，则精度不够，难以看出数据的分布规律，甚至严重失真；分组太多，则计算量太大。一般的，当数据很多时，可分 10 组以上，数据少于 50，可分 5~6 组，也可采用斯特林经验公式估计组数。

③ 划分组的区间。

④ 计算各区间的故障数。

⑤ 计算各区间的经验故障密度。

⑥ 画出直方图。

若将上述频数直方图（图 8-2）的组距分得更小些、组数分得更多一些，比如将组距 $\Delta t = 400\mathrm{h}$ 缩小一倍，此时直方图如图 8-3 所示，其图形与上方一致，只是由于组距缩小了，分得更细了，因此更接近真实情况。可以设想，如果试验个数越来越多，分组越来越细，那么相邻矩形的高度差别就会越来越小，最后折线就趋于一条光滑的曲线，这条曲线就表示失效时间 T 在理论上的分布曲线，称为故障密度曲线。它的数学表达式为

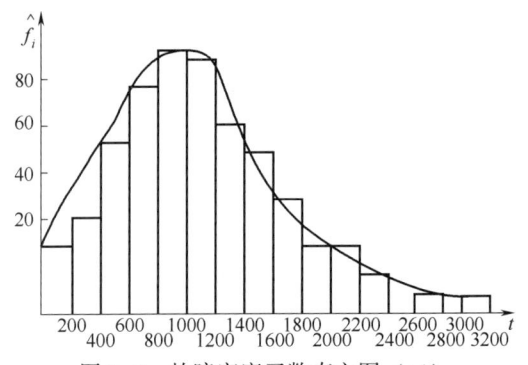

图 8-3 故障密度函数直方图（二）

$$f(t) = \lim_{\Delta t \to 0} \frac{1}{N} \frac{\Delta r(t)}{\Delta t} = \frac{1}{N} \frac{\mathrm{d}r(t)}{\mathrm{d}t} \tag{8-15}$$

式中 $f(t)$ 称为故障密度函数。

8.2.1.4 $f(t)$、$R(t)$ 与 $F(t)$ 之间的关系

由于故障密度函数 $f(t)$ 定义是 t 时刻后的单位时间内发生故障的概率，$f(t) = P(t \leq X < t+1)$，因此在 $[t, t+\mathrm{d}t]$ 时间内发生故障的概率等于故障分布函数 $F(t)$ 的微分，即

$$P(t \leq X < t+\mathrm{d}t) = f(t)\mathrm{d}t = \mathrm{d}F(t) \tag{8-16}$$

于是有

$$F(t) = P(X < t) = \int_0^t f(t)\mathrm{d}t \tag{8-17}$$

其几何意义为 $F(t)$ 是故障密度曲线 $f(t)$ 在区间 $[0, t)$ 所围的面积。又

$$F(\infty) = \lim_{t \to \infty} F(t) = \int_0^\infty f(t)\mathrm{d}t = 1$$

即表示产品最终将失效是一必然事件。同时，可靠度函数 $R(t)$ 与故障分布函数 $F(t)$ 间有

$$F(t)+R(t)=1$$

所以故障密度函数 $f(t)$、可靠性函数 $R(t)$ 及故障分布函数 $F(t)$ 之间的关系如图 8-4 所示。

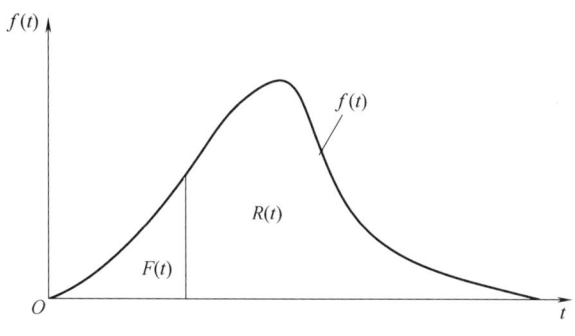

图 8-4 $f(t)$ 与 $R(t)$、$F(t)$ 的关系

8.2.2 失效率

在实际工作中，常要关心产品工作到 t 时刻后，在单位时间失效的概率，这就是失效率（failure rate），又称故障率。失效率是产品可靠性特征的一个重要指标，它能决定每一时刻的可靠度。

8.2.2.1 失效率函数

失效率也是常用的可靠性指标之一，表示工作到时刻 t 时尚未失效的产品，在时刻 t 以后的单位时间内发生失效的可能性。失效率也是时间 t 的函数，记为 $\lambda(t)$，称为失效率函数，也称为故障率函数或风险函数。

根据定义，时刻 t 的失效率为

$$\lambda(t) = \lim_{\Delta t \to 0} \frac{1}{\Delta t} P(t < T \leq t+\Delta t \mid T > t) \tag{8-18}$$

其观测值为，在时刻 t 以后的单位时间内发生失效的产品数与工作到该时刻尚未失效的产品数之比

$$\lambda(t) = \frac{n(t+\Delta t)-n(t)}{[n-n(t)]\Delta t} \tag{8-19}$$

【例 8-4】 一批产品同时投入工作，到 200h 尚有 1000 个仍未失效。这 1000 个产品在随后 2h 内有 4 个失效，即 $\Delta t = 202-200 = 2$，$\Delta n(t) = n(202)-n(200) = 4$，故有

$$\lambda(200) = \frac{4}{1000 \times 2} = 0.002 \mathrm{h}^{-1}$$

由概率乘法公式，

$$P(t < X \leq t+\Delta t \mid X > t) = \frac{P(t < X \leq t+\Delta t)}{P(X > t)} = \frac{F(t+\Delta t)-F(t)}{1-F(t)}$$

故有

$$\lambda(t,\Delta t) = \frac{F(t+\Delta t)-F(t)}{[1-F(t)]\Delta t} = \frac{F'(\varepsilon)\Delta t}{R(t)\Delta t} = \frac{f(\varepsilon)}{R(t)} \tag{8-20}$$

其中 $\varepsilon \in (t, t+\Delta t)$,当 $\Delta t \to 0$ 时,有失效率

$$\lambda(t) = \frac{f(t)}{R(t)} = \frac{f(t)}{1-F(t)} \tag{8-21}$$

失效率也称失效率函数。

失效率 $\lambda(t)$ 通常的单位是：$10^{-3}/h$、$10^{-5}/h$。对于高可靠性产品通常用 $10^{-9}/h$ 作单位,称作一个"菲特"(failure unit, Fit),$1Fit = 10^{-9}/h$,其含义是：1000 个产品工作 100×10^4 个小时,只有一个可能失效。

【例 8-5】 在某批产品中,$t=1600h$, $\Delta t = 800h$, $N_s(t) = N_s(1600) = 116$, $N_s(t+\Delta t) = N_s(2400) = 88$,求 [1600, 2400) 时间内的故障率。

解 时间间隔 $(t, t+\Delta t]$ 内的故障率,即失效的平均概率

$$\lambda(t,\Delta t) = \frac{P(t<X\leq t+\Delta t|X>t)}{\Delta t} = \frac{P(t<X\leq t+\Delta t)}{P(X>t)\Delta t} = \frac{F(t+\Delta t)-F(t)}{[1-F(t)]\Delta t}$$

又

$$F(t) = \frac{r(t)}{N_0} = \frac{N_0 - N_s(t)}{N_0}$$

故有

$$\lambda(t,\Delta t) = \frac{N_s(t) - N_s(t+\Delta t)}{N_s(t)\Delta t}$$

于是有

$$\lambda(1600, 800) = \frac{116-88}{116 \times 800} = 3.02 \times 10^{-4}/h$$

【例 8-6】 假设产品寿命服从指数分布,试求其失效率。

解 产品寿命的故障密度函数为

$$f(t) = \lambda e^{-\lambda t}, t \geq 0$$

其可靠度函数为

$$R(t) = \int_t^\infty f(u)du = \int_t^\infty \lambda e^{-\lambda u} du = e^{-\lambda t}$$

由式 (8-21),其失效率为

$$\lambda(t) = \frac{f(t)}{R(t)} = \frac{\lambda e^{-\lambda t}}{e^{-\lambda t}} = \lambda$$

由此可见,寿命为指数分布的产品其失效率与时间无关,说明指数分布具有无记忆性,或称无后效性。

8.2.2.2 失效率函数与可靠度的关系

因为

$$\lambda(t) = \frac{f(t)}{R(t)} = \frac{-R'(t)}{R(t)}$$

所以

$$\int_0^t \lambda(u)du = \int_0^t \frac{-R'(u)}{R(u)}du = -\ln[R(t)]$$

于是有

$$R(t) = e^{-\int_0^t \lambda(u)du} \tag{8-22}$$

当失效率函数 $\lambda(t)=\lambda$ 是常数时，有 $R(t)=e^{-\lambda t}$，即可靠度为指数分布。

8.2.2.3 失效率函数曲线

通常认为，无预防性维修的零件或系统，失效率曲线的典型形态如图 8-5 所示。传统上，根据曲线的形状将其称为"浴盆曲线"。典型的失效率曲线明显地由三个阶段构成，即早期失效率下降阶段、失效率基本恒定的偶然失效阶段和失效率不断上升的损耗失效阶段。

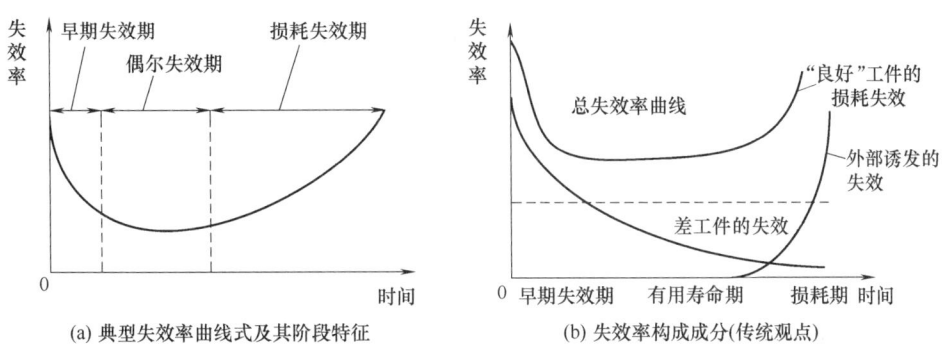

图 8-5 典型失效率曲线及其构成

（1）早期失效

在产品投入使用的初期，产品的故障率较高，表现出迅速下降的趋势，传统的解释是，这一阶段失效的产品存在材料缺陷加工损伤、安装调整等问题，性能指标偏低。这类失效可以通过加强质量管理有效减少，或采用筛选试验方法将质量不合格的产品淘汰。

事实上，产品的寿命是一个随机变量，一批产品中各样本寿命的长短是相对的。同样，批产品中，质量好与质量差也是相对的，产品性能是连续分布的。"早期失效期"的特征与"偶然失效期"（或"有用寿命期"）的特征都是"载荷—强度"关系的反映。

载荷与强度都是随机变量，都服从统计规律。根据"载荷—强度"干涉原理，在不考虑强度退化效应的条件下，产品一旦经受了某一水平的载荷作用而没有发生失效，就意味着该产品只有在更高的载荷水平上才可能失效。随着载荷总作用次数的增加，出现某一水平的大载荷样本的概率也不断增加。因此，一般来讲，无论一个产品已经历了多长时间的工作考验，即使没有强度退化现象发生，在未来的工作时间里发生失效的可能性总还是存在的。另一方面，任何在平稳载荷环境下工作的产品，随着运行时间的增加，在其后的单位时间内再出现未曾经历过的更大载荷的概率越来越小，这是失效率函数在"早期失效期"和"偶然失效期"（或"有用寿命期"）的共同特征。只是由于随着已经历的载荷作用次数的增加，出现更大载荷的概率与载荷作用次数的关系是非线性的，使得在"早期失效期"内失效率下降得很快，而在随后的"偶然失效期"（或"有用寿命期"）内失效概率下降得越来越慢，直至趋近于一个稳定的极限。

（2）偶然故障

在产品投入使用一段时间后，产品的故障率会降到一个较低的、基本平稳的水平。对这一阶段的传统解释是，产品的故障主要是由操作或维护缺陷等随机因素引起的。偶然故障阶段称为产品的"有效工作期"。

偶然失效期的失效率也是由于"载荷—强度"干涉关系决定的。操作或维护等都是广义的"载荷"因素,在"早期""中期""晚期"都同样存在,并不是"偶然失效期"所特有的。之所以存在一个失效基本平稳的阶段,是由于载荷风险的统计效应和产品性能(例如强度)退化的非线性效应所致。在传统的"失效率构成"成分[图8-5(b)]中,"外部诱发的失效"同样是在产品的全寿命周期中始终存在的,在产品的寿命初期也不例外。"外部诱发因素"只能通过与"产品性能"相互作用才能导致失效。

(3) 损耗失效

产品运行一段时间后会进入损耗失效期,表现为产品性能急剧下降,故障率迅速上升。这一阶段产品的故障主要是由老化、疲劳、磨损、腐蚀等耗损性因素引起的。采取定时维护、更换等预防性维修措施,可以降低产品的损耗故障率。还需要明确的是,不同产品的失效率曲线的特征有明显的不同,也并非所有产品的故障率曲线都可以分出明显的三个阶段(图8-6所示为两种典型情形)。高质量等级的电子元器件的故障率曲线在其有效寿命期内基本是一条水平直线,而质量低劣的产品可能存在大量的早期故障或很快进入损耗故障阶段。软件产品由于不存在老化等损耗型失效机理,其失效率一般是逐渐降低的。

与之相关的一个问题是,指数分布这个在传统可靠性分析中广泛应用的寿命分布形式的适用范围实际上是很有限的,只适用于失效率为常数的情形,而这种情形对实际产品来说是少而又少的。

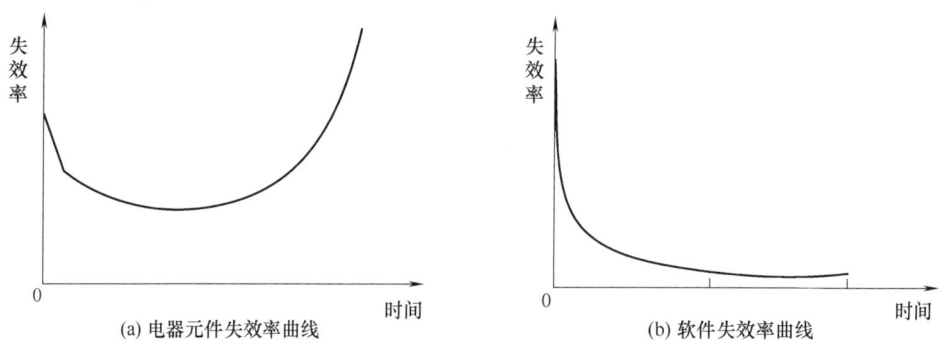

图 8-6 不同产品的失效率曲线形式

事实上,失效率函数曲线的形状是由"载荷—强度"关系(包括强度退化规律)决定的,根据"应力—强度"干涉关系,完全能够解释"浴盆曲线"的特征。如果强度不退化,就不存在失效率随时间增加而增大的耗损失效阶段。"浴盆曲线"前两个阶段的变化规律与"应力—强度"干涉关系直接相关。大概规律是:载荷的不确定性越大,则失效率的最大值越大,产品的失效率曲线"稳定"得越慢,"早期失效期"越长。对于服役过程中强度逐渐退化的产品,失效率曲线呈典型的三阶段"浴盆曲线"形状。

对于失效率的变化规律以及失效率的成分构成,应该根据失效机理及"载荷—强度"关系解释,而不能孤立地用产品质量、载荷或失效机理去说明。可以认为,恒定失效率成分是由于偶然出现的、非正常环境载荷工况引起的。这种载荷工况对所有的产品都是致命的,无论其初始质量如何,一旦遭遇这种致命载荷都会失效。由于疲劳、磨损、腐蚀等失效机理都有一个相当长的孕育期，在服役相当长时间之后才可能发生，运行初期的失效是由于某种静强度失效机理引起的。但任何失效都是载荷作用的结果，产品服役初期失效率由高到低的下降过程是由载荷的统计特性主导的。随着产品服役时间的增加，出现"前所未遇"的更大载荷的可能性逐渐减小，因此这种失效发生的可能性也越来越小。损耗期的失效显然是由疲劳、磨损、腐蚀等与时间相关的失效机理产生的，损耗期失效率不断升高是由失效机理或强度退化模式主导的。

严格地讲，"老化"试验筛选掉的不一定是某一类个体，例如有质量缺陷的产品，因为质量是相对的，质量指标（强度等）是连续分布的随机变量，批产品中没有绝对的好坏或强弱之分。通过"老化"试验可以剔除某些机理（各种与性能退化过程无关的静强度失效机理）失效的产品，这类失效隐患如果存在是很容易在服役状态下发现的。产生偶然失效的原因有人为原因（不正当操作等）、维护原因（不合理润滑等）、非正常载荷原因（例如冲击等）。前二者可以通过管理有效排除，而后者是极小概率事件。

8.2.3 寿命

产品寿命一般是指从投入使用到发生失效的广义时间，可靠度是寿命大于某一指定值的概率。寿命可以用时间物理量度量，可以用产品使用（操作）次数、载荷作用次数度量，也可以用行驶里程等来度量。产品寿命一般是一个随机变量，可能是连续型随机变量，也可能是离散型随机变量。通常用平均寿命表示寿命的特征。

8.2.3.1 平均寿命

"平均寿命"是产品寿命的平均值，或寿命的数学期望[通常记为$E(t)$]，是产品从投入运行到发生失效的平均无故障工作时间。平均无故障工作时间是产品的一个十分重要的指标，因为它是衡量可用性比较直观的尺度。一些长寿命产品，如电视机、电冰箱、汽车等多用这一指标来规定其可靠性。

在概念上，平均寿命这个术语对于不可修复和对于可修复产品有不同的含义，因此称呼也就不同。对于不可修复产品，产品的平均寿命是指产品失效前正常运行时间的平均值，也称为产品失效前的平均时间，记为 $MTTF$（mean time to failure）。对于可修复产品，产品的平均寿命是指产品两次故障间隔的平均时间，也称产品平均失效间隔，记为 $MTBF$（mean time between failure）。

但无论哪一类产品，平均寿命的理论意义类似，数学表达式也一致。因此，在讨论时通称为平均寿命，作统一处理。

若子样较大，即 N 较大，可用分组处理，平均寿命为：

$$\bar{t} = \frac{1}{N}\sum_{i=1}^{k} t_i \Delta n_i = \sum_{i=1}^{k} t_i f_i^* \tag{8-23}$$

式中：N 为数据的个数；k 为组数；t_i 为第 i 组的组中值；Δn_i 为第 i 组的频数；$f_i^* = \Delta n_i/N$ 为第 i 组的频率。

如果数据越多，即当 $k \to \infty$，$\Delta t \to 0$ 时，平均寿命为

$$\bar{t} = \lim_{\substack{\Delta t \to 0 \\ k \to \infty}} \frac{1}{N}\sum_{i=1}^{k} t_i \Delta n_i = \lim_{\substack{\Delta t \to 0 \\ k \to \infty}} \sum_{i=1}^{k} t_i f_i^* = \lim_{\substack{\Delta t \to 0 \\ k \to \infty}} \sum_{i=1}^{k} t_i f_i \Delta t = \int_0^\infty t f(t) \mathrm{d}t \tag{8-24}$$

式中 $f(t)$ 为产品故障密度函数。

由 $R(t)=1-F(t)$ 得

$$\frac{\mathrm{d}R(t)}{\mathrm{d}t}=-\frac{\mathrm{d}F(t)}{\mathrm{d}t}=-f(t)$$

$$\bar{t}=\int_0^\infty tf(t)\mathrm{d}t=\int_0^\infty t[-\mathrm{d}R(t)]$$

$$=-tR(t)\bigg|_0^\infty+\int_0^\infty R(t)\mathrm{d}t$$

$$=-\lim_{t\to\infty}tR(t)+\int_0^\infty R(t)\mathrm{d}t$$

$t=0$ 时，$R(0)=1$，而 $\lim\limits_{t\to\infty}R(t)=0$，所以 $\lim\limits_{t\to\infty}t\cdot R(t)$ 是 $0\cdot\infty$ 的不定型。

$$\lim_{t\to\infty}tR(t)=\lim_{t\to\infty}\frac{t}{1/R(t)}=\lim_{t\to\infty}\frac{1}{-R'(t)/R(t)^2}=\lim_{t\to\infty}\frac{R(t)}{\lambda(t)}$$

因随时间的推移产品总是要失效的，即 $\lim\limits_{t\to\infty}\lambda(t)=1$，故有

$$\lim_{t\to\infty}tR(t)=0$$

于是

$$\bar{t}=E(t)=\int_0^\infty tf(t)\mathrm{d}t=\int_0^\infty R(t)\mathrm{d}t \tag{8-25}$$

若已知产品初次失效时间，则可求得平均寿命。

【例 8-7】 测得 18 台某种电子设备从工作开始到初次失效的时间（h）数据如下：
16，29，50，68，100，130，140，190，210，270，280，340，410，450，520，620，800，1100

试求 18 台电子设备的平均寿命（平均初次失效间隔 $MTBF$）。

解 由式（8-23），

$$\bar{t}=\frac{1}{N}\sum_{i=1}^R t_i\Delta n_i=\frac{1}{18}(16+29+\cdots+1100)=318(\mathrm{h})$$

式中，Δn_i 为单个值。

已知总体的故障密度函数，可由式（8-24）求得平均寿命。

【例 8-8】 已知某产品总体的故障密度为均匀分布，试求其平均寿命。

解 均匀分布密度为 $f(t)=\begin{cases}\dfrac{1}{a}, & 0<t\leq a\\ 0, & \text{其他}\end{cases}$

代入式（8-24），有

$$\bar{t}=E(t)=\int_0^\infty tf(t)\mathrm{d}t=\int_0^a \frac{t}{a}\mathrm{d}t=\frac{t^2}{2a}\bigg|_0^a=\frac{a}{2}$$

平均寿命也可由可靠性函数求得，见下例。

【例 8-9】 如果产品的寿命服从指数分布 $R(t)=\mathrm{e}^{-\lambda t}$，①求平均寿命 θ；②求产品工作时间等于平均寿命的 1/10、1/2 及平均寿命时的可靠度。

解 （1）由式（8-25）：

$$\theta=\bar{t}=\int_0^\infty R(t)\mathrm{d}t=\int_0^\infty \mathrm{e}^{-\lambda t}\bigg|_0^\infty=\frac{1}{\lambda}$$

结果说明指数分布的平均寿命等于失效率的倒数。

(2) $R(t) = e^{-\lambda t}$,当 $t = \frac{1}{10}\bar{t} = \frac{1}{10\lambda}$ 时,

$$R(t) = e^{-\lambda t} = e^{-\frac{1}{10}} = 0.9048 = 90.5\%$$

当 $t = \frac{1}{2}\bar{t} = \frac{1}{2\lambda}$ 时,$R(t) = e^{-\lambda t} = e^{-\frac{1}{2}} = 0.6065 = 60.7\%$

当 $t = \bar{t} = \frac{1}{\lambda}$ 时,$R(t) = e^{-\lambda t} = e^{-1} = 0.3679 = 36.8\%$

此时 $R_0\left(\theta = \frac{1}{\lambda}\right) = e^{-\lambda \frac{1}{\lambda}} = 0.368$,即产品能工作到平均寿命的仅占 36.8%,有 63.2% 的产品发生故障。

以上讨论的是产品的平均寿命,反映某种型号产品寿命的平均值,而不是指每个产品都工作到这一时间。

8.2.3.2 可靠寿命

如上所述,可靠度是时间的函数,若已知可靠度函数 $R(t)$ 的表达式,则当给定一个可靠度 r,即可通过解方程

$$R(t_r) = r \tag{8-26}$$

求出与之对应的工作时间称为产品的可靠寿命。作为一个指标,可靠寿命在可靠性设计中很有用,只要已知元器件的可靠度,则可知道如何选择这些元器件。

一般地,预先给定可靠度 $r = 99\%$、95%、90% 等,由式(8-26)确定相应的可靠性寿命 t_r,只要给定产品的使用时间 $t < t_r$,则产品的可靠度就不会低于预先给定的可靠度 r。若预先给定可靠度 r 值越大,则与之对应的时间 t_r 就越短,即当 $r_1 < r_2$ 时,则有 $t_{r_1} > t_{r_2}$。

【例 8-10】 已知某产品的寿命服从指数分布,其故障率 $\lambda = 5 \times 10^{-4}/\text{h}$,试求可靠度为 $r = 90\%$、95%、99% 时的可靠寿命。

解 因为可靠度为指数分布

$$R(t) = e^{-\lambda t}$$

代入式(8-26):

$$R(t_r) = e^{-\lambda t_r} = r$$

则有

$$t_{r_1} = -\frac{\ln 0.90}{5 \times 10^{-4}} = 210.7(\text{h})$$

$$t_{r_2} = -\frac{\ln 0.95}{5 \times 10^{-4}} = 102.6(\text{h}) \text{ 及 } t_{r_3} = -\frac{\ln 0.99}{5 \times 10^{-4}} = 20.1(\text{h})$$

【例 8-11】 某产品的寿命服从正态分布 $N(\mu, \sigma)$,其中 $\mu = 4000\text{h}$,$\sigma = 1000\text{h}$,求可靠度为 99% 时产品的可靠寿命。

解 因为

$$R(t) = P(X \geq t)$$
$$F(t) = 1 - R(t) = P(X < t)$$

正态分布表 $\Phi(\mu) = P(X < \mu)$

所以,$F(t) = 1 - r = 1 - 0.99 = 0.01 = \Phi\left(\frac{t_r - 4000}{1000}\right)$

查正态分布表，得

$$\frac{t_r - 4000}{1000} = -2.33$$

从而有 $t_r = 4000 - 2.33 \times 1000 = 1670$（h）。

8.3 可靠性常用分布

8.3.1 泊松分布

8.3.1.1 泊松分布律及数字特征

泊松分布也是一种单参数离散型分布，常用于描述不存在上限的随机试验结果，其概率分布为

$$P(X=k) = \frac{\mu^k e^{-\mu}}{k!}, \quad k = 0, 1, 2, \cdots \tag{8-27}$$

泊松分布的数字特征为

$$E(X) = \mu, \quad D(X) = \mu \tag{8-28}$$

8.3.1.2 泊松分布的性质

泊松分布也具有可加性，即设 $X \sim P(\lambda_1)$，$Y \sim P(\lambda_2)$，且 X 与 Y 独立，则有

$$Z = X + Y \sim P(\lambda_1 + \lambda_2) \tag{8-29}$$

8.3.2 指数分布

指数分布是一种形式简单的连续型分布，传统上常用于表述电子元器件或电子产品的寿命分布规律。然而，这种选择更多的是出于数学简单性，而不是真的能很好地描述这些产品的寿命分布规律。若产品的寿命服从指数分布，则其失效率为常数。对于大多数产品，老化是一种不可避免的失效机制，因此失效率多为递增的，而假设失效率为常数的做法通常是存在疑问的。

指数分布随机变量的定义域为 $(0, \infty)$，其概率密度函数为

$$f(x) = \lambda e^{-\lambda x}, \quad x \geq 0 \tag{8-30}$$

指数分布的概率密度曲线和可靠度曲线如图 8-7 所示。

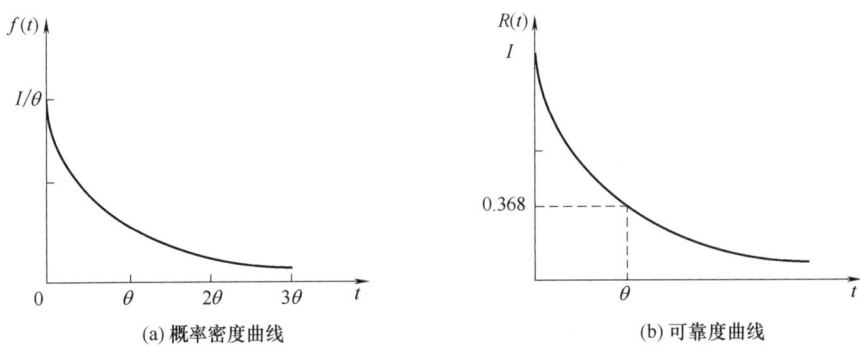

图 8-7 指数分布的概率密度曲线和可靠度曲线

指数分布随机变量的累计分布函数为

$$F(x) = 1 - e^{-\lambda x}, \quad x \geq 0 \tag{8-31}$$

指数分布的参数 $\lambda > 0$，其倒数 $1/\lambda$ 为指数分布随机变量的均值。对于产品寿命问题，常用 θ 表示平均寿命（即 $\theta = 1/\lambda$），用 t 表示失效时间随机变量。这时，指数分布的概率密度函数和累积分布函数可分别表示为

$$f(t) = \frac{1}{\theta} e^{-t/\theta} \tag{8-32}$$

$$F(t) = 1 - e^{-t/\theta} \tag{8-33}$$

指数分布的数字特征为

$E(x) = 1/\lambda$ 或 $E(t) = \theta$，$D(x) = 1/\lambda^2$ 或 $E(t) = \theta^2$

指数分布的可靠度函数为

$$R(t) = e^{-t/\theta} = e^{-\lambda t} \tag{8-34}$$

指数分布的失效率为常数，即 $\lambda(t) = 1/\theta = \lambda$

指数分布的一个重要性质是无记忆性，可表达为

$$P[(T > t_0 + t) | (T > t_0)] = P(T > t) = e^{-\lambda t} \tag{8-35}$$

8.3.3 正态分布

正态分布也称为高斯分布，其概率密度函数如图 8-8 所示，其数学函数表达式为

$$f(x) = \frac{1}{\sigma \sqrt{2\pi}} e^{-\frac{1}{2}\left(\frac{x-\mu}{\sigma}\right)^2}, \quad -\infty < x < \infty \tag{8-36}$$

式中，μ 为分布的均值，是对中心趋势或中点的度量，σ 为分布标准差，是对分散性的度量。

正态分布的均值和标准差可由样本值估计

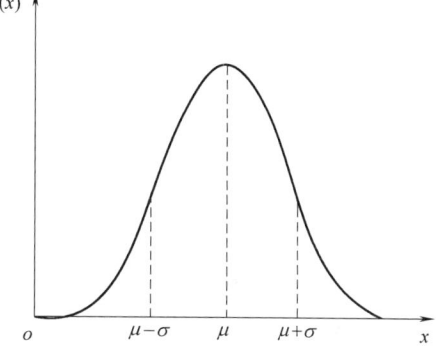

图 8-8 正态概率密度函数

$$\mu = \frac{\sum_{i=1}^{n} x_i}{n}$$

$$\sigma = \sqrt{\frac{\sum_{i=1}^{n}(x_i - \mu)^2}{(n-1)}}$$

8.3.4 威布尔分布

8.3.4.1 威布尔分布的概念

威布尔（Weibull）分布有三参数和两参数两种形式。三参数威布尔分布的概率密度函数为

$$f(x) = \frac{\beta(x-\alpha)^{\beta-1}}{\theta^{\beta}} e^{-\left(\frac{x-\alpha}{\theta}\right)^{\beta}}, \quad x \geq \alpha \tag{8-37}$$

三参数威布尔分布的累积分布函数为

$$F(x) = 1 - e^{-\left(\frac{x-\alpha}{\theta}\right)^{\beta}}, \quad x > \alpha \tag{8-38}$$

三参数威布尔分布记为 $X \sim W(\beta, \theta, \alpha)$，其中 β 为形状参数，θ 为尺度参数，α 为位置参数，其取值范围都是 $(0, \infty)$。

令三参数威布尔分布的位置参数 $\alpha = 0$，则简化为两参数威布尔分布，其概率密度函数为

$$f(x) = \frac{\beta x^{\beta-1}}{\theta^{\beta}} e^{-\left(\frac{x}{\theta}\right)^{\beta}}, \quad x \geq 0 \tag{8-39}$$

累计分布函数为

$$F(x) = 1 - e^{-\left(\frac{x}{\theta}\right)^{\beta}}, \quad x > 0 \tag{8-40}$$

当形状参数 $\beta = 1$ 时，威布尔分布退化为指数分布。

8.3.4.2 威布尔分布的形状参数

随形状参数 β 不同，威布尔概率密度函数可以呈现不同的形状，如图 8-9 所示。

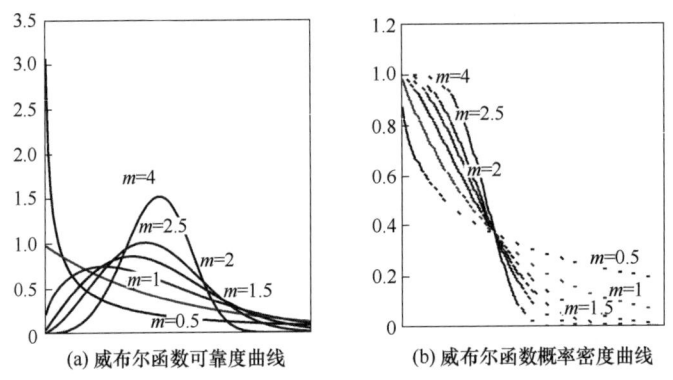

(a) 威布尔函数可靠度曲线　　(b) 威布尔函数概率密度曲线

图 8-9　威布尔概率密度函数

根据 β 值的不同，威布尔分布能等价或近似于其他分布。例如，$\beta = 1.0$ 时威布尔分布等同于指数分布；$\beta = 2.5$ 时威布尔分布近似于对数正态分布；$\beta = 3.6$ 时威布尔分布近似于正态分布。

8.3.4.3 威布尔分布的均值和方差

威布尔分布的均值

$$E(x) = \alpha + \theta \cdot \Gamma\left(1 + \frac{1}{\beta}\right) \tag{8-41}$$

威布尔分布的方差

$$D(x) = \theta^2 \left[\Gamma\left(1 + \frac{2}{\beta}\right) - \Gamma^2\left(1 + \frac{1}{\beta}\right) \right] \tag{8-42}$$

$\beta < 1$ 时，威布尔分布的均值将大于 θ；$\beta = 1$ 时，威布尔分布的均值等于 θ；$\beta > 1$ 时，威布尔分布的均值小于 θ。随着 β 增长到无穷，威布尔分布的方差减小，且无限接近于 0。

9 可靠性设计

可靠性设计是可靠性工程的一个重要分支，旨在确保产品、系统或服务在其寿命周期内能够稳定、可靠地执行其预期功能，而不容易发生故障或失效。可靠性设计的主要目标是提高产品或系统的可靠性、寿命、可维护性和可用性，以满足用户需求并减少潜在风险。

可靠性设计的主要内容有：可靠性预测、可靠性分配等，其中可靠性优化设计，即在可靠性设计中采用最优化方法进行系统的可靠性分配，是当前可靠性研究的重要方向之一。

9.1 可靠性设计概述

可靠性设计是可靠性工程的重要环节。根据世界各国多年实施可靠性工程的经验，在产品的寿命期内，对可靠性起重大影响的是设计。图 9-1 是美国贝尔电话实验室和海洋电子实验室统计影响产品可靠性因素比率分配，发现在引起产品出故障的原因中，设计不当占 40% 以上，是影响可靠性的主要因素；我国某研究所对该所以前研制的惯性导航设备的故障分析发现，由设计不当造成的故障占总故障的 65.5%。因此，设计是保证产品可靠性重要的工作。

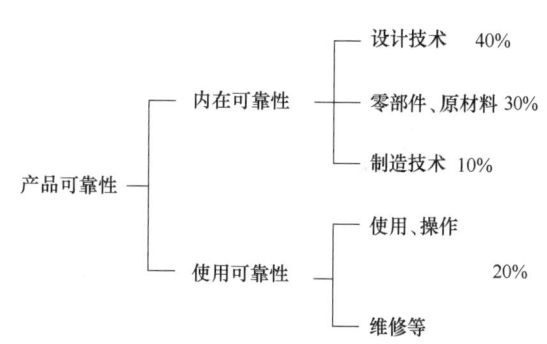

图 9-1 影响产品可靠习惯因素比率的分配

可靠性设计的主要目的是确保产品、系统或服务在其寿命周期内能够稳定、可靠地执行其预期功能，以满足用户需求，并降低潜在风险。以下是可靠性设计的主要目的。

（1）提高产品或系统的可靠性

可靠性设计旨在降低产品或系统的故障率，确保其稳定性和长期性能。这有助于减少维修和维护成本，提高用户满意度。

（2）增加产品或系统的寿命

通过减少故障和延长寿命，可靠性设计有助于延长产品或系统的使用寿命，降低更替成本，并减少资源浪费。

（3）提高可维护性

可靠性设计考虑到产品或系统的维护需求，包括易于访问和更换部件、提供诊断工具和维修指南等，以降低维护和修复成本。

(4) 提高可用性

通过容忍故障、冗余设计和快速修复机制，可靠性设计有助于提高产品或系统的可用性，确保其在需要时可随时使用。

(5) 降低维修成本

可靠性设计可以降低维修成本，减少停机时间，提高生产效率，并提供更好的维护效率。

(6) 减少风险

通过减少故障率和提高性能，可靠性设计有助于降低潜在风险，包括生产停工、设备故障、安全问题等。

(7) 提高产品质量

可靠性设计有助于提高产品整体质量，减少缺陷和不合格品的数量，从而提高生产效率。

总之，可靠性设计的主要目的是提供高质量、稳定、可靠的产品或系统，满足用户需求，降低维修成本，降低风险，提高性能，增加用户满意度，从而实现长期的商业和技术成功。

9.2 系统可靠性模型

9.2.1 串联系统可靠性模型

串联系统是指系统中的任何一个单元失效都会导致系统失效；或者说只有全部单元都正常工作系统才能正常工作。例如，轧钢机由电动机、变速箱、连接轴、轧辊和机架等零部件组成，只要其中一个零部件失效，轧钢机就不能正常工作。在这个意义上，轧钢机是一个串联系统。变速箱本身是由齿轮、轴、轴承、箱体等零件组成的串联系统；一个齿轮，由于结构上存在多个可能失效的部位，在可靠性分析中也应该作为由多个单元构成的串联系统对待；甚至齿轮上的一个齿，由于存在齿面胶合、磨损、齿根断裂等多种失效模式，在可靠性意义上也是一个串联系统。串联系统的可靠性框图如图9-2所示，组成系统的 n 个单元（零部件或子系统）用 X_i ($i=1, 2, \cdots, n$) 表示。

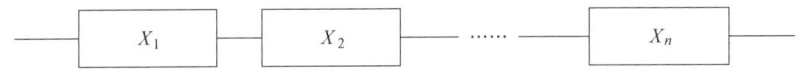

图 9-2 串联系统可靠性框图

"串联系统处于正常工作状态"这一事件 A_S 与其"各单元处于正常工作状态"的事件 A_i ($i=1, 2, \cdots, n$) 之间关系为

$$A_S = A_1 \cap A_2 \cap \cdots \cap A_n$$

由此，串联系统的可靠度 R_S 表达式为

$$R_S = P(A_S) = P(A_1 \cap A_2 \cap \cdots \cap A_n) \tag{9-1}$$

式中　R_S——系统可靠度；

　　　A_S——系统处于正常状态的事件；

A_i——第 i 个单元处于正常状态的事件，$i=1, 2, \cdots, n$；

n——系统中单元总数；

$P(A)$——事件 A 发生的概率。

在"各单元失效事件是相互独立的随机事件"的假设条件下，式（9-1）简化为

$$R_S = P(A_1)P(A_2)\cdots P(A_n) = \prod_{i=1}^{n} P(A_i) \tag{9-2}$$

用 R_i 表示单元 i 的可靠度，即 $R_i = P(A_i)$，则由独立失效的单元构成的串联系统可靠度模型可表达为

$$R_S = \prod_{i=1}^{n} R_i, \quad i = 1, 2, \cdots, n \tag{9-3}$$

若单元寿命服从指数分布，单元 i 的失效率为常数 λ_i，在时刻 t 单元 i 的可靠度为 $e^{-\lambda_i t}$，则串联系统可靠度表达式为

$$R_S(t) = \prod_{i=1}^{n} e^{-\lambda_i t} = e^{-\sum_{i=1}^{n} \lambda_i t} = e^{-\lambda_S t} \tag{9-4}$$

式中 $\lambda_S = \sum_{i=1}^{n} \lambda_i$——串联系统的失效率。

由此可知，一个由寿命服从指数分布的独立失效单元构成的串联系统的寿命也服从指数分布，且系统的失效率等于其各单元失效率之和。

需要明确的是，寿命真正服从指数分布的单元在现实中是极少见的。传统的以寿命服从指数分布为基础的可靠性分析方法与模型常见于电器元件与电子系统的可靠性模型。

显然，串联系统中的单元数越多，系统的失效率或失效概率越高，可靠度越低。图 9-3 为各零件独立失效的串联系统可靠度与构成系统的零件数之间的关系（各系统中零件的可靠度相同）。在零件失效之间存在相关性的情况下，系统可靠度随零件数量增加而降低的速率不仅与零件数量有关，还在很大程度上取决于零件之间失效相关的程度。

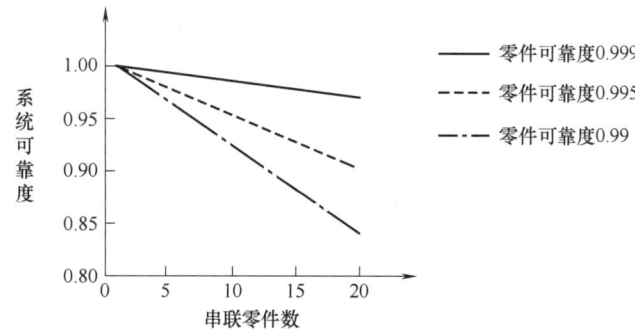

图 9-3 各零件独立失效的串联系统可靠度与零件数之间的关系

【例 9-1】 一个电子放大器由 152 个独立元件串联组成，各元件均服从指数分布，其失效率如表 9-1 所示。试求放大器正常工作 100h 的可靠度及平均无故障工作时间。

表 9-1　　　　　　　　　　电子放大器元件的失效率

失效个数	5	10	15	30	40	52
失效率/×10^{-4}h	0.6	0.8	0.4	0.2	0.5	0.1

解
$$\lambda = (5\times0.6+10\times0.8+15\times0.4+30\times0.2+40\times0.5+52\times0.1)\times10^{-4} = 0.0048/h$$
$$R_S(t) = e^{-0.0048t}$$
$$R_S(100) = e^{-0.0048\times100} = e^{-0.48} = 0.6188$$
$$MTTF_S = \frac{1}{\lambda} = \frac{1}{0.0048} = 208.33h$$

【例 9-2】 已知由四个零件构成的串联系统中，各零件寿命均服从指数分布，$\lambda_1 = 0.002$、$\lambda_2 = 0.002$、$\lambda_3 = 0.001$、$\lambda_4 = 0.003$，试写出系统可靠性表达式，并计算系统工作到 100h 的可靠度。

解 对于由寿命服从指数分布的零件构成的串联系统，可靠度计算公式为
$$R_S = \prod_{i=1}^{n} R_i$$

因而，系统可靠度为
$$R_S(t) = (e^{-0.002t})(e^{-0.002t})(e^{-0.001t})(e^{-0.003t}) = e^{-0.008t}$$

也可以先计算各零件失效率之和
$$\lambda_S = 0.002+0.002+0.001+0.003 = 0.008$$

然后再计算系统可靠度为
$$R_S(t) = e^{-0.008t}$$

当时间 $t=100h$，系统可靠度为
$$R_S(100) = e^{-0.008\times100} = 0.4493$$

【例 9-3】 串联系统由 n 个可靠性 R_i 相等的单元构成，试求 $n=1, 5, 10, 15, 20, 25, 30, 35, 40, 45$ 时，R_i 为 $1, 0.99, 0.98, 0.97, 0.96, 0.95$ 的系统可靠度。

解 因为 $R_S(t) = \prod_{i=1}^{n} R_i = R_i^n$，计算不同 n 相应的系统可靠度，结果如表 9-2 所示，用图像表示如图 9-4 所示。

表 9-2 不同 n 相应的系统可靠度

n	1.000	0.990	0.980	0.970	0.960	0.950
1	1.000	0.990	0.980	0.970	0.960	0.950
5	1.000	0.951	0.904	0.859	0.815	0.774
10	1.000	0.904	0.817	0.737	0.665	0.599
15	1.000	0.860	0.739	0.633	0.542	0.463
20	1.000	0.818	0.668	0.544	0.442	0.358
25	1.000	0.778	0.603	0.467	0.360	0.277
30	1.000	0.740	0.545	0.401	0.294	0.215
35	1.000	0.703	0.493	0.344	0.240	0.166
40	1.000	0.669	0.446	0.296	0.195	0.129
45	1.000	0.636	0.403	0.254	0.159	0.099

9.2.2 并联系统可靠性模型

并联系统指的是，若系统中的 n 个单元中只要有一个不失效，系统就不失效；或者说

只有当全部 n 个单元都失效时系统才失效的系统。例如，双通道传动系统，只要有一条传动链正常工作，系统就能完成其预定功能，那么在这个子系统层面上，整个系统就是一个并联系统。再如，用多个螺栓固定的机械部件，若只要其中有一个螺栓不失效，就能满足其设计功能，这时就是一个并联系统。并联系统的可靠性框图如图 9-5 所示。

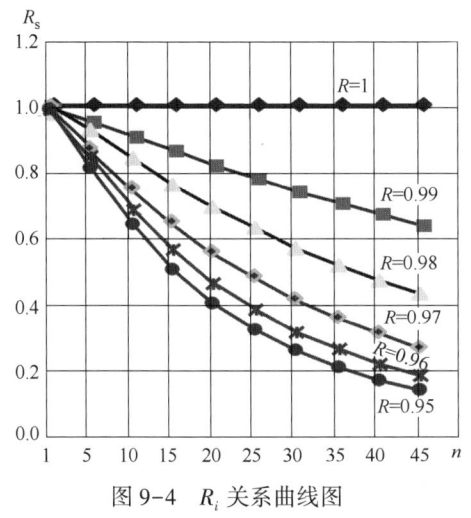

图 9-4 R_i 关系曲线图

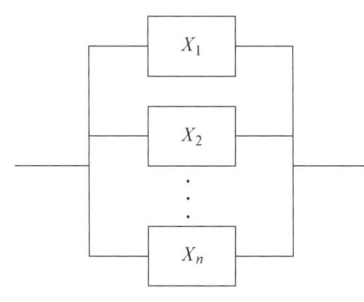

图 9-5 并联系统可靠性框图

并联系统处于正常状态的事件 A_s 与其各组成单元处于正常状态的事件 A_i 之间的关系为

$$A_s = A_1 \cup A_2 \cup \cdots \cup A_n$$

并联系统可靠度 R_s 的表达式为

$$R_S = P(A_1 \cup A_2 \cup \cdots \cup A_n) = 1 - P(\bar{A}_1 \cap \bar{A}_2 \cap \cdots \cap \bar{A}_n) \tag{9-5}$$

若各单元的失效是相互独立的，则并联系统可靠性模型可简化为

$$R_S = 1 - \prod_{i=1}^{n} F_i = 1 - \prod_{i=1}^{n}(1 - R_i) \tag{9-6}$$

式中 R_S ——系统可靠度；

F_i ——第 i 单元的失效概率；

R_i ——第 i 单元的可靠度。

显然，并联系统的可靠度高于其中任何一个单元的可靠度。如图 9-6 所示为各零件独立失效的并联系统可靠度与构成系统的零件数量之间的关系（各系统中零件可靠度相同）。

机械系统若采用并联结构，尺寸、重量、价格都会明显增加，因此不像电子设备或控制系统中并联结构应用的那么广泛。机械系统采用并联或冗余结构时，冗余数也不

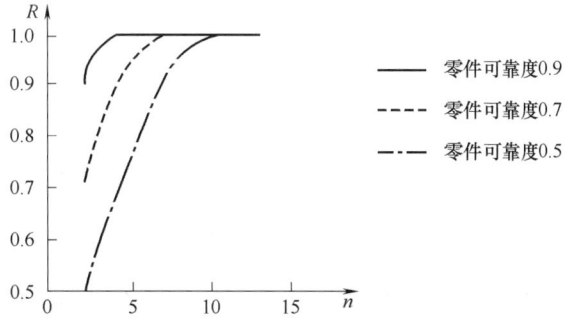

图 9-6 各零件独立失效的并联系统可靠度与构成系统的零件数量之间的关系

会很高。例如，在动力装置、安全装置、制动装置中采用并联结构时，通常取 $n=2\sim3$。还需要说明的是，对于各零件失效不独立的并联系统，系统可靠度随并联单元数增加的趋势要比在独立失效假设条件下平缓得多。也就是说，并联系统中单元之间的失效相关性会显著降低其冗余效果。

【例 9-4】 一个系统具有 3 个零件，当时间为 0 时，三个零件都处于正常工作状态，并且只要有一个零件正常，系统就能正常工作。当三个零件的寿命都服从指数分布，且失效前平均工作时间分别是 40h、80h 和 85h 的条件下，写出系统的可靠性函数表达式，并且求出当 $t=25h$ 时，系统的可靠度。

解 该系统是由三个零件组成的并联系统，其系统可靠度为

$$R_s(t)=1-(1-e^{-t/40})(1-e^{-t/80})(1-e^{-t/85})$$

在时间 $t=25h$，系统可靠度为

$$R_s(25)=1-(1-e^{-25/40})(1-e^{-25/80})(1-e^{-25/85})=0.9682$$

9.2.3 串-并联系统可靠性模型

图 9-7 是由 m 个并联子系统构成的串联结构，简称串-并联系统。计算串-并联系统的可靠度时，可以将并联子系统看作一个等效单元，并将整个系统当作一个串联系统来对待。

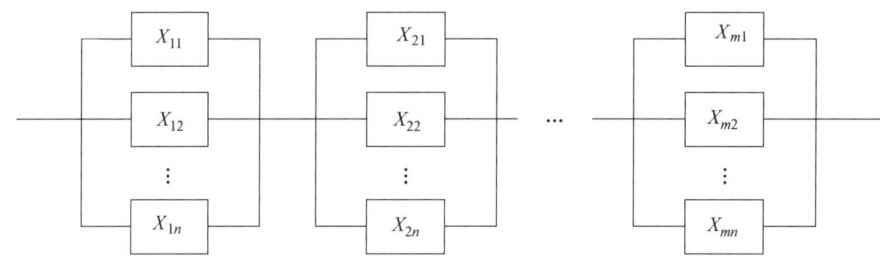

图 9-7 串-并联系统

设有 m 个子系统，第 i 个子系统由 n_i 个单元并联组成。第 i 个子系统中的第 j 个单元的可靠度为 R_{ij}, $i=1,2,\cdots,m$, $j=1,2,\cdots,n_i$。假设各单元的失效是相互独立的，则串-并联系统的可靠度为

$$R_S=\prod_{i=1}^{m}\left[1-\prod_{j=1}^{n_i}(1-R_{ij})\right] \tag{9-7}$$

若各子系统中所包含的单元数相同，即 $n_i=n$，且对任意的 i,j，有 $R_{ij}=R$，这样的串-并联系统的可靠度为

$$R_S=[1-(1-R)^n]^m \tag{9-8}$$

9.2.4 并-串联系统可靠性模型

并-串联系统如图 9-8 所示。计算并-串联系统可靠度的方法是首先将每一串联子系统转化为一个等效单元，然后把整个系统看作是并联系统。

假设有 m 个子系统，第 i 个子系统有 n_i 个单元，第 i 个子系统中的第 j 个单元的可靠度为 R_{ij}, $i=1,2,\cdots,m$, $j=1,2,\cdots,n_i$，且各单元的失效相互独立，则并-串联系统的可靠度为

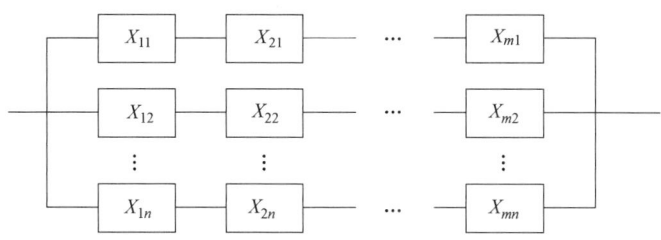

图 9-8 并-串联系统

$$R_S = 1 - \prod_{i=1}^{m}\left(1 - \prod_{j=i}^{n_i} R_{ij}\right) \tag{9-9}$$

【例 9-5】 某系统由 7 个单元并-串联组成，如图 9-9 所示，已知这 7 个单元的可靠度为 $R_1 = R_2 = R_3 = R_4 = R_5 = R_6 = R_7 = 0.91$，试求该系统的可靠度。

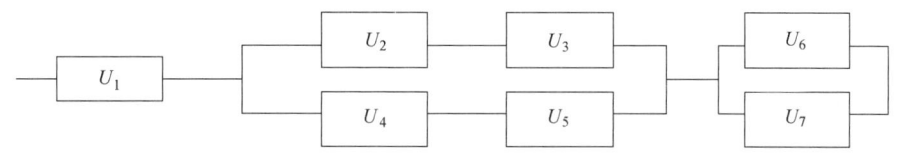

图 9-9 7 个单元并-串联系统

解 首先计算 U_2 和 U_3、U_4、U_5 组成的串联子系统 U_{23} 和 U_{45} 的可靠度分别为

$$R_{23}(t) = R_2 R_3 = 0.91 \times 0.91 = 0.8281$$
$$R_{45}(t) = R_4 R_5 = 0.91 \times 0.91 = 0.8281$$

然后计算 U_{23} 和 U_{45} 再并联的子系统 U_{2345} 以及 U_6 和 U_7 组成的并联子系统 U_{67} 的可靠度分别为

$$R_{2345}(t) = 1 - [1 - R_{23}(t)][1 - R_{45}(t)] = 1 - (1 - 0.8281)^2 = 0.97045$$
$$R_{67}(t) = 1 - (1 - R_6)(1 - R_7) = 1 - (1 - 0.91)^2 = 0.9919$$

整个系统就由单元 U_1、U_{2345} 和 U_{67} 串联组成，故得整个系统的可靠度为

$$R_S(t) = R_1 R_{2345} R_{67} = 0.91 \times 0.97045 \times 0.9919 = 0.876$$

9.3 可靠性预测

系统可靠性预测，也称可靠性预计，是在设计阶段，依据组成系统的元器件、零部件的可靠性指标、系统结构、功能、环境及相互关系，定量分析、预计系统可靠性水平的一种方法。

9.3.1 可靠性预测的目的

可靠性预测的主要目的是在产品或系统的设计和开发阶段，以及其整个生命周期内，评估和估计其可靠性性能，以满足以下目标。

（1）评估可靠性水平

可靠性预测用于确定产品或系统在实际使用条件下的可靠性水平，包括故障率、寿命分布、可用性等方面的指标。这有助于确定产品是否满足可靠性要求。

(2) 识别潜在风险

通过预测可能的故障和性能问题，可靠性预测有助于识别潜在风险，包括可能导致系统故障的原因和机制。

(3) 设计优化

可靠性预测可以在产品或系统设计阶段识别潜在的可靠性问题，从而使设计团队能够采取措施来改进设计，减少故障风险，降低维修成本，并提高性能。

(4) 决策支持

可靠性预测提供了数据和信息，用于支持决策制定。这些决策可能涉及产品改进、维护计划、备件存储策略、保修政策等。

(5) 成本优化

通过在设计阶段和生命周期中提前识别和解决可靠性问题，可靠性预测可以帮助降低维修成本、提高资源利用率，并减少不必要的生产停机。

(6) 增加用户满意度

稳定、可靠的产品或系统通常会提高用户满意度，增加客户忠诚度，建立品牌信誉。

(7) 遵守法规和标准

可靠性预测有助于确保产品或系统符合适用的法规和行业标准，从而避免法律和法规方面的问题。

(8) 持续改进

可靠性预测是一个迭代的过程，可以通过不断的数据收集、分析和改进来提高产品或系统的可靠性性能。

总之，可靠性预测的主要目的是提前识别和解决可靠性问题，确保产品或系统在其整个生命周期内满足可靠性要求，提高性能、降低成本、减少风险、增加用户满意度，并遵守相关法规和标准。这有助于保障产品或系统的长期成功和可持续性。

9.3.2 可靠性预测的程序

可靠性预测的程序通常包括一系列步骤和方法，用于评估产品或系统的可靠性性能。以下是一般的可靠性预测程序的主要步骤。

(1) 收集数据和信息

收集与产品或系统相关的数据，包括故障时间数据、性能数据、维修历史和使用条件等。

收集产品或系统的规格和设计文件，以了解其构造、功能和操作条件。

(2) 数据清洗和准备

对数据进行清洗和处理，以去除异常值、缺失数据和错误数据。

转换数据以满足所选的可靠性分析方法的要求。

(3) 确定可靠性分析方法

根据数据的性质和可靠性预测的目标，选择适当的可靠性分析方法，如故障时间分布、可靠性框图、Monte Carlo 模拟、FMEA 等。

(4)进行数据分析

根据所选的方法,分析数据以估计产品或系统的可靠性性能。

可能的分析包括故障时间分布拟合、故障树分析、可靠性框图分析、Monte Carlo 模拟等。

(5)估计可靠性性能

根据数据分析的结果,估计产品或系统的可靠性性能指标,如故障率、寿命分布、可用性等。

(6)风险评估

评估产品或系统的可靠性性能是否满足可靠性要求,以识别潜在的风险和问题。

确定可能的故障原因和解决方案。

(7)决策制定

基于可靠性预测的结果,制定决策,如设计优化、维护计划、备件存储策略、保修政策等。

(8)报告和文档

撰写可靠性预测报告,记录数据、分析结果、估计的可靠性性能和建议的改进措施。

报告应清晰地传达给利益相关者,以支持决策制定。

(9)持续监测和改进

定期监测产品或系统的可靠性性能,进行持续改进,并不断更新可靠性预测以反映实际数据和经验。

可靠性预测程序通常是一个迭代的过程,需要不断改进和优化,以确保产品或系统的可靠性性能在整个生命周期中得到维持和提高。这个程序有助于提前识别和解决可靠性问题,确保产品或系统满足可靠性要求,减少风险、降低成本、提高性能。

9.3.3 可靠性预测的一般方法

9.3.3.1 元器件计数法

元器件计数法以元器件的可靠性数据为基础预计系统的可靠性,适用于电子类产品的方案论证及初步设计阶段。在产品的原理图基本形成,元器件清单初步确定的情况下应用。

元器件计数法依据各类元器件的数目、通用失效率、质量水平及环境条件,建立如下失效率的数学模型。对于可靠性串联系统,其失效率数学模型为

$$\lambda_S = \sum_{i=1}^{n} N_i (\lambda_{Gi} \times p_{Qi}) \qquad (9-10)$$

其中:λ_S 为系统(设备)总失效率;λ_{Gi} 为第 i 个元器件的通用失效率,p_{Qi} 为第 i 个元器件的质量系数;N_i 为第 i 个元器件的数量;n 为不同元器件的种类数目。

当设备在同一环境工作,可直接用式(9-10)。若设备由几个单元组成,而各单元的工作环境各不相同,每一环境的单元按式(9-10)计算,然后将这些单元的失效率相加,求出总失效率。

各种单元的通用环境系数,可查 GJB/Z 299B—2006《电子设备可靠性预计手册》(以下简称手册),国外元器件可应用美国军用标准 MIL-HDBK-217F《电子设备可靠性预计手册》。

【例9-6】 某雷达的元器件数量、质量系数、失效率如表9-3所示，求其 MTBF 及工作500h的可靠度。

表9-3　　　　　　　　　　　　元器件清单

元器件类型	数量/个	通用失效率 $\lambda_{Gi}/(10^{-6}/h)$	质量系数 p_{Qi}	总失效率 $\lambda_S/(10^{-6}/h)$
单片双极电路	20	0.85	1	17
硅NPN晶体管	120	1.10	0.4	52.8
通用硅二极管	340	0.27	1	91.8
碳膜电阻	420	0.12	0.6	30.24
线绕电位器	80	1.84	0.5	73.6
云母电容	170	0.09	1	15.3
电感器	60	0.29	0.7	12.18
连接器	60	0.20	0.8	9.6
开关	4	1.48	1	5.92
总和				308.44

解　计算系统平均故障间隔时间（T_{BF}）

$$T_{BF} = \frac{1}{\text{系统的失效率}} = \frac{10^6}{308.44} \approx 3242$$

工作500h的可靠度为

$$R(500) = e^{-500/3242} = e^{-0.1542} \approx 0.857$$

9.3.3.2　相似产品法

相似产品法是根据以前研制和生产功能相似的产品时，所获得的失效率数据和特定的经验，估计新设计产品的可靠性参数。在机械、电子、机电类具有相似可靠性数据的新产品方案论证、初步设计阶段，可用相似产品法进行可靠性预计。

用相似产品法进行可靠性预计的一般步骤如下。

① 确定与新设计产品在类型、使用条件及可靠性特征方面最相似的现有产品。

② 对相似产品在使用期间所有的数据进行可靠性分析。

③ 根据相似产品的可靠性，作适当修正，作出新产品所具有的可靠性水平。

这种方法预测结果的准确性取决于产品的相似程度和现有产品的详细故障记录数据。预测的基本公式是

$$\lambda_S = \sum_{i=1}^{n} \lambda_i \text{ 或 } \frac{1}{T_{BFS}} = \sum_{i=1}^{n} \frac{1}{T_{BFi}} \tag{9-11}$$

其中 T_{BFS} 是系统的 MTBF（小时）；T_{BFi} 是第 i 分系统的 MTBF（小时）。

【例9-7】 供氧抗荷系统由氧气瓶、氧气开关、减压器、示流器、调节器、面罩、跳伞氧调器、抗荷分系统等组成，试用相似产品法预测该系统的 MTBF。

解　搜集到的同类抗荷分系统的可靠性数据及预测值如表9-4所示。

表9-4　　　　　　　　　　　　MTBF 统计数据及预测值

产品名称	数量	老产品	预测	备注
氧气开关	3	1192.8	3000	选用新型号，大大提高可靠性
氧气减压器	2	6262	6262	选用老产品

续表

产品名称	数量	老产品	预测	备注
氧气示流器	2	2087.3	2087.3	
氧气调节器	2	863.7	863.7	
氧气面罩	2	6000	6500	
氧气瓶	4	15530	15530	
跳伞氧气调节器	2	6520	7000	
氧气余压指示器	2	3578.2	4500	
抗荷分系统	2	3400	3400	
整个供氧抗荷系统		122.65	154.40	

供氧抗荷系统的 $MTBF$ 按式（9-11）计算，采用老产品和新产品的 $MTBF$ 分别为 122.65 及 154.40。

9.4 可靠性分配

可靠性分配方法很多，在产品研制的不同阶段所使用的分配方法有所不同。在设计方案论证阶段，通常采用平均分配法等较简单的分配方法，这样的方法一般没有约束条件，简单易行。在初步设计阶段，可以采用评分分配法和比例组合法等，这些分配法带有一定的模糊性，分配标准不是很严格。在详细设计阶段，主要采用有约束条件的分配方法，如拉格朗日乘子法、直接寻查法、动态规划法等。拉格朗日乘子法是一种求函数极值的微分法，适用于含等式约束的可靠性分配；直接寻查法适合计算量较小的场合，可以求得可靠性分配的近似解，但不能保证解最优；动态规划法的特点是对于不同的约束条件可以建立不同的规划模型。

9.4.1 平均分配法

平均分配方法是将系统需要达到的可靠性水平，相等地分配给各子系统的方法，也称等分配法。该方法是在设计初期，产品定义尚不十分清晰或各组成单元大体相似时所采用的最简单的分配方法。

设系统由 n 个分系统串联组成，若给定系统可靠度指标 $R_S(t)$，按等分配法，取 $R_1(t)=\cdots=R_n(t)$，即各分系统的可靠度指标相等，于是分配给各分系统的可靠度指标为

$$R_i(t)=\sqrt[n]{R_S(t)}, \quad i=1,2,\cdots,n \tag{9-12}$$

【例 9-8】 一个由三个子系统串联组成的系统，如图 9-10 所示，设每个子系统分配的可靠度相等，系统可靠度的指标为 $R=0.84$，试求每一子系统的可靠度。

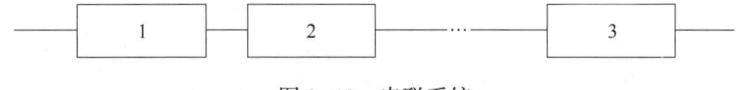

图 9-10 串联系统

解 根据平均分配法，由式（9-12）得

$$R_i = (R^*)^{1/3} = (0.84)^{1/3} \approx 0.9435$$

即要求 $R_1 = R_2 = R_3 = 0.9435$。

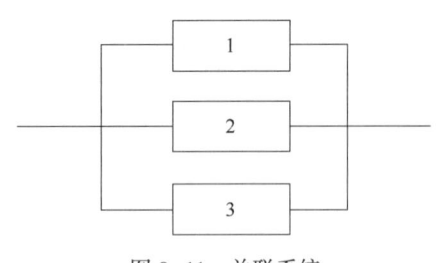

图 9-11 并联系统

【例 9-9】 一个由三个子系统并联组成的系统，如图 9-11 所示，设每个子系统分配的可靠度相等，已知系统可靠度的指标为 $R^* = 0.99$。试求每一个子系统的可靠度。

解 这是一个三单元并联系统，故系统可靠度 R^* 与子系统可靠度之间的关系为

$$R^* = 1 - (1-R_1)(1-R_2)(1-R_3) = 1-(1-R_i)^3$$
$$R_i = 1 - (1-R^*)^{1/3} = 1-(1-0.99)^{1/3} \approx 0.7846$$

即要求 $R_1 = R_2 = R_3 = 0.7846$。

由上可知平均分配法较简单，其缺点是没有考虑和根据各单元现有可靠度水平、重要度及工艺水平等的不同而分配不同的可靠度值。

9.4.2 比例组合分配方法

如果一个新设计的系统与原有系统非常相似，组成系统的各分系统类型相同（例如新、老飞机都是由机体、动力装置、燃油、液压、导航等相似的分系统组成），对这个新系统只是根据新的情况提出新的可靠性要求，那么就可以采用比例组合分配法，根据原有系统中各分系统的故障率，按新系统可靠性的要求，给新系统的各分系统分配故障率，其数学表达式为

$$\lambda_{i新}^* = \lambda_{S新}^* \frac{\lambda_{i老}}{\lambda_{S老}} \tag{9-13}$$

式中 $\lambda_{S新}^*$ ——新系统的故障率；

$\lambda_{i新}^*$ ——分配给新系统中第 i 个分系统的故障率；

$\lambda_{S老}$ ——老系统的故障率；

$\lambda_{i老}$ ——老系统中第 i 个分系统的故障率。

这种方法的基本出发点是，考虑到原有系统基本上反映了一定时期内产品能实现的可靠性，如果不是个别分系统（或设备）在技术上有重大突破，那么按照现实水平，可把新的可靠性指标按其原有能力成比例地进行调整。

这种方法只适用于新老系统设计相似，而且老系统有统计数据，或者在已有各组成单元预计技术基础上进行分配的情况。

【例 9-10】 有一个液压系统，其故障率 $\lambda_{S老} = 256.0 \times 10^{-6}/h$，各分系统故障率如表 9-4 所示。现要设计一个新的液压动力系统，其组成部分与老系统完全一样，只是要求提高新系统的可靠性，即 $\lambda_{S新}^* = 200.0 \times 10^{-6}/h$，试把这个指标分配给各分系统。

解

（1）已知

$$\lambda_{S新}^* = 200.0 \times 10^{-6}/h, \quad \lambda_{S老} = 256.0 \times 10^{-6}/h$$

（2）计算

$$\lambda_{S新}^*/\lambda_{S老} = 200.0 \times 10^{-6}/256.0 \times 10^{-6} = 0.78125$$

(3) 利用式 (9-13) 计算分配给各分系统的故障率

$$\lambda^*_{油箱} = (3.0\times10^{-6}/h)\times 0.78125 \approx 2.3\times10^{-6}/h$$

$$\lambda^*_{拉紧装置} = (1.0\times10^{-6}/h)\times 0.78125 \approx 0.78\times10^{-6}/h$$

$$\lambda^*_{起动器} = (67.0\times10^{-6}/h)\times 0.78125 \approx 52.0\times10^{-6}/h$$

(4) 验算

$$\lambda^*_{S新} = \sum_{i=1}^{10}\lambda^*_{i新} = 199.26\times 10^{-6}/h < \lambda^*_{S新} = 200.0\times 10^{-6}/h$$

表 9-5 分系统故障率

序号	分系统名称	$\lambda_{i老}/(10^{-6}/h)$	$\lambda^*_{i新}/(10^{-6}/h)$
1	油箱	3.0	2.3
2	拉紧装置	1.0	0.78
3	油泵	76.0	59.0
4	电动机	46.0	36.0
5	止回阀	30.0	23.0
6	安全阀	26.0	20.0
7	油滤	4.0	3.1
8	联轴节	1.0	0.78
9	导管	3.0	2.3
10	起动器	67.0	52.0
总计(系统)		256.0	199.26

10 可靠性分析

系统可靠性分析是利用归纳、演绎的方法对系统可能发生的故障进行研究，研究故障的原因、后果和影响及危害程度，确定薄弱环节，并预测系统的可靠性，从而为系统设计提供改进建议。常用的分析方法有故障模式及影响分析（FMEA）和故障树分析（FTA）。

10.1 故障模式及影响分析

10.1.1 基本概念

10.1.1.1 概述

故障模式及影响分析（failure mode and effect analysis，FMEA）方法起源于20世纪50年代，应用于战斗机操纵系统分析。故障模式及影响分析方法是通过对系统组成单元的各种潜在失效模式及其对系统功能的影响进行分析，提出可能采取的预防改进措施，以提高产品可靠性的一种分析方法。

FMEA 的主要目的是在产品开发过程中评估各种潜在故障对系统功能、可靠性、环境安全的影响，并尽可能防止故障发生或尽量减轻其后果。FMEA 以定性分析为主，应用简便，具有很高的实用价值。现在，工业发达国家许多重要工业部门如航空航天、核能、化工、汽车等领域，实施 FMEA 是设计者必须进行的工作。各国和有关组织也都制定了相关的标准，如美军标准 MIL-STD-1629，美国汽车工程师协会（SAE）ARP5580 标准，已经得到广泛接受。在市场竞争日益激烈的今天，实施 FMEA 有助于企业生产出高可靠性、高安全性并且满足经济性能，有市场竞争力的产品。

FMEA 是一种单因素分析的方法，它认为每一个故障模式都是相互独立的，没有考虑部件相关失效对系统的影响。

10.1.1.2 故障模式

故障模式是产品的故障表现形式，一般是能被观察到的故障现象，FMEA 需从产品的故障（失效）模式分析中，寻找发生故障的机理和诱因。表 10-1 列出了一些典型的故障模式。

表 10-1　　　　　典型故障模式举例

序号	故障模式	序号	故障模式	序号	故障模式
1	结构破损	5	超出允许上限	9	提前运行
2	机械卡死	6	间断性工作不稳定	10	输入量过大
3	振动超标	7	错误动作	11	电短路
4	不能开通	8	不能切换	12	其他

10.1.1.3 故障原因

故障原因包括直接原因和间接原因。直接原因是指引起零部件故障的物理、化学变化的内在原因,也称为故障机理。间接原因是指导致本故障的其他故障、环境因素和人为因素等。

10.1.1.4 故障影响

故障影响(故障效应)指的是零部件的每一个故障模式对自身或其他零部件的使用、功能和状态的影响。分析系统中故障影响时,既要分析该故障模式对其所在层次的其他部分的影响,又要分析该故障模式在更高层次上产生的影响。

10.1.1.5 故障分类

故障可根据其原因、性质、程度、产生的速度、发生的时间、机理以及故障产生的后果等进行分类。各类产品的零部件失效的分类方法各有不同。例如,在我国汽车可靠性评估中,按故障性质及危害程度分为4类,即致命故障、严重故障、一般故障和轻微故障。

10.1.2 FMEA 的实施步骤

FMEA 的基本出发点,不是在故障发生后再去分析评价,而是分析现有设计方案,判断可能会发生什么样的故障模式。FMEA 是从原因向结果(系统故障)自下而上的进行归纳推理分析,预测可能发生的故障,利用表格定性或定量地对故障模式进行有重点的评价。

进行产品 FMEA 的基本流程如图 10-1 所示。具体步骤如下。

(1) 收集相关资料和信息

根据技术规范和设计任务书获得系统的功能、组成、设计要求、使用环境以及系统的界面等。

(2) 功能分析

将系统分解为子系统和组件后,对子系统和组件给出合理的功能描述。

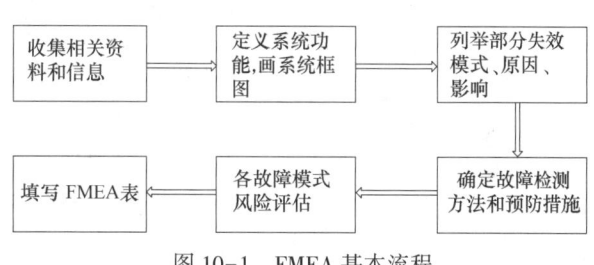

图 10-1 FMEA 基本流程

(3) 画系统框图

系统框图包括功能框图和可靠性框图,建立系统的框图可以更好地了解系统各功能单元的工作情况、相互影响及相互依赖的关系,进而逐次分析故障模式产生的影响。

(4) 详细列举所有零部件的所有可能故障模式(故障的表现形式)

列举零部件或子系统的全部故障模式对于 FMEA 来说至关重要,它是进行 FMEA 的基础,也是进行系统可靠性分析的基础。在应用故障树分析法(FTA)进行系统的可靠性分析时,也需要详细列举各零部件或子系统的所有故障模式。

(5) 分析各种故障模式的故障原因

故障模式只是说明了故障的表现形式,而没有说明故障发生的原因。在很多情况下,零部件的故障模式相同,但故障原因并不相同。例如,对于航空发动机压气机来说,断裂是它的一个主要故障模式,但是引起断裂的原因有很多,如低周疲劳断裂、共振断裂、腐蚀断裂等。找出故障模式的确切原因,对于故障的预防具有重要意义。

(6) 判断各种故障模式对系统产生故障影响的故障等级

故障影响指零部件的故障模式所产生的后果。这种后果不仅包括该故障模式对零部件自身和系统的性能、功用的影响,还包括对维修、人员安全、周围环境和相邻设备的影响,以及对经济、社会方面的影响。在进行故障影响分析时,还要描述其在不同层次上的影响。产品的各种故障模式造成的影响往往不同,为了划分不同故障模式产生的最终影响的严重程度,通常将影响的严重程度等级分为四类,如表 10-2 所示。

表 10-2　　严重程度类别

严重程度类别	说明
Ⅰ类(灾难性的)	导致系统预定功能丧失,对系统与环境造成重大伤害,可能导致人员伤亡
Ⅱ类(致命的)	导致系统预定功能丧失,对系统造成重大伤害,通常不会导致人员伤亡
Ⅲ类(临界的)	导致系统预定功能下降,通常不会对系统和人员造成显著损伤
Ⅳ类(轻度的)	可能导致系统预定功能下降,几乎不会对系统和人员造成损伤

(7) 研究各种故障模式的检测方法

对于每一种故障模式,都应该分析其故障检测方法,找出最佳的检测方法,以便于系统的故障诊断、检测和维修。例如,对于疲劳破坏,常用的检测方法有漏磁检测、涡流检测、超声波检测和射线检测法等。

(8) 针对各种故障模式、原因和影响提出可能的预防措施和改正措施

分析故障模式原因并找出相应的预防改进措施,是提高可靠性,实现可靠性增长的重要手段。进行故障预防与改进可以从结构改进、材料改进、工艺改进和参数改进等方面进行。

(9) 进行故障模式风险评估,确定各种故障模式的风险优先级

FMEA 的风险评估一般采用风险优先数法,在进行故障模式的危害性分析时,把严重度 (S)、发生频率 (O) 和检测度 (D) 分别进行评分,分值在 1 到 10 之间。分值越高,故障模式的严重等级越高,发生概率越大,越不容易被检测到。风险优先数 (risk priority number,RPN) 就是以上三个评分值相乘所得结果,即

$$RPN = 严重度(S) \times 发生频率(O) \times 检测度(D) \tag{10-1}$$

对于一个产品来说,通常当 RPN 值介于 1~50 时,表示风险较小,基本不会对产品造成不良影响;RPN 值在 50~100 时,表示存在较大风险,需要寻求改善方案;RPN 值大于 100 则表示产品存在很大风险,需要加强控制。具体到实际产品上,则需要根据实际情况合理确定 RPN 的大小,但是对严重度等级是 9 或 10 的对象,不论其 RPN 值为多少,都必须严格控制。

(10) 填写 FMEA 表

根据以上各步骤所得的结果进行填表。表格并没有固定的形式,通常由应用者根据实际需要确定。典型的 FMEA 表格形式如表 10-3 所示。

表 10-3　　FMEA 表

代码	产品或功能名称	产品功能	故障模式	故障原因	故障影响	故障检测方法	补偿措施	RPN	备注

以某型涡轮发动机燃气发生器的燃气涡轮部件为例进行 FMEA 分析，其 FMEA 表部分如表 10-4 所示。

表 10-4　　　　　　　　　　　　燃气涡轮部件 FMEA（部分）

代码	产品或功能名称	产品功能	故障模式	故障原因	故障影响	故障检测方法	补偿措施	严重程度
03525	涡轮盘	固定涡轮叶片，传递力矩和轴向力	榫齿裂纹	1. 应力大 2. 加工缺陷产生应力集中 3. 工作温度高	涡轮及发动机寿命下降	分解后目测	1. 改进结构，降低应力水平 2. 采用新材料	Ⅲ
			轮盘径向伸长	蠕变	涡轮和发动机的性能及寿命下降	分解后目测	—	Ⅲ
			轮盘破裂	1. 产生疲劳裂纹 2. 超转	涡轮损坏	目测	1. 优化结构 2. 合理选材 3. 避免超转 4. 完成结构完整性的各项试验 5. 按关键零件控制	Ⅱ
			轮盘中心孔胀大和产生裂纹	1. 应力过大 2. 中心孔壁厚度不够 3. 加工质量不合格 4. 中心部分材料有疏松	轮盘和涡轮寿命下降	分解后目测	1. 优化结构 2. 合理选材 3. 避免超转 4. 完成结构完整性的各项试验 5. 按关键零件控制	Ⅱ

10.2　故障树分析

故障树分析法（fault tree analysis，FTA），是目前在研究系统可靠性中一种比较常用的方法。1961 年由美国贝尔电话研究室的华特先生提出，其后在航空领域，原子反应堆等复杂动态系统中得到了充分利用。FTA 是一种从系统到部件，再到零件的分析方法。它将系统失效和各种硬件软件因素用恰当的逻辑符号连接起来，构成一幅倒立树状图形，来分析系统失效发生的概率。FTA 不仅可以对系统失效做出定性分析，同时也可以做定量分析，定性分析即找出各种底事件对系统失效的传播途径，而定量分析则是根据底事件对整个系统影响的轻重程度来计算系统失效的概率。

10.2.1　基本概念

10.2.1.1　故障树

故障树是一种表示事件因果关系的树状逻辑图，用规定的事件、逻辑门等符号描述系统中各种事件之间的因果关系。故障树是由多种逻辑符号（逻辑门）与多个事件组成的。逻辑门表示上层事件（故障）与下层事件（故障）之间的逻辑关系。上层事件是逻辑门的输出事件，下层事件是逻辑门的输入事件。逻辑门符号表示输出事件与一个或多个输入事件之间逻辑关系的类型。

10.2.1.2 事件

系统或其单元所处的状态称为事件，如"某单元处于正常状态"是一个事件，"某单元处于故障状态"也是一个事件。

10.2.1.3 顶事件

表示故障树分析的最终目标的事件称为故障树的顶事件，该称谓来源于这个事件在故障树中位于树的顶端。故障树分析中，通常是把所关心的系统失效事件作为故障树的顶事件。

10.2.1.4 基本事件

基本事件是由于某种原因不需要进一步展开（不需要进一步追溯其发生的原因）的事件。基本事件包括以下四类。

① 底事件，即仅作为导致其他事件发生的原因、位于故障树底端的事件。例如，不需要进一步分析原因的零件失效事件。

② 不需要展开的事件。

③ 条件事件。

④ 环境、人为因素等外部事件。

10.2.1.5 中间事件

位于顶事件与底事件之间的中间结果事件称为中间事件。

10.2.1.6 结果事件

由其他事件或事件的组合导致的事件，因而是逻辑门的输出事件。顶事件和中间事件都属于结果事件。

10.2.1.7 初级失效

零部件在低于设计许可的载荷环境下的失效。

10.2.1.8 次级失效

零部件在高于设计许可的载荷环境下的失效。

10.2.1.9 命令型失效

在错误的时间或错误的地点发生的动作。例如，应该在接收到"开通"命令时打开的阀门，在没有命令或接收到"关闭"命令时发生了打开的动作。

10.2.1.10 失效机理、失效模式和失效效果

失效机理指的是某一失效模式如何发生；失效模式是指零件失去的是哪方面功能；失效效果指的是失效对系统的影响。因而失效机理决定了失效模式，进而对系统功能产生影响。

10.2.2 故障树基本符号

故障树分析用到的符号主要包括三类：事件符号、逻辑门符号和转移符号。故障树中各种符号的名称、用法及意义见表10-5。

表 10-5 故障树分析符号

类别	符号	名称	说明
事件符号	(矩形)	结果事件	包括顶事件和中间事件
	(圆形)	基本事件	无须查明其发生原因、通常是已知其发生概率的事件,位于故障树底端
	(菱形)	省略事件	暂时不能或不需要进一步分析原因的底事件
	(房形)	条件事件	可能出现也可能不出现的事件,当给定条件满足时这一事件发生
逻辑门符号	(与门符号)	与门	输入事件 B_1、B_2 同时发生时,输出事件 A 发生
	(或门符号)	或门	输入事件 B_1、B_2 中至少有一个发生时,输出事件 A 发生
	(禁门符号)	禁门	只有当条件事件 C 发生,输入事件 B 发生才导致输出事件 A 发生
	(k/n 门符号)	表决门	n 个输入事件中至少有(任意)k 个事件发生,输出事件 A 才发生
	(异或门符号)	异或门	当输入事件 B_1 或 B_2 单独发生时,输出事件 A 发生
转移符号	(三角形)	转入符号	表示有子故障树由此转入
	(三角形带箭头)	转出符号	表示此故障树转出到其他故障树

10.2.3 故障树的割集与路集

10.2.3.1 割集
若一个集合中的底事件同时发生时顶事件必然发生,则这样的集合称为割集。割集中的全部事件发生是导致顶事件发生的充分条件,但不一定是必要条件。

10.2.3.2 最小割集
如果割集中的任一底事件不发生时顶事件即不发生,这样的集合则称为最小割集。它是包含了能使顶事件发生的最小数量的底事件的集合。或者说,若 C 是一个割集,则去掉其中任一个事件后则不再构成割集。可见,最小割集中的全部事件发生是导致顶事件发生的充分必要条件。

系统故障树的一个割集代表了该系统发生故障的一种可能性,或即一种失效模式。由于最小割集发生时顶事件必然发生,因此一个故障树的全部最小割集就代表了顶事件发生的所有可能性,即系统的全部故障模式。最小割集还显示了处于故障状态的系统所必须修复的基本故障。

故障树的定性分析一般是找出系统故障树的全部最小割集。

10.2.3.3 路集
路集是若干底事件的集合。若某个集合中的底事件都不发生时顶事件必然不发生,则这样的集合称为路集。

10.2.3.4 最小路集
如果路集中的任一事件发生,顶事件就一定发生,则称此路集为最小路集,也就是说,去掉最小路集中的任意一个底事件之后,就不再是一个路集。

10.2.4 建立故障树的方法与步骤

故障树的建立有人工建树和计算机建树两类方法,它们的思路相同,都是首先确定顶事件,通过逐级分解得到原始故障树,然后将原始故障树进行简化,得到最终的故障树,供后续的分析计算用。

故障树分析法的步骤如图 10-2 所示。

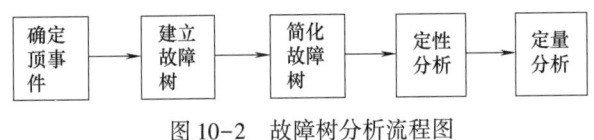

图 10-2 故障树分析流程图

10.2.4.1 确定故障树的顶事件
通常,把系统最不希望发生的故障事件作为故障树的顶事件。显然,一个系统的顶事件及故障树不是唯一的,主要取决于所要关心的系统功能是什么。因此,确定顶事件需要由设计人员、使用、操作人员及可靠性专家共同分析,选定合适的顶事件,找出所有造成顶事件发生的各种中间事件,进一步分析并找出所有底事件。

10.2.4.2 建立故障树
顶事件确定以后,由顶事件开始,首先找出导致顶事件发生的所有可能的直接原因,作为第一级中间事件。依此类推逐级向下分析,找出各级中间事件,直至找出引起顶事件发生的全部底事件,将各级事件用适当的逻辑门连接,就完成了故障树的建立过程。在建立故障树时应注意合理地选择建树流程、处理好系统的边界条件。

10.2.4.3 故障树的简化

在分析系统故障时，最初建立的故障树往往不是最简的，需要对它进行简化。简化故障树应遵循以下规则。

① 根据逻辑门等效变换规则将原故障树变换成规范故障树——只含与门、或门、非门及结果事件和底事件的故障树。

② 除去明显的逻辑多余事件，即将不经过逻辑门直接相连的一串事件只保留最下面的一个事件。

③ 除去明显的逻辑多余门。

④ 利用转移符号，使每一棵故障树和子树的层次不至于太多，以便看图。

10.2.4.4 故障树的定性分析

进行故障树的定性分析主要是寻找故障树的所有最小割集或最小路集。

10.2.4.5 故障树定量分析

进行故障树定量分析，是要求出故障树顶事件发生的概率等可靠性指标，对系统的可靠性、安全性等进行定量评估。进行故障树定量分析时，通常是在各底事件的失效概率已知的条件下进行的，通过底事件的失效概率求出顶事件的失效概率。

10.2.5 建立故障树的原则

10.2.5.1 "直接原因"概念

进行系统分析，首先要定义系统，然后选定一个特定的系统失效模式，进行详细分析。选定的系统特定失效模式就是故障树的顶事件。紧接着，就是要确定顶事件发生的直接、必要和充分的原因。需要指出的是，这时找出的并不是顶事件发生的最基本原因，而是其最直接原因或机理。

10.2.5.2 明确定义事件

对于一个特定的问题，要准确定义事件的含义，在事件框中清楚地说明失效的含义及其发生的条件。例如，①当线圈有电压存在时，常闭继电器触点不能打开；②电力接通时电动机不启动。

10.2.5.3 失效事件分类

明确定义了各事件之后，根据故障事件是否由零件失效构成，区分为"零件状态故障"和"系统状态故障"。作为一般的原则，当有能量从零部件外部输入时，相应的失效事件多归类为"系统状态故障"。

对于归类为"零件状态故障"的事件，在其事件框图下面添加一个"或门"，寻找初级、次级和命令型故障模式。对于归类为"系统状态故障"的事件，寻找导致该事件发生的必要的直接原因。"系统状态故障"事件下面可能是"与门""或门""禁门"，也可能没有逻辑门符号。

10.2.5.4 "无奇迹"原则

如果一个零件的正常功能传播了一个故障序列，则认为零件功能正常。在故障树分析过程中，有时会发现某个故障序列的传播途径碰巧被一个意外的零件失效所阻断。在这种情况下，正确的假设是零件功能正常，因而允许故障序列的传播。

10.2.5.5 "逻辑门完备"原则

一个逻辑门的全部输入都应该定义完整。这个原则也意味着故障树是逐层展开的。在进入下一层之前,每一层都应做到完整无误。

10.2.5.6 无"门—门连接"原则

逻辑门的输入应该是正确定义的故障事件,逻辑门与逻辑门不能直接相连。

参 考 文 献

[1] 罗国勋．质量管理与可靠性，高等教育出版社，2017．
[2] 同淑荣．质量管理学［M］．北京：科学出版社，2016．
[3] 苏秦．质量管理与可靠性［M］．3版．北京：机械工业出版社，2019．
[4] 张翠华．供应链质量控制理论与方法［M］．北京：科学出版社，2012．
[5] 苏秦．现代质量管理学［M］．北京：清华大学出版社，2005．
[6] 马风才，谷炜．质量管理［M］．3版．北京：机械工业出版社，2006．
[7] 宋明顺，熊明华，张月义，等．质量管理学［M］．北京：科学出版社，2005．
[8] 尤建新，邵鲁宁，李展儒．质量管理学［M］．4版．北京：科学出版社，2021．
[9] 段永刚．全面质量管理［M］．4版．北京：中国科学技术出版社，2018．
[10] 石盛林，黄宝凤，李亨英．质量管理：理论、方法与实践［M］．西安：西安电子科技大学出版社，2020．
[11] 郭波，王孟钧，李彦夫．质量与可靠性管理［M］．北京：清华大学出版社，2023．
[12] 方志耕．质量与可靠性管理［M］．北京：科学出版社，2011．
[13] 彭苏娥，王蕴辉，王群勇．质量与可靠性管理［M］．北京：电子工业出版社，2004．
[14] 王贤琳，冯千妹，周敏，等．质量管理与可靠性［M］．武汉：华中科技大学出版社，2018．
[15] 周富林．质量与可靠性管理实务［M］．北京：高等教育出版社，2010．
[16] 蒋仁言．质量与可靠性工程基础［M］．北京：科学出版社，2015．
[17] 陈国华，贝金兰．质量管理［M］．2版．北京：北京大学出版社，2014．
[18] 秦现生．质量管理学［M］．北京：科学出版社，2002．